DO ROLIMÃ AO COVID

tao

Alberto Viladouro

DO ROLIMÃ AO COVID

ESCULÁPIO CONTA CAUSOS

Do rolimã ao covid: Esculápio conta causos

Publisher Edgard Blücher
Editor Eduardo Blücher
Coordenação editorial Jonatas Eliakim
Produção editorial Luana Negraes
Diagramação Guilherme Henrique
Revisão de texto Maurício Katayama
Capa Leandro Cunha
Imagem da capa Vitor Hidekazu

tao

Rua Pedroso Alvarenga, 1245, 4° andar
04531-934 – São Paulo – SP – Brasil
contato@taoeditora.com.br
www.taoeditora.com.br

Segundo Novo Acordo Ortográfico, conforme 5. ed. do *Vocabulário Ortográfico da Língua Portuguesa*, Academia Brasileira de Letras, março de 2009.

Dados Internacionais de Catalogação na Publicação (CIP)
Angélica Ilacqua CRB-8/7057

Viladouro, Alberto
Do rolimã ao covid : Esculápio conta causos / Alberto Viladouro. – São Paulo : Tao, 2022.
368 p.

Bibliografia
ISBN 978-65-89913-04-7 (impresso)
ISBN 978-65-89913-02-3 (eletrônico)

1. Doenças – Registros de casos 2. COVID19 (Doença) 3. Crônicas brasileiras I. Título.

22-2042 CDD 614

Índices para catálogo sistemático:
1. Ficção brasileira

Agradecimentos

À companheira Helô, ao parceiro Luís, à amiga Ana e a todos os colegas e professores que tornaram possível este livro.

Sobre o autor

Alberto Viladouro é um heterônimo.

Alberto é nascido em 1950 na cidade de São Paulo, quarto filho de um casal de imigrantes japoneses chegados ao Brasil nos anos 1930. Teve uma infância normal, vivendo nas ruas como moleque, mas que teve oportunidade de estudar em boa escola pública, tendo feito o curso primário, o ginasial e o colegial no Instituto Estadual de Educação Prof. Alberto Conte.

Médico, formado pela 59ª Turma da Faculdade de Medicina da Universidade de São Paulo (USP), a melhor dos últimos cem anos.

Mais detalhes da sua biografia podem ser vistos com a leitura do livro.

Apresentação

Escrever um livro era um projeto antigo, mas a motivação para fazê-lo só nasceu no final de 2019, incentivado por dois amigos recentes, Vanessa e Cícero, que conhecera fazia um ano, para os quais dedico o presente. Dois jovens que ingressavam na carreira de gestão de serviços de saúde, naquele momento, como eu, contratados para trabalhar em uma repartição pública de saúde. Como alguém mais velho e com prévia passagem pelo serviço público, naturalmente, acabei por acompanhar o noviciado dos dois. Quando havia oportunidade de almoçar juntos, às questões que colocavam, eu respondia com exemplos vivenciados. Eles gostavam de ouvir minhas histórias, pelo menos assim parecia, ou fingiam gostar só para me agradar. Velhos gostam de rememorar o passado, achando que os jovens têm a aprender com a experiência de quem já passou pela etapa que eles estão vivendo. Como era de se esperar, pela recorrência em contar-lhes tantas aventuras e desventuras, Vanessa um dia me disse que eu deveria publicar em livro essas experiências, e até tinha um editor para me apresentar. Será que há interessados em livros de memórias? Não me pareceu! Entretanto, acreditei que muitas dessas histórias ou estórias vividas, ouvidas e recriadas eram engraçadas e que poderiam divertir as pessoas. Até porque, quando as vivenciei, ou as ouvi, me divertiram muito, quando não me angustiaram. Passei então a escrever.

Como este ano completo 45 anos desde que vesti o uniforme branco de médico, ingressando para o mundo dos que se dedicam a salvar vidas (pelo menos é o que se acredita), considerei que tinha na memória material suficiente para expor minha trajetória profissional, descrevendo as passagens mais memoráveis, não pela notoriedade, mas porque foram conservadas na lembrança. Através delas, historiar a evolução da medicina que aprendi, pratiquei e depois acompanhei durante este período, muito rico em transformações. De um tempo em que a radiografia simples era o principal meio diagnóstico e o genoma humano apenas um sonho, passamos por uma época em que novas descobertas foram surgindo e muita tecnologia foi incorporada, e acredito que tenha sido um tempo de riquíssimo progresso da medicina, privilégio vivido pelos que se formaram nos anos 1960 e 1970 do século passado.

Memória é aquilo que sobra gravado de tudo que se experimentou. Não querendo que a obra fosse por demais autobiográfica, por isso quem escreve é, agora, um escritor. Mesmo porque o médico é um narcisista que gosta de se vangloriar dos seus feitos.

Não pretendi escrever uma obra literária, apenas exercitar a arte de expressar por escrito o que se conta na mesa de um botequim e compartilhar com outros momentos inolvidáveis e pitorescos que a vida é capaz de reservar, mas que também me ensinaram e moldaram o que sou.

Alberto, março de 2021

Conteúdo

1. Rolimã 15
2. Internato 19
3. Pronto-socorro 27
4. Mecanicismo 33
5. Professor de cirurgia 35
6. Plantão noturno 39
7. Tubo no tórax 43
8. Operação do estômago 51
9. Operação de vesícula 55
10. Doentes modelos 59
11. Doenças comuns e doenças raras 63
12. Epidemias 69
13. Economia da saúde 79
14. Nomes de doenças 83
15. Emprego 87
16. A assistencia à saúde como funcionava 91
17. A primeira apendicectomia 95
18. Iatrogenia 99
19. Especialidade 105
20. Médico 109
21. Hospital de periferia 115
22. Coração no espeto 123
23. Encaminhar com segurança 131
24. Hospital de esquecidos 135
25. Emergência urológica 141
26. Luta por reconhecimento 143
27. Casos incomuns 147
28. Morte por estresse 151
29. Câncer 153

30. Administração hospitalar ... 159
31. Hepatite B ... 161
32. BIP ... 167
33. Transfusão proibida ... 171
34. Video game e laparoscopia ... 175
35. Medicina no interior ... 177
36. Administrador de saúde ... 181
37. Oposição ... 189
38. Agonia ... 191
39. Reforma ... 195
40. Andar adicional ... 201
41. Professor toma posse ... 205
42. Nata da sociedade ... 209
43. Superbonder ... 211
44. Nasa ... 215
45. Estágio no Japão ... 219
46. Religião ... 229
47. Convênio ... 233
48. Odontologia de massa ... 243
49. Novos equipamentos ... 247
50. Novo emprego ... 255
51. Japão e futebol ... 261
52. Escolhido superintendente ... 265
53. Primeira-dama ... 269
54. Piscina reformada ... 275
55. Transplante em VIP ... 279
56. Despedida de professor ... 283
57. Desastre ... 287
58. Presos em greve de fome ... 291
59. Consultoria ... 293
60. Angola ... 299
61. Itinga ... 307
62. Argentina ... 311
63. Empresa familiar ... 313
64. Na secretaria da saúde ... 315

65. Novo serviço de transplante. 319
66. Hospital moderno 323
67. Parada cardíaca 325
68. Responsabilidade social 331
69. Terremoto no Haiti. 335
70. Hepatite mortal. 339
71. Medicina no interior do país 343
72. Contraste 347
73. Tumor na medula óssea. 351
74. Covid 357

1. Rolimã

Era uma tarde meio fria, dia útil depois de um feriado no meio da semana, que não se programa o que fazer. Ficar no ócio era uma alternativa, até porque chuviscava desde cedo. Era um tempo em que São Paulo era brindado com uma garoa fina e persistente. José, João ou Antônio, não importa, mas adotar um nome facilita a narrativa. Sozinho em casa, José ouvia a chuva que caía no telhado e era recolhida numa calha que pingava dentro de uma lata enferrujada de cera Parquetina. Estava ali colocada, um pouco inclinada por uma pedra por debaixo, justamente para que a água fosse dirigida para fora do alcance do canteiro de onze-horas, que ornava as laterais da porta de entrada da casa. Casa simples, térrea, um pequeno jardim sem muros e a entrada cimentada até a rua. Um ruído se ouvia de algo metálico, zunindo e veloz. "Zummmm, zummmm", seguido de curtos uivos "ui, ui" e depois um silêncio profundo. Algo que não se esperava tinha acontecido. José teve que ser levado para o pronto-socorro do HC, o maior e melhor hospital da cidade e quiçá do país.

Vivam a cena.

Agora no pronto-socorro, José está deitado de lado em uma maca com uma toalha de banho cobrindo-o da cintura para baixo, sendo conduzido por um atendente de enfermagem. Adentra a sala de atendimento. Seu rosto expressa desconforto e vergonha. A sala de admissão para onde foi colocado é um espaço amplo com outras cinco macas, cada qual com um doente deitado. Nem sempre um acompanhante podia estar junto ao paciente naquele espaço, e no momento há cerca de dez pessoas. Doentes ou não, independente do gênero, estão colocados nesta sala. Um médico se aproxima e lhe pergunta o que ele tinha para estar ali. Não sabendo o que dizer, José balbucia algo, apontando para debaixo da toalha. O médico retira a toalha, a braguilha da calça, desabotoada e aberta, mostra um rolimã de uns vinte centímetros de diâmetro por dois centímetros de espessura. Brilhante, reflete a iluminação mais intensa do local onde a maca estava colocada. Pelo orifício central do rolamento um órgão ereto, entumecido, de fazer inveja a Príapo. A primeira reação do médico é levantar o rolimã, que parece pesar cerca de um quilograma.

– Uuuiiiiii – berra José.

O médico veste um par de luvas e pede vaselina líquida, que está em uma almotolia num carrinho ao seu lado. A enfermeira aplica o líquido em torno do falo junto ao orifício do rolimã e o médico tenta uma nova manobra, desta vez girando a peça.

– Uuuiiiii – novamente José urra de dor.

A esta altura na sala de atendimento tem umas trinta pessoas que se aglomeram, entre médicos, residentes, enfermeiros, atendentes e internos. Alguém sugere comprimir o órgão para fazer o sangue que ingurgitava o órgão refluir. Outro sugere espetar uma agulha para esvaziar o corpo cavernoso (nome que se dá ao tecido interno do pênis).

– Nããão – reage José.

A cada manobra o órgão fica mais roxo e inchado. A demora podia interromper o fluxo arterial e necrosar o órgão, alguém opina. Sugerem trazer um mecânico da manutenção para serrar a peça. Em alguns minutos, Manoel, chefe da manutenção, chega. Quando olha para a peça sentencia que ia demorar umas cinco horas para serrar aquela peça. Tinha ainda que prendê-la a uma morsa fixa em uma bancada com o cidadão junto. Achava inviável e não havia tempo para isso, o órgão ia necrosar. De pronto, Manoel diz que há um método que é usado para retirar rolamento emperrado pelo tempo e pela umidade das enormes máquinas de lavar do hospital. Uma martelada bem dada no rolamento e o anel de retenção das bolinhas se quebrava e uma martelada mais seca e forte quebrava o aro externo. O aço temperado é quebradiço, ensina. Alguns duvidam e outros concordam. Àquela altura se forma não uma junta médica, mas uma assembleia de especialistas. A solução pela via cirúrgica parece ser uma unanimidade. Se necrosar, só amputação salvará o doente, não o órgão. Mas é preciso tentar uma solução não cruenta. Decidem levar o homem para a oficina, que fica a uns 150 metros do pronto-socorro. Pelo elevador descem ao subsolo, que tem um túnel que se comunica com outro prédio, onde fica a ortopedia, e da porta de trás do prédio a oficina está a cinquenta metros pela rua. Forma-se um cortejo. Todos querem ver a façanha. A oficina fica apertada com tanta gente. Manoel calmamente posiciona na maior bigorna que tem na oficina o doente montado a cavaleiro na parte pontiaguda. O rolimã repousa de pé sobre a parte plana, e o membro resistindo em ereção, ainda que naquela humilhante situação, extremamente broxante, sem dúvida. O mecânico ordena ao seu auxiliar, Sebastião, que traga a marreta, a maior. O clima fica tenso. Silêncio. Um homem de macacão limpo, mas surrado pelo uso, com uma marreta de frente para um doente sentado, ainda envolto na toalha de banho, com as mãos juntas ao peito, rezando. O doente está sendo tratado em um hospital, é verdade, mas na oficina do nosocômio, em meio a tornos e furadeiras, bancada suja de graxa, com a assistência de ao menos trinta pessoas de branco, profissionais de saúde prontos a intervir se o doente viesse a precisar. Nenhum deles toca o doente, todos literalmente assistindo com grande expectativa ao mecânico tratar a emergência. No fundo o som de uma serra elétrica incomoda os ouvidos e alguém manda desligar. Agora o silêncio é absoluto. Manoel pede ao doente que segure o rolimã com as mãos, o que o doente não consegue fazer. Treme tanto que a peça não fica parada. Novamente Sebastião é chamado a ajudar. Ele segura a peça, mas avisa que, quando a marreta descer, ele a largará. Tudo pronto, Manoel levanta a marreta mais de metro da bigorna e pimba! Desce a marreta certeira. Um som agudo e curto de metal contra metal ressoa no ar. Uma fração de segundo que o cérebro custa a processar. Parece uma longa pausa, que faz qualquer um engolir saliva grossa em garganta seca. Pela cabeça do doente José, sua vida inteira passa em *flashback*. Não sente dor, não sente o órgão, não sente nada. Finalmente o tilintar de pedaços de metais caindo pelo chão o faz voltar à consciência. Manoel repousa a marreta junto à perna direita, enquanto José abre os olhos. Sente agora o frio metal na superfície inferior do pênis e vê que este está inteiro. Ainda paralisado pelo terror que vai se esvaindo, comemora em silêncio. O médico examina o órgão, agora flácido, mas muito inchado, faz um sinal de positivo para a plateia. Palmas, muitas palmas. A cirurgia conduzida pelo mecânico fora um sucesso. Fim da cena.

Trinta anos ou mais devem ter se passado entre o que acima está narrado, como se fosse hoje, com a licenciosidade de romance. Alberto, nosso personagem, estava entre os presentes no dia em que foi contada a epopeia, digna de um salão de barbearia, diferente dos salões atuais, só frequentados por homens. Essa história quem contava era Nelsinho, advogado, durante um velório no Araçá, numa roda de pessoas relacionadas com a filha do defunto. Como em todo velório, em meio ao ambiente de pesar há um momento de descontração para contar causos. A primeira reação dele foi de incredulidade. Nelsinho era gozador e devia estar brincando com histórias que são criadas no ambiente hospitalar, ampliadas, modificadas, enxertadas, que, passadas de boca em boca, acabam por compor o anedotário do hospital, um lugar propício para pequenos incidentes ganharem contornos trágico-cômicos, sendo contados naqueles plantões modorrentos das manhãs de domingo. Histórias que são contadas em diversas versões, mentiras que se tornam verdades e fatos que se tornam histórias inverídicas. Quando diz que duvidava do que acabara de ouvir, Nelsinho chama Manoel, também presente ao velório em outra roda de conversa. Ele mesmo, o chefe da manutenção, que confirma a história e acrescenta detalhes do que tinha acontecido. Detalhes que só quem viveu o fato poderia se lembrar. Alberto conhecia bem o Manoel, era um homem sério e avesso a piadas. Ele acreditou, mas ficou com uma pulga atrás da orelha. Como foi que um rolimã foi parar justamente naquele lugar? Pesado, frio e duro. Que finalidade objetivava o usuário daquela peça de metal? Tortura masoquista? Estava em busca de prazer solitário? Mas como achar prazer em um metal cheio de graxa? Essa curiosidade o perseguiria por anos.

2. Internato

Hospitais são lugares muito interessantes onde muitas coisas inusitadas acontecem, em especial no serviço de urgência. Um lugar sempre movimentado e que funciona dia e noite, sete dias por semana, que atende o que chega, gente nascendo, desfalecendo, sangrando ou morrendo. Onde dramas humanos são transformados em piadas, acontecimentos fortuitos que são passados de plantão em plantão e vão ganhando detalhes cada vez mais pitorescos com dimensões de catástrofe. Algumas vezes são minimizados de tal forma que um doente grave recebe alta e morre em seguida, antes ainda de sua saída. Uma febrinha vira um febrão, um infarto passa por "piripaque" ou "peripaque", neologismo que, segundo contam, foi inventada no HC, que significa sintoma exagerado, fingimento. Um pequeno corte no pulso é descrito como ferimento no membro superior direito, que nem sangrava, mas, quando o quarto médico vai ver o doente, interpreta, pelo tamanho do curativo feito, que o sangramento fora copioso, ademais quando um exame indica uma anemia. O que o último médico não sabe é que o exame foi pedido por um aprendiz de feiticeiro, um interno, que examinara anteriormente o doente e, sem saber o que fazia, pediu um hematócrito (exame para verificar anemia) de rotina, isto é, sem uma razão que o indique. Para facilitar as coisas a amostra de sangue foi colhida pela agulha que injetava soro glicosado na veia. O doente dormia, recompondo-se de uma bebedeira. Obviamente o exame mostra uma anemia por causa da diluição pelo soro, que está sendo infundido por aquela veia. Para quem não viu o doente chegar, aquele resultado de exame só pode indicar sangramento. Afinal um curativo de crepe que vai do punho até o cotovelo denunciava que um grande ferimento havia sido tratado. O interno é um aluno da graduação dos dois últimos anos. O interno do quinto ano passa a integrar a equipe médica assistencial como calouro iniciante na prática clínica, um médico com todas as prerrogativas, mas ainda sem diploma.

Vivam a cena.

Agora, estamos de volta ao nosso caso – é assim que se denomina o doente que está sendo atendido –, um interno que vira o resultado do exame de sangue do doente que dorme tranquilamente e faz os preparativos para fazer a transfusão que acha necessária. Transfusão era algo corriqueiro no pronto-socorro, que qualquer médico podia prescrever, sem muito cuidado, em especial no pronto-socorro de cirurgia. Nessa hora, o doente acorda da bebedeira e pede para urinar. Um urinol lhe é apresentado, mas, como nunca vira um antes, não sabe como usar. Abandonado à própria sorte, tenta fazer como imagina correto, fica de lado, mas não consegue relaxar o suficiente para esvaziar a bexiga. Fazer xixi deitado em uma maca não é para amadores. O doente levanta o dorso, senta na extremidade da maca, começa a urinar, mas, antes que termine, a maca tomba e o doente vai ao chão e o urinol de vidro se espatifa em mil cacos. De vidro? Sim, feito de vidro grosso. As seringas são de vidro, os pratos e cuias usados nos hospitais são de porcelana. O prontuário, ou um conjunto de cinco folhas de papel com garranchos anotados, que deveria estar preso a uma prancheta na maca, se espalha. O chão agora está molhado com líquidos, que podem ser água, soro ou urina. O resultado da análise de sangue em papel está molhado. O resultado anotado à mão, escrito com caneta-tinteiro, fica impossível de ser lido. O doente é recomposto na maca por um atendente de enfermagem que está de passagem. Os cacos são recolhidos e tudo parece voltar ao normal. O interno zeloso, que acredita em anemia, se prepara para fazer a transfusão. Nisso chega o médico-assistente, um médico mais experiente, que efetivamente tem a responsabilidade de assistir. Olha para o doente, que olha para ele e pede em súplica:

– Doutor, pelo amor de Deus, eu preciso urinar. O susto me interrompeu. Agora está doendo aqui embaixo, a bexiga parece que vai estourar.

O médico pede para o doente se levantar, descer da maca e, agora de pé, entrega-lhe um saquinho plástico e pede para que urine nele. Constrangido, vira as costas para o médico, e se alivia. De pé, sem apoio, o doente parece muito bem. O médico-assistente examina o curativo no braço, pergunta o que foi aquilo, o doente responde que não se lembra, mas acha que é um pequeno machucado. Tira a atadura, revela-se um ferimento de dois centímetros suturado com dois pontos. O médico tira pressão, faz uma ausculta pulmonar, palpa o abdome, examina as mucosas e conclui que o doente pode ter alta. O interno, que esperava com o frasco de sangue na mão, de vidro, protesta.

– Ele precisa tomar sangue – resmunga. Tem certeza de que o doente está anêmico.

O médico-assistente pergunta por quê. O interno procura o resultado de exame que agora é um borrão azul esmaecido. Desconcertado, o interno garante que o exame indicava grave anemia. O doente nega ter sangrado, apenas se lembra de ter caído e machucado o punho na sarjeta. O médico assistente reexamina a mucosa e conclui que ele pode ir embora.

– Interno, preste atenção. Anemia que precisa de transfusão é visível pela coloração da mucosa. Olha isso, você acha que tem anemia?

O interno, cabisbaixo, reconhece que as mucosas estão bem coradas, mas não se conforma, porque no exame a anemia era evidente. O médico-assistente chama o residente de segundo ano, R2, e lhe dá um sabão por não ter supervisionado o atendimento daquele caso. O urinol de vidro quebrado tinha salvado o doente de receber uma transfusão desnecessária. Fim da cena.

O HC é um hospital-escola e, como tal, é um ambiente para treinamento de médicos e outros profissionais de saúde, onde existe uma rígida hierarquia. Tudo conspira para o aprendizado. Errar não é só humano, e sim parte do processo, mas os olhares vigilantes dos mais experientes devem evitar que erros se transformem em danos irreparáveis. Médicos, enfermeiros, todos os funcionários mais antigos que participam da assistência estão treinados para orientar e corrigir as bobagens que os novatos podem fazer. Até o doente contribui para esse clima. O doente sabe qual é o seu papel, sendo tratado dentro de um hospital-escola. No pronto-socorro o médico-assistente é o mais graduado que supervisiona o trabalho do residente de segundo ano. Este, por sua vez, supervisiona o residente de primeiro ano. Abaixo dele está o interno do sexto ano, que recebe instruções do residente, e ainda o interno de quinto ano, que está lá iniciando a prática médica e é supervisionado por todos. O interno chega achando que sabe tudo e percebe em poucos dias que não sabe é nada. Mas é nesses dois anos de internato que terá que transpor a teoria que aprendeu nos livros para a prática assistencial. Da atitude passiva da sala de aula para o ativo exercício de encarar o doente, as doenças, o sangue, as excreções humanas, as mazelas do sistema de saúde e enfrentar os dilemas da escolha profissional. A hierarquia entre médicos se repete no corpo de enfermagem e na estrutura administrativa. A enfermeira-chefe era a comandante de uma unidade de atendimento, denominada unidade de cuidados ou enfermaria, no jargão das velhas Santas Casas: primeira e segunda enfermaria, enfermaria de homem número tal e enfermaria de mulheres. A enfermeira-chefe mandava e desmandava, no sentido de contramandar e não de abusar, com a autoridade de um general em campo de batalha. Abaixo dela, enfermeiros que supervisionam auxiliares de enfermagem e, no último degrau, o atendente de enfermagem. Era assim naquele tempo.

Era fevereiro de 1975, quando nosso personagem iniciou o internato. A primeira tarefa foi aprender como a estrutura de pessoal do HC estava organizada e reconhecer o papel de cada um. O internato é uma fase prática da graduação médica, é quando o aluno, depois de quatro anos ouvindo aulas e mais aulas, sentado, agora passa a aprender ficando mais tempo de pé. Fantasiado de médico, vestindo camisa e calça branca, meias e sapatos brancos, encarna o profissional e é estimulado a passar por tal. Começa a frequentar diariamente o hospital com estetoscópio adornando o pescoço, com licença para abordar um doente, imaginar uma doença que possivelmente o afeta, discutir o caso com alguém que acredita saber mais que ele e prescrever remédios que lhe são indicados por esse alguém. Entretanto, no início, a prescrição é feita sem convicção e sem que se saiba exatamente o que e por que está fazendo. Perguntar quando se tem dúvida é o caminho, mas nem sempre isso é possível. O colega que orienta a prescrição, consultado quando estava de passagem, nem viu o doente e acredita na história contada pelo interno que busca orientação. A orientação dada nem sempre é clara. Na dúvida, quando há tempo, o interno pega o vade-mécum no bolso ou na bolsa e dá uma conferida no medicamento prescrito. E, quando não há tempo, vai para casa com dúvida, que, se tiver ânimo, pode conferir nos livros-textos. Mas o atendimento já aconteceu e se o que prescreveu não estava correto o doente só saberá se algo anormal acontecer. Do contrário, e na maior parte das vezes, jamais saberão, interno e doente. Se o que foi prescrito era um sintomático, menos mal. Se acontecer de algo que não fazia nenhum sentido ser aplicado no caso, terá sido inócuo e, se algum efeito colateral acontecer, o paciente vai interromper o uso, por mal-estar, vômito ou dor. Remédios são bem tolerados pelo organismo e só em grande quantidade ou uso prolongado produzem malefícios imediatos. Como ensinava Paracelso (século XV), a diferença entre veneno e remédio é a dose. Felizmente o interno, medroso que é, quando prescreve o que não sabe, dá a quantidade mínima, imaginando que, se bem não fizer, matar também não fará, porque sabe que a dose letal de qualquer remédio é uma dose cavalar. No curso de farmacologia fez experiência com ratinhos para calcular o DL50 (dose letal de 50%), e, que se lembre, não era fácil matar ratinhos com injeção de algo sabidamente tóxico.

No internato se aprende muito. De prático, o que é realmente importante saber. Aprende-se com o professor menos, com o residente um pouco mais, mas, para aquilo que é prático e indispensável para dar os primeiros passos na profissão, o principal tutor é a categoria do corpo de enfermagem mais numerosa nos hospitais daquele tempo, o chamado atendente de enfermagem. Não estudou medicina, mas aprendeu na prática quando o doente está doente e quando a doença não é real. Aprendeu com eles, os doentes, essa ciência sem livros nem cadernos, observando. A sala de inalação é a tábua de salvação dos asmáticos, alguns deles frequentadores costumeiros. Para eles, perto da hora do almoço é que as crises acontecem. Coincidência?

Vivam a cena.

Como interno, estou agora cumprindo pela primeira vez um plantão na sala de inalação.

– Doutor, quer ver uma coisa? – O atendente chama a minha atenção para um doente que chega em crise.

– Dá para ele inalar só água destilada – orienta bem baixinho.

Examino o doente, preparo a inalação como foi orientado pelo atendente e dou ao doente. O doente continua chiando, o típico ruído no pulmão de asmático. Por um momento, achei que era uma grande sacanagem o que estava fazendo. O carrinho da copa encosta na porta da sala de inalação. Uma tigela de arroz ensopado em caldo de legumes é servido aos doentes. O doente que inalava água destilada deixa o inalador de lado e começa a comer. Antes de sorver a terceira colherada está respirando melhor. Enquanto come faço a ausculta do pulmão e percebo que está completamente limpo. O atendente se vira para mim e cochicha no meu ouvido.

– Esse eu conheço, vem três vezes por semana, sempre na mesma hora. Vem para comer.

Mas a crise asmática era real. A ausculta pulmonar, quando chegou, confirmava isso. Tinha ouvido o ruído típico de espasmo pulmonar. A mente humana é capaz de tudo para garantir a sobrevivência, pensei. Fim da cena.

Atendente de enfermagem é o profissional menos categorizado da equipe de enfermagem. Saber ler e escrever ou ter o curso primário era a exigência para ser um ou uma. Nesse tempo de país em desenvolvimento, os atendentes eram as figuras mais queridas do hospital, pelo menos para os internos. Todo início de ano, quando uma nova leva de internos chegava na enfermaria ou no pronto-socorro, era com eles que os internos aprendiam a rotina hospitalar. Eles enxergavam os internos como pares, mas tratavam-nos por doutor e estavam sempre dispostos a ajudar. Internos são como iniciantes de uma gangue, que para galgar na hierarquia precisam aprender a rotina e passar por provas de habilidades e lealdade à instituição. Colher sangue era a primeira coisa que os residentes ordenavam aos internos fazer. Perguntar ao residente como se fazia isso era se assumir incompetente. Gozação na certa, mas em clima de muita camaradagem. Ainda passariam anos para ser considerado *bullying*, seguramente cabendo uma ação de assédio moral. É claro que alguns residentes iam além e gostavam de judiar dos internos. Para estes a vingança era a porta do banheiro. O lugar reservado para exonerar a escória corporal era usado para descarregar a ira. O nome do residente malquerido era lembrado juntamente com o da sua mãe. Aqueles que tinham talento literário escreviam poemas impublicáveis em homenagem ao residente.

Para colher amostra de sangue a primeira coisa a aprender era em que frasco se devia depositar, porque para cada tipo de exame há um tipo de anticoagulante. Frasco tapado com rolha de cortiça, identificado com uma sigla em papel colado, onde se escrevia o nome do doente. O atendente é quem ensinava, porque é ele quem ajudava a enfermeira ou o auxiliar de enfermagem a colher sangue e levar até o laboratório, que demorava um ou dois dias para dar o resultado pela rotina. O interno novo, recém-chegado, começa por substituí-lo, assume as funções do atendente. Empurrar maca, se preciso fosse para acelerar o atendimento, o interno fazia. Quando o interno carregava a amostra até o laboratório, era orientado a pressionar o laboratorista a soltar o resultado na hora. Era uma forma de acelerar o atendimento.

O ingresso do aluno de medicina no hospital se dá num clima de expectativa e medo. Vestido todo de branco, com estetoscópio no pescoço, ele se mistura aos médicos residentes e assistentes, e o primeiro desafio é fazer acreditar aos doentes que é um médico. Entretanto, na primeira abordagem ao doente, a máscara cai. A aproximação é acanhada, envergonhada, quase de submissão ao doente. Falta-lhe a arrogância, a autoridade e a gentil superioridade, como quem diz "vim para lhe dar o privilégio de ser atendido por mim". Alguns internos aprendem essa postura rapidamente, em dois meses o ar de superioridade se aproxima do assédio. A generosidade é algo que demora a brotar e geralmente acontece quando a falta de humildade o faz cometer os primeiros erros. Erro médico, como genericamente é conhecido, é a prática mal conduzida que resulta em prejuízo ao doente. Depois de ter praticado o que acha suficiente, o interno ganha confiança. É aí, então, que bobagens acontecem. Aprende que mesmo atos simples, como coletar sangue da veia braquial junto à dobra articular do braço, pode se transformar em dano irreparável. Em doente magro, caquético, no braço fino a agulha grossa pode penetrar mais do que deve e atingir a artéria inadvertidamente. O sangue vem rápido e vermelho brilhante. Assustado, a agulha é retirada, mas a compressão feita de forma insuficiente pode produzir um hematoma, resultando em uma infiltração no tecido adjacente de grandes proporções. Um dia depois a pele fica completamente enegrecida e a mobilidade do braço fica prejudicada. Esta experiência é traumática. Pensa que o dano é irreversível, e quando o residente, de brincadeira, diz que o antebraço pode precisar ser amputado, o desespero invade a mente do coitado. Quando ele se coloca no lugar do doente, se sente culpado e reconhece a sua incompetência. Fica se remoendo do mal que causou. Primeira lição aprendida: qualquer ato médico, por mais simples que seja, envolve risco.

3. Pronto-socorro

O HC tinha à época o principal pronto-socorro da cidade. Recebia doentes de toda a região metropolitana por encaminhamento e tinha uma demanda espontânea de doentes de todo tipo. Sem dúvida era o melhor lugar para se aprender medicina.

Vivam a cena.

Agora estou no pronto-socorro. Para o interno que começa, tudo é novo. Um médico me pega pelo braço e pede para acompanhá-lo. Está indo para a sala de cirurgia e pergunta:

Quer me ajudar a fazer uma trepanação?

Concordo na hora, embora não saiba o que me reservava. Nunca tinha visto uma trepanação. Depois de me lavar e me paramentar como tinham me ensinado, entro em campo. O residente de neurocirurgia, um sujeito alto e magro que tinha acabado de conhecer, posiciona o doente, com o auxílio do anestesista. Um doente intubado, com a cabeça completamente raspada, pálpebras fechadas, inchadas e arroxeadas. Eu preparo a mesa com os instrumentos, enquanto o residente que se lavava grita:

– Pinta todo o couro cabeludo e pode pôr os campos, deixando a abertura na têmpora direita.

Faço da melhor maneira que posso. O médico entra em campo e agora estamos os dois, cada um de um lado do doente. Cadê o assistente?, pergunto para mim mesmo. Será que ele vai operar sozinho?, penso. Pede o bisturi, faz uma incisão em semicírculo na têmpora direita, afasta a fáscia, expôs o osso. Percebo que o cirurgião é sinistro, isto é, canhoto. Pinça a pele com duas pinças de Koch, que fica pendente. Pega a furadeira e faz um primeiro furo no osso. Depois mais outro e mais outro. Faz quatro furos, deixando um intervalo de quatro centímetros entre eles. Passa uma espécie de arame cheio de farpas através de um furo e exteriorizado pelo outro, por debaixo da calota craniana.

– Agora você encaixa esses ganchos (era um instrumento na forma de T com a ponta inferior terminando em gancho) nas argolas em cada ponta do arame e pode serrar o osso. Esse arame é uma serra de Gigli – ensina.

Desajeitado, nunca tinha visto nada parecido, mas, como não há outro médico na sala, deduzo que é comigo que ele está falando. Pego os dois ganchos e paro. O médico pega nas minhas mãos, traciona o arame, faz um movimento de vai e vem e o arame corta o osso. Tira o gancho de uma das pontas e passa o arame para outro buraco por debaixo do osso. Encaixo o gancho, traciono o fio e faço o movimento de vai e vem com força e o osso é cortado. Repito o movimento mais duas vezes e uma placa de mais ou menos quatro centímetros por quatro centímetros sai do crânio como se fosse uma tampa. Por debaixo da membrana meníngea meio transparente pode-se ver o cérebro em um meio sanguinolento. O médico corta a membrana com tesoura e, com o bico de um aspirador, retira o que eu acho que é cérebro macerado. Com bisturi elétrico faz hemostasia, sutura a meninge, recoloca o osso e o couro cabeludo é fechado. Acho tudo isto surreal. O cérebro exposto por um buraco no crânio pulsa, e uma massa amorfa que parece ser encefálica é aspirada feito pudim. Será que não vai fazer falta? Só fará falta se sobreviver, penso. Neurocirurgia é fácil, assim me parece. Um cirurgião sozinho, tendo como auxiliar um interno de quinto ano, é suficiente para fazer uma trepanação. Quando conto o que tinha acontecido para outros residentes da cirurgia, logo identificam o neurocirurgião, chamavam-no de o Louco. Fim da cena.

Voltando para os atendentes, no pronto-socorro, dois deles se destacavam. Durante o dia um tiozinho baixo e forte, Nicanor, era escalado na porta para ajudar e autorizar os doentes que chegavam de carro ou a pé a entrarem. Ele fazia a primeira triagem, avaliando aqueles que não estavam em condições de esperar o “médico da porta” chegar. O médico da porta só aparecia de meia em meia hora, para a consulta de contato feita com o doente em pé. Primeiro sinal de que não padecia de um grave mal. Se precisava estar sentado é porque estava menos sadio. Ele se sentava numa banqueta alta com um balcão à frente, perguntava se doía e onde, se sangrava e de onde. Mesmo sem respostas ele dava um papelzinho com três letras que indicava a sala que deveria procurar, ou lá mesmo dava uma receita de sintomáticos e dispensava o doente. Terminada a fila, sumia para dentro do Pronto-Socorro. Quando a aglomeração na porta atingia uns vinte ou trinta doentes, o tio Nicanor chamava algum médico para "limpar a porta". Os que não conseguiam caminhar e tinham fácies de dor eram colocados deitados em macas e ele saía apressado pelo corredor, levando o doente ou a doente e já ia gritando:

– Chegou a úlcera perfurada das cinco! – Ou: – Quem é o residente que quer operar essa apendicite?!

No caso de doentes do sexo feminino com lenço na cabeça e um pano manchado com sangue entre as pernas, ele levava direto para a sala de curetagem (procedimento para abortamento incompleto). Noventa por cento das vezes ele acertava o diagnóstico. Ele usava uma manobra propedêutica (meios para se chegar a um diagnóstico) peculiar. Na corrida pelo corredor, quando passava de um ambiente para outro, a soleira da porta criava um pequeno degrau. Com o solavanco o doente gemia de dor e pousava a mão no abdome. Estava feito o diagnóstico de abdome agudo (dor de irritação inflamatória no interior do abdome). Se a mão era levada para a parte superior, era úlcera perfurada, e, se a mão era colocada no baixo ventre, então era apendicite.

Outro atendente muito atencioso dava plantão no noturno, o Pedrão. Alto, forte, vesgo. Depois do bife da meia-noite (o hospital servia um bife com arroz para quem estava de plantão), se o plantão estava sossegado, Pedrão preparava algumas macas para que os internos pudessem descansar no meio da sala de atendimento, em meio aos doentes que estavam sendo assistidos. Ausentar-se do plantão era proibido. Nem cadeiras para sentar existiam. As macas, quando sobravam, serviam para se sentar e, quando possível, para deitar. Fechar os olhos era relaxante. Algumas vezes pegavam no sono, mas sempre muito leve. Uma noite o cansaço era tanto e o sono se aprofundou de tal forma, ainda que houvesse muito barulho na sala, que um interno continuou dormindo profundamente. Cochicho daqui e dali, Pedrão então pega um lençol branco e cobre o dorminhoco, como se fazia com os doentes que morriam. Era comum ter um ou dois óbitos por noite. Como o Serviço de Verificação de Óbitos só recebia cadáveres durante o dia, os mortos eram colocados num corredor da enfermaria, que se abria lateralmente à sala de atendimento. Com muito cuidado, o interno que dormia foi colocado ao lado dos mortos, como se fosse um deles, coberto por um lençol branco, bem em frente da sala do diretor. O dia estava raiando quando o interno dorminhoco chega à sala de atendimento.

– Que sacanagem! De morto eu não tenho medo, mas se o diretor do pronto-socorro me pega de manhã dormindo na frente da sua porta ia dar suspensão na certa.

O diretor costumava chegar para trabalhar às 6h30 da manhã.

A vida do interno nos primeiros meses não era nada fácil. Chegando para o internato, havia dificuldade em reconhecer quem era enfermeira e quem era auxiliar de enfermagem. Identificar o atendente era mais fácil, até pela postura e pelo uniforme azul. Já enfermeiras e auxiliares de enfermagem do sexo feminino vestiam uniformes brancos, um conjunto de saia e blusa. Tratar enfermeiro como se fosse auxiliar era pecado mortal. No inverno as enfermeiras vestiam um casaco azul-marinho, o que facilitava a identificação. Enfermeiros homens eram poucos, mas vestidos de calça e camisa branca se confundiam com médicos. A diferença entre as moças estava num adereço que as auxiliares utilizavam na cabeça. Uma espécie de meia touca em tecido engomado, com a parte frontal mais elevada que era presa com um grampo no cabelo. Devia ter um nome bonito para tal enfeite, mas para os internos era aviãozinho. Esse adereço estava começando a cair em desuso, e nem todas usavam, mas em algumas unidades a enfermeira-chefe fazia questão de obrigar seu uso. Um novo uniforme estava para ser adotado. A enfermeira continuaria com a blusa e saia branca, permitindo-se substituição por calça. Sim, a enfermeira, até aquele momento, só podia usar saia. Por sobre a blusa um blazer azul-marinho de mangas compridas. O auxiliar de enfermagem ia ganhar um uniforme formado por calça e jaleco de cor azul-turquesa claro, e os atendentes, calça e jaleco na cor azul-claro. Pela cor do uniforme ficaria mais fácil identificar a categoria do profissional de enfermagem. Os uniformes teriam sido desenhados por um costureiro famoso que estava internado na dermatologia, diziam. E o uniforme do enfermeiro do sexo masculino? Era todo branco, igualzinho ao uniforme que os médicos e internos vestiam.

Vivam a cena.

Estou de plantão no pronto-socorro. Um residente examina um doente, e, curioso, pergunto o que é. O residente apresenta-me o caso e diz que estava na dúvida, quando então me pede para ir até a enfermaria de urologia e chamar o Chico, seu colega de turma. O residente Gilberto, que fazia gastrenterologia, queria a opinião de um especialista. Eu, recém-chegado, não sabia nem onde ficava a enfermaria de urologia nem quem era o tal Chico. Subo ao sétimo andar e pergunto pelo Dr. Francisco.

– Está na enfermaria ao lado – me indicam.

Entro na enfermaria, onde encontro apenas uma pessoa. Veste um uniforme branco. Penso ser o tal Chico e me apresento. Conto sobre o caso que me fora apresentado, capricho nas palavras que acabara de aprender sobre a síndrome, os sinais e sintomas encontrados do jargão médico e digo que seu colega Gilberto o quer lá no pronto-socorro. O sujeito de branco ouviu o caso, disse-me que discordava do diagnóstico e me disse que não ia descer ao pronto-socorro porra nenhuma, porque não podia deixar a enfermaria e que Gilberto fosse lamber sabão. Desconcertado, dou as costas quando, em gargalhada, me chama de volta. Diz-me que estava brincando, que não é o Dr. Francisco.

– Sou o enfermeiro Manoel, se precisar alguma coisa da enfermagem estou à disposição, quanto ao Dr. Francisco ele não deve mais voltar hoje. Fim da cena.

Embora maltratado, é durante o internato que se aprende que estar de bem com a enfermagem é importante. As enfermeiras-chefes também gostavam de atazanar. Dona Carmen nos chamava a atenção quando a camisa estava amarrotada ou quando sentávamos na cama do doente. É também durante este período que se molda a personalidade médica. Pode-se ser um médico bom ou mau, médico grosseiro ou médico gentil. Não falo da qualidade técnica e das habilidades que se deve adquirir, mas da forma de lidar com o outro que está fragilizado pela doença, do caráter. Essas qualificações se dão pela capacidade de transportar para a prática o que se aprendeu nos livros, capacidade de observação, de tirar conclusões lógicas e desenvolver a intuição, para descobrir a forma mais adequada de abordar cada doente. Seguindo preceitos da medicina francesa da transição revolucionária, fugindo das teorias da velha escola, o importante agora era a prática: "Ler pouco, ver muito e fazer muito", decretou Fourcroy em 1794. O internato feito num grande hospital com uma enorme demanda é de grande valia para a formação, porque é possível vivenciar muitas situações diferentes e repetição de casos importantes para fixar o tirocínio. O contato com uma infinidade de médicos experientes também conta. E a opinião do professor, nos casos mais difíceis, soava como arauto da sabedoria médica. Até bobagens que diziam serviam para moldar o comportamento do futuro médico. Um professor citava em francês: "*en medicine, comme en l'amour, ni jamais ni toujours*" (na medicina, como no amor, nem nunca nem sempre). É a pura verdade. Quando pensamos que nunca vai acontecer um fato, no momento seguinte acontece. Quando estamos seguros de que sempre ocorre da mesma forma, não é o que acontece. Outro professor dizia que, com médico, sem médico ou apesar do médico, oitenta por cento das vezes a doença se cura por si. Em dermatologia, quando antifúngico, antibiótico ou corticoide não funcionam, chame a benzedeira. Para quem faz cirurgia a máxima era: na dúvida abra.

4. Mecanicismo

Ensinavam na faculdade que operações cirúrgicas tinham sido descritas em achados arqueológicos da pré-história e que a cesariana teria sido feita na Roma Antiga. Entretanto, a cirurgia moderna e cientificamente padronizada é praticada há pouco mais de 150 anos. A antissepsia foi utilizada pela primeira vez por Joseph Lister em 1865 e a anestesia aplicada pela primeira vez em uma cirurgia em 1842 por Crawford Long. Nos anos 1970 o paradigma mecanicista da medicina era evidente. A primeira história contada no início deste livro ilustra bem este aspecto da medicina. A solução das doenças estava na mecânica. Um osso longo quebrado era consertado com uma haste metálica, passada por dentro do osso ou fixada com fios e parafusos.

Vivam a cena.

Agora estamos na sala de admissão da ortopedia. Havia um barulho ensurdecedor na sala ao lado. Pergunto o que era. O atendente responde que era o cortador de gesso: estavam cortando o gesso de uma perna. Curioso, fui ver como se fazia. Um atendente segurava com as duas mãos um equipamento cilíndrico de mais ou menos sete centímetros de diâmetro por trinta centímetros de comprimento. Tinha um motor com um fio ligado na rede elétrica e na ponta oposta uma lâmina circular brilhante, de cinco centímetros de diâmetro com borda serrilhada. Parecia girar em alta velocidade sobre o gesso branco. Tive arrepios quando vi a lâmina penetrando o gesso. E se a lâmina atingir a perna? Será que o atendente tem habilidade para parar a tempo? Será que a serra tem um mecanismo de brecar automaticamente? E o atendente continuou a cortar o gesso da coxa em direção ao pé com uma tranquilidade surpreendente. Mais surpreendente era ver a doente tranquila. Cheguei mais perto e não me contive.

– Esse negócio não pode atingir a perna e cortá-la?

O atendente retirou a serra e desligou o motor. Como se quisesse me mostrar como funcionava, encostou a lâmina no meu braço e ligou o motor. Senti o braço todo tremer e instintivamente retirei o braço e o motor foi desligado. Que susto! Meu braço estava intacto. O atendente me explicou que a lâmina não girava, apenas vibrava. Como o gesso é duro e quebradiço a vibração quebra o gesso. Quando a lâmina atinge a pele, como esta não oferece resistência à vibração, acompanhando o movimento vibratório e não resistindo ao contato da lâmina, não quebra nem corta. Fiquei encantado com o processo. Princípios da pura física sendo aplicados em prol da medicina, como fez o mecânico para livrar o rolimã daquele infeliz da história contada no início. Daquele momento em diante a minha percepção do corpo humano, enquanto sistema organizado segundo leis da física e da química, se ampliaram. Toda a lógica propedêutica e terapêutica passava por aí. Como o percutir do tórax ou do abdome e a forma como, ouvindo o som, somos capazes de saber se é oco ou sólido. Se uma faca penetrou o tórax e atingiu o coração, desde que a intervenção aconteça a tempo de o sangue não se esvair, se eu costurar o ferimento do coração, que é um músculo, e fechar o tórax também com uma costura, a vida pode ser salva. Para corrigir um olho torto (estrabismo), se corta e enfraquece o músculo que está tracionando o globo mais do que devia para aquele lado. Pronto, e o olho se reposiciona. Quando a tiroide produz hormônio em excesso, retira-se a glândula. Se uma hemorragia está comprimindo o cérebro, faz-se um buraco (trepanação) e retira-se o coágulo de sangue e a compressão cessa. A cirurgia me pareceu ser a medicina que eu queria seguir. Era prática e objetiva. Abrir, remendar, consertar e fechar. Fim da cena.

5. Professor de cirurgia

Professores para o interno são todos os que dentro do hospital contribuem para sua formação. Durante a graduação, professores são todos aqueles que nos dão aulas e aplicam provas, independentemente se são titulados ou não. No internato são raras as oportunidades de termos aulas com professores titulares (o mais alto grau da hierarquia docente), mas é quando acontecem os contatos com todos eles, que respondem pelas disciplinas clínicas e cirúrgicas. O professor é o chefe de clínica, que semanalmente passava em visita os leitos, quando todos os médicos e internos podiam discutir os casos e ouvir as orientações. Essa era a hora muito proveitosa do aprendizado na beira do leito, quando o conhecimento daquele mais graduado era compartilhado. Alguns gostavam ainda de serem nomeados professores catedráticos. Esta era a denominação do lente, uma instituição medieval, em que os "donos do saber" ministravam suas aulas magistrais, sentados em uma cadeira de espaldar elevado, a cátedra, tradição trazida ao Brasil por Dom João VI, em 1808, quando da fundação da Faculdade de Medicina da Bahia. Apesar da reforma universitária em curso desde 1969, que extinguiu a cátedra, alguns dos professores insistiam na nomenclatura cátedra, que passara a se chamar disciplina. Um desses professores, muito empertigado, chegava ao hospital sempre muito alinhado em sua roupa branca com um blazer azul-marinho. Esse episódio, dizem, teria acontecido alguns anos antes de Alberto fazer sua iniciação hospitalar. Pode ser apenas folclore. A entrada do HC ficava no quinto andar e sua cátedra no penúltimo andar.

Vivam a cena.

Hoje é um dia especial, início de um novo ciclo de internato, o saguão está repleto de alunos em festa, esperando o elevador. O elevador chega, o ascensorista abre a porta e cerca de dez alunos já tinham entrado. Um senhor chega um passo atrás na porta do elevador e encara o ascensorista. Ele olha para os alunos, como esperando que alguém se manifestasse, mantendo a porta aberta. Nada acontece. Mais alguns segundos e o senhor que esperava ordena:

– Você, apontando para o aluno mais franzino, saia para que eu possa entrar.

Ninguém se mexe, todos os alunos encaram aquele ser autoritário, com a expressão indisfarçável de "quem esse cara pensa que é?" O senhor, então, com o cabo do guarda-chuva, que portava de hábito, engancha-o no braço esquerdo do escolhido e puxa-o para fora do elevador. Agradece a gentileza e entra no seu lugar e ordena ao ascensorista.

– Vá direto para o meu andar.

O ascensorista fecha a porta pantográfica e move a alavanca para subir. O silêncio é quebrado por uma pergunta do ilustre senhor que acabara de entrar.

– Vocês sabem quem eu sou?

Nenhuma resposta.

– Sou o seu professor catedrático de cirurgia.

Alguns alunos respondem em uníssono:

– Muito prazer, professor Zerbini!

A resposta não o agrada, com certeza. O ascensorista abre a porta mais rápido que o habitual e anuncia que chegara ao andar solicitado. O professor sai chutando o balde. O ascensorista começa a rir, perguntando aos alunos onde eles iam descer.

– No oitavo – responderam.

Um aluno, que percebera a ira daquele que acabara de descer, pergunta:

– Quem é esse cara?

– É professor de cirurgia, mas não se chama Zerbini, responde o ascensorista.

Os alunos ficaram na mesma. Professor Zerbini ficara famoso porque em 1968 tinha feito o primeiro transplante de coração no Brasil. Para os alunos ele era o único professor de cirurgia de que já tinham ouvido falar. Fim da cena.

Esse professor de cirurgia não era uma figura desconhecida, mas não tinha contato com alunos do primeiro ao quarto ano, só no internato ele se apresentava. Professor importante que fazia parte dos quadros da Casa de Arnaldo, apelido da Faculdade de Medicina, que foi fundada por Arnaldo Vieira de Carvalho, hoje nome da avenida que tem a faculdade como a mais bela arquitetura do início do século passado. Tinha um busto dele próprio na sala de aula e que ostentava uma placa sobre a porta, que denominava com seu próprio nome o anfiteatro onde exercia a cátedra, como gostava de nominar. Contam também que teria criado um prêmio que denominara "Bisturi de Ouro" e que deveria laurear o melhor cirurgião do mundo. Procurou nos quatro cantos do planeta em muitas viagens quem o merecesse. Não encontrando, outorgou a si o prêmio. Ele, é verdade, operava muito bem. Um grande cirurgião. Alberto teve oportunidade de vê-lo operando umas duas vezes. Havia uma sala de cirurgia que tinha um visor de vidro por cima da mesa cirúrgica, e do mezanino era possível observar o professor operando. As manobras que fazia deixavam a cirurgia bonita, como a de transpassar o epíplon (fina membrana que recobre órgãos abdominais) da grande curvatura do estômago com a tesoura, pescar dois fios com a ponta da tesoura, apresentados pelo auxiliar. Posicionar os fios um de cada lado com a tesoura pelo meio, laçar o vaso e tracioná-lo, para o assistente dar o nó da ligadura e seccionar o vaso sem tirar a tesoura da posição, e em seguida cortar os fios, rente aos nós. Tudo isso feito rapidamente para depois seccionar o estômago. Quando o órgão era retirado, ele olhava para o alto, como quem estava concluindo uma obra de arte, e tinha sempre um puxa-saco que puxava uma salva de palmas, e o professor sorria e parecia muito satisfeito. Se os professores, pela importância e pelo prestígio merecido, eram orgulhosos e cheios de si, os alunos não deixavam por menos. Quando identificados como estudantes de medicina nas farras que faziam, à pergunta sobre onde estudavam, respondiam: na Faculdade, claro. Era porque os estudantes da concorrente eram alunos da Escolinha (Escola Paulista de Medicina). No torneio poliesportivo denominado Santa-Pauli-Med, que reunia anualmente em animado ou animalesco congraçamento os alunos das três faculdades de medicina da capital, em torcida que se organizava para incentivar os times em campo, a primeira gritava "Santacasa! Santacasa!" A segunda gritava "Paulista! Paulista!" E a terceira entoava

"Medicina! Medicina!" Como se fosse a única. O professor em tela se aposentava naquele ano pela "expulsória" (ao completar setenta anos a aposentadoria era compulsória). Após muitos anos, Alberto teve a honra de ajudá-lo, em outro episódio.

Professor de medicina era tratado com toda a deferência, quase endeusado. A sala da congregação era o Olimpo. Contam que, durante uma reunião da congregação, quando discutiam um ponto importante e estava difícil chegar a uma decisão, um deles se levanta para anunciar a sua posição e que para chegar a ela tinha tido uma conversa no domingo com Deus e dele recebera a orientação que acabara de proferir. Todos os presentes em silêncio fazem uma reflexão. Um outro professor então pede a palavra e diz que achava estranho aquela colocação, até porque não se lembrava de ter dado qualquer audiência naquele fim de semana.

6. Plantão noturno

Dar plantões diurnos de doze horas durante trinta dias no pronto-socorro foi o primeiro estágio do nosso personagem. Nos estágios subsequentes, em outras clínicas cirúrgicas, tinha por obrigação cumprir um plantão noturno semanal no pronto-socorro. Trabalhar nesta unidade não era, portanto, uma novidade para ele, mas em abril ser escalado para um plantão noturno no pronto socorro era algo excitante. Durante a noite, os casos que chegavam da rua, diziam, eram mais ricos e sempre mais graves. A equipe do noturno, escalada uma vez a cada oito dias, era a mesma durante o ano e a companhia dos residentes de segundo ano, primeiro ano e interno do sexto ano se tornava costumeira, num clima de camaradagem e cumplicidade. A chefia do plantão noturno ficava normalmente na mão dos residentes de segundo ano, "R dois", que eram chamados "R deus", porque a eles cabia determinar o destino dos doentes e a divisão de tarefas entre os residentes de primeiro ano e os internos. À noite o médico-assistente de plantão, o que efetivamente era responsável, desaparecia e o pronto-socorro se transformava na sucursal do Olimpo, onde os residentes eram protagonistas. Era o terceiro plantão daquele mês. O plantão transcorria sem grandes emoções naquela noite.

Vivam a cena.

Agora a equipe de limpeza da madrugada começa a faxina, quando o som de uma sirene começa a se aproximar. De repente uma correria se escuta do corredor. Aos berros policiais empurram três macas para dentro da sala de admissão. Parecem graves e as três macas são colocadas lado a lado. Um residente de segundo ano pede material de intubação e aos internos presentes ordena:

– Dissequem uma veia de cada doente!

O residente examina o primeiro, o segundo, o terceiro e grita uma contraordem.

– Podem parar tudo, estão mortos.

O policial parece contrariado e diz:

– Mas chegaram vivos! Todos bandidos!

Àquela altura cerca de dez policiais estão na sala. Todos vestidos com longos sobretudos de cor azul-marinho, alguns armados com metralhadoras. O residente diz para os policiais que levassem os mortos e os entregassem ao IML, no outro lado da rua. Os policiais nem parecem ouvir e dão as costas ao residente. O escrevente da recepção, com a prancheta na mão, pergunta ao residente se era para admiti-los. O residente diz que não porque eram cadáveres, não pacientes. Curioso, vou examinar os mortos. São três jovens que aparentam ter entre dezesseis e vinte anos. Bem vestidos, não aparentam ter o aspecto habitual dos bandidos que são trazidos ao pronto-socorro de madrugada. Todos crivados de balas, em um deles contamos mais de vinte furos. Os tiros pareciam ser todos transfixantes, alguns deles com manchas que pareciam queimaduras, e uma bala penetrava pela axila. Não havia dúvidas, eles tinham sido metralhados a curta distância. O residente continua resistindo em admiti-los como doentes. A ordem do diretor do pronto-socorro era que mortos não deveriam ser admitidos. O normal era que a constatação da morte fosse feita ainda na porta. Os casos foram levados para a sala pelos policiais à revelia dos atendentes que ficavam na porta. Não foi possível impedir que os cadáveres fossem levados até a sala de admissão. Os policiais vão embora e os cadáveres ficam sem serem admitidos ou identificados. Entre nós começa uma discussão sobre o que teria acontecido aos três. Bandidos? Serão? Foram metralhados porque resistiram? Quando o dia começou a raiar, informações desencontradas começam a chegar. Um policial graduado, acho que um coronel, chega junto com o diretor do pronto-socorro. Examinam os cadáveres. Meu plantão já tinha terminado, mas com o desfile de tantas personalidades fico um pouco mais para entender o que tinha acontecido.

– Podem admitir como doentes – autoriza o diretor ao residente de segundo ano que está entrando de plantão.

O confronto tinha acontecido no Jardim América, a notícia mais fresca era que eram filhos de gente importante. Acabaram por ser admitidos como tendo chegado com vida. O diretor do pronto-socorro tinha se curvado aos argumentos do comandante da Rota. Ao longo do dia as rádios noticiaram que três jovens tinham sido metralhados pela polícia porque resistiram com balas à abordagem policial. Esse episódio ficou conhecido como o caso da Rota 66. Um triste desfecho da polícia de então, comandada pelo coronel Erasmo. Vivíamos ainda os anos de chumbo. O clima de guerra contra a esquerda armada era ainda intenso. A chocante imagem de três jovens mortos pela polícia ficou gravada por muito tempo na minha mente. Fim da cena.

Mas não era só desgraça que se via nos plantões. Havia também situações divertidas. Era um plantão noturno de sexta-feira na Segunda Clínica Cirúrgica e no plantão ficava um interno do quinto ano e outro do sexto ano. Antônio era o nome do sextanista. Era nervosinho e tinha uma voz rouca indisfarçável; quem o conhecia não tinha como não o identificar pela voz.

Vivam a cena.

Agora é noite e o relógio na parede indica 1h24, quando o telefone toca no posto do plantão. Antônio atende, do outro lado uma voz anasalada conhecida de um professor que quer saber como está uma doente que operara aquela manhã.

– Deve estar bem, porque a enfermagem não me disse nada – responde.

O professor lhe diz então para ir ver a doente, examinar o curativo, verificar a curva de temperatura, o volume na bolsa de drenagem da sonda nasogástrica etc. etc. etc.

– A essa hora, professor? O senhor não acha que está pedindo demais?

Bravo, o professor lhe diz:

– O senhor sabe com quem está falando?

– Sei – responde, e em seguida retruca:

– E o senhor sabe com quem está falando?

A resposta é negativa, e Antônio então diz:

– Ainda bem – e desliga o telefone.

Naquela noite pegar no sono é difícil, o telefone fica tocando muitas vezes e ninguém atende. Fim da cena.

7. Tubo no tórax

O telefone fixo era a única forma de comunicação a distância, só havia um intercomunicador por radiofrequência, tipo *walk & talk*, que funcionava dentro do prédio do hospital. Mas só pessoas importantes, como a enfermeira-chefe, o portavam. Para localizar alguém no hospital não era tarefa fácil. Aconteceu durante o primeiro estágio, no pronto-socorro de cirurgia. Era do conhecimento de todos que o diretor do pronto-socorro era muito rigoroso e bravo, mas nem todos tinham tido oportunidade de conhecê-lo pessoalmente. Pela manhã, o R2 chama todos os internos para passar visita nos leitos, na realidade macas, onde os doentes eram acomodados. Cada interno era encarregado de cuidar de dois ou três casos na sala de admissão, doentes que tinham passado a noite naquele lugar. Eram pessoas que estavam em observação, aguardavam cirurgia ou estavam internadas em macas, porque não havia vaga na enfermaria.

Vivam a cena.

Agora no pronto-socorro é hora de passar visita. Antes, porém, o residente pede-me para buscar o Fellow, o diretor do pronto-socorro, que queria passar visita com os internos recém-chegados. Bato na porta da sala onde estava escrito Diretor, entro e não há ninguém. Acho que errei de porta e pergunto ao primeiro passante onde fica a sala do Dr. Fellow. Responde-me que era aquela mesma, mas que ele fora visto no final do corredor, do outro lado, onde ficam as salas de cirurgia. Dirijo-me ao lugar, mas não o encontro. Indicam que procurasse no outro corredor. Fui e nada. Volto para a sala de admissão para comunicar ao residente que não o tinha encontrado, e quando chego a visita já começou. Uma pessoa de meia-idade com calvície em formação, toda de branco, com um avental branco, de óculos escuros e que faz perguntas aos internos com a autoridade de um professor. Aquele deve ser o Dr. Fellow, penso, mas não tenho certeza. Quando passamos pelo terceiro caso, outro médico que não conheço e que participa da visita fala de uma hipótese para aquele caso. De pronto o senhor de óculos escuros, que achei que era o diretor, diz:

– Fellow, não pode ser – e continua suas explicações.

Penso comigo mesmo e concluo que o Dr. Fellow então é o outro, não quem primeiro imaginara ser, o que estava de óculos de sol. A visita termina e vou me apresentar a quem deduzo ser o Dr. Fellow. Ele, então, me diz que o Fellow é o que está de óculos escuros, que ele é o residente Júlio. Fico confuso e lhe pergunto por que então o Dr. Fellow o tinha chamado por Fellow. Explica-me que Dr. Waldomiro fora um estagiário nos Estados Unidos, um *fellowship*, e trata todos os residentes por *fellow*, e por isso apelidaram-no de Fellow. E eu pensando que era o nome dele, outra figura lendária do hospital que acabara de conhecer. Fim da cena.

Essa primeira visita com o diretor do pronto-socorro fora apenas uma cortesia para os internos iniciantes. As outras visitas foram muito diferentes. Quando chegava, o diretor chamava o residente mais graduado e ordenava que limpasse o corredor e que não queria ver nenhuma maca depois das dez horas da manhã. Eram casos que não tinham indicação de cirurgia de emergência, mas com doença instalada. O residente então, pelo telefone, chamava seus colegas na enfermaria, informando que tinha um doente de megacólon (intestino grosso dilatado) que poderia ser interessante para ele. Um caso de hérnia recidivada, outro com suspeita de tumor de esôfago. Assim uma parte dos doentes eram "vendidos" para os colegas nas enfermarias. Os doentes que ninguém "comprava" tinham alta para casa e eram orientados a procurar consulta ambulatorial.

O pronto-socorro de cirurgia era de uma riqueza incrível. As habilidades cirúrgicas do interno eram despertadas quando lhe ensinavam a fazer as primeiras suturas de ferimentos, começando pelo couro cabeludo, depois ferimentos de membros e, finalmente, quando o residente considerava que o interno tinha habilidades suficientes, suturar um ferimento no rosto.

Já tinha aprendido a anestesiar localmente com lidocaína e, a cada sutura que fazia, Alberto foi aperfeiçoando o método, primeiro dar tempo para que a anestesia pegasse, segundo fazer a sutura de tal forma a deixar a menor cicatriz possível. Nessa etapa das suturas passou com louvor, quando o desafiaram a passar o primeiro dreno de tórax. Esse procedimento é algo que exige prática, porque se adentra uma cavidade, isto é, se introduz um instrumento dentro do corpo onde estão alojados órgãos vitais como pulmão, coração no andar superior, fígado, pâncreas, baço, no andar inferior.

Vivam a cena.

Agora, um doente chega ao pronto-socorro com ferimento no tórax por faca, respirando muito mal. O residente me orienta a fazer uma ausculta pulmonar e me pergunta o que ouvia de cada lado do tórax. Primeiro do lado do ferimento e depois do lado sem ferimento. Não sei o que ouvir nem ouço nada muito bem, mas a diferença é nítida. Do lado da ferida não se ouve o ruído ofegante do doente lutando para respirar. O residente faz a ausculta e então ordena que passe um dreno no tórax, na face frontal, entre duas costelas uns cinco centímetros abaixo da clavícula.

– Mas não vai fazer um raio X antes? – pergunto.

– Depois fazemos, agora o mais importante é drenar o tórax, isto que você está vendo é um pneumotórax. Isso mata – sentenciou.

– Pode vestir a luva porque você vai fazer a drenagem.

Será que saberei fazer? Não me ensinaram isso na faculdade, pensei.

Antes que possa responder se quero ou não tentar, ele me dá um bisturi, enquanto infiltra a região entre as costelas com anestésico.

– Agora enfie o bisturi onde infiltrei – ordena o residente.

Hesito um pouco, encosto o bisturi no lugar e, antes que possa perguntar se a posição está correta, o residente empurra minha mão e sinto o bisturi entrando fundo no tórax do doente.

"Puuffffrrrr", ouço o ar saindo pelo orifício aberto, por entre a lâmina, que penetra a caixa torácica.

– Agora enfie seu dedo e alargue esse buraco. Faça isso rápido – completa.

Pela primeira vez na vida sinto na ponta do meu dedo indicador o vazio do tórax. Forço o dedo para baixo e sinto a carne rasgar.

– Uuuuiiii – o doente geme baixinho

Parece que doeu muito, penso. Sinto o pulmão tocar a ponta do dedo. Sinto-o recuar e depois voltar a tocar a ponta do dedo. Era o pulmão inflando e desinflando.

– Agora enfie esta borracha aí dentro – fala o residente, mostrando uma sonda de borracha vermelha, presa a uma pinça de Kocher, que prendia a ponta romba da sonda.

Aproximo a ponta da pinça no buraco aberto no tórax, mas acho que não vai passar, porque a abertura é menor do que o que está na ponta da pinça.

– Vai logo, interno, o doente precisa respirar!

Forço a pinça para baixo, mas não consigo fazer aquela coisa enorme passar por um orifício tão pequeno. O residente pega a minha mão e dá um tranco para baixo feito um soco. O doente urra de dor novamente. A sonda e a pinça tinham passado pelo buraco.

– Agora abra a pinça e retire-a, deixando a sonda dentro do tórax.

Como por milagre, retiro a pinça e a sonda vermelha fica. Nisso o auxiliar de enfermagem conecta um tubo de vidro à sonda, tubo esse que estava conectado a uma mangueira longa de borracha amarela, que, por sua vez, se abria em um tubo de vidro dentro de um frasco, e outro tubo de vidro saía do frasco como respiro, ambos mergulhados em água, que ocupava metade do frasco graduado de vidro. Era o mesmo frasco que usavam para transfusão de sangue. No frasco a água borbulhou.

– Agora tosse forte, tigrão – o residente ordena ao doente.

Mais borbulhas no frasco, agora com um pouco de sangue. O doente parece aliviado, e eu mais ainda. Eu suo, o doente também. Pergunto ao doente se tinha doído. Ele diz que tinha doído muito.

– E por que não berrou?

– Porque não conseguia, estava sem ar. A dor era forte, sim, mas a falta de ar era sufocante e pior que a dor. Achei que ia morrer.

Demoro um pouco para entender. A falta de ar o impedia de gritar, porque para gritar o ar precisa ser expirado e passar pelas cordas vocais, e o doente não tinha ar no pulmão. Por um momento reflito sobre a dor que o doente sentira, devia ter sido grande, mas suportável diante da falta de ar. A dor é um valor relativo. A dor maior suplanta a dor menor. O residente, então, tal qual um professor, começa a explicar o que eu acabara de fazer para os outros companheiros de internato. Cada passo do procedimento é explicado e o porquê dos frascos com água e como aquilo permitiria salvar o doente da morte certa. Aprendo que aquilo era uma emergência respiratória traumática. Sem a drenagem feita rapidamente o doente poderia morrer por falta de ar. Acho a forma como foi feito, abrutalhado, uma "tigrada", no jargão daquele lugar, mas necessário e urgente. Era para nunca mais esquecer de como fazer o procedimento. Tenho oportunidade de repetir o procedimento umas dez vezes durante o internato, e minha técnica vai sendo aperfeiçoado a cada repetição, tentando que seja menos doloroso. Fim da cena.

Como na situação anteriormente descrita, no internato se aprende sendo conduzido a realizar procedimentos, empurrado pelas circunstâncias criadas pelo ambiente hospitalar. A primeira reanimação de uma parada cardiorrespiratória aconteceu num plantão de enfermaria, também no quinto ano.

É noite. O auxiliar de enfermagem o chama para atender uma parada em um quarto. Vai só porque o residente que estava de plantão tinha ido tomar um lanche e ele está sozinho. É estranho ter que tomar uma decisão de ir sem saber bem para quê. Corre para o quarto e vê aquele corpo inerte sem saber por onde começar. Uma senhora está ao seu lado e não lhe ocorre pedir para sair. Rememora tudo que tinha aprendido sobre reanimação no estágio de pronto-socorro. A cama é alta, então sobe na cama, fica a cavaleiro sobre o doente e começa a pressionar o peito do doente. O peito afunda junto com o colchão. O auxiliar que observa lembra-o que é preciso colocar a tábua debaixo do doente. Levantam aquele ser inerte que pesa feito chumbo, colocam a tábua sob o tronco. Agora a massagem parece mais eficiente. Depois de dois minutos põe o estetoscópio no peito para ouvir o coração. Nada. Torna a massagear. O auxiliar chega com o material de intubação. Nunca tinha feito. Para de massagear e vai tentar intubar, porque lhe ocorre que, sem oxigênio, ainda que a massagem cardíaca seja eficiente, o coração não voltará a bater. Será? Passa o laringoscópio pela boca e, ao levantá-lo, ouve um "crec": havia quebrado a prótese dentária superior do doente. Remove as próteses e agora consegue enxergar a glote, mas não acha as cordas vocais que deveria ver. Acha que já passou muito tempo e volta a subir no doente para massagear o coração. Volta para o laringoscópio. Ele, que estava relativamente tranquilo até aquele momento, começa a ficar apreensivo, porque as massagens não surtem efeito e não consegue intubar o doente. Está começando a ficar cansado. Pensa em pedir ajuda, mas desiste quando lhe ocorre que o plantonista é ele e tem que dar conta do que acontece no plantão. Ocorre-lhe que, quando os batimentos não retornam por massagem, pode-se fazer uma adrenalina intracardíaca. Pede a seringa com adrenalina, que vem com aquela agulha longa de quase um palmo. Tinha visto uma vez. Enche-se de coragem e espeta a agulha por baixo do apêndice do esterno em direção ao coração. Puxa o êmbolo e a seringa enche-se de sangue. Injeta o conteúdo e retira a seringa, deixando a agulha no peito. A agulha parece pulsar algumas vezes, mas para de mexer. Se o batimento voltasse, a agulha deveria continuar a pulsar. Retira a agulha, frustrado. Percebe então que a senhora que estava ao lado do doente tudo observara em silêncio. Fita o seu rosto e não percebe ar de reprovação. Sente serenidade na pessoa e parece que a morte daquele doente está sendo aceita sem contrariedade. Algo esperado. O doente não ressuscitara. Olha para o relógio e já se passaram mais de trinta minutos da sua chegada. O silêncio é quebrado com o auxiliar de enfermagem lhe apresentando a prancheta para escrever e dizer que o óbito tinha acontecido às 2h45. Escreve o que procedera e anota: constatado óbito às 2 horas e 45 minutos. Não é o primeiro óbito que assiste, mas este é o primeiro que tentara reanimar sem sucesso e sozinho. Será que fez tudo certo? Um sentimento de culpa brota. Será que o doente não teria sobrevivido se fosse outro a atender? Fica chateado e nem tem a curiosidade de perguntar qual era a doença que o paciente tinha. Se fosse um diagnóstico sombrio, menos mal, deveria servir de consolo. Mas se aquela senhora, que imagina que seja parente, não se queixou, então tudo parece bem. O auxiliar de enfermagem também não tinha feito nenhuma crítica, então tudo bem, pensa. E então o seu coração serena. Indaga-se quantas vezes aquele auxiliar de enfermagem assistira um interno fazendo reanimação. Certamente muitas, e auxiliou-o tão tranquilamente que não lhe passou pela cabeça que estivesse fazendo alguma bobagem. Para o auxiliar apenas mais um óbito, mas para ele a primeira reanimação frustrada. Volta para o quarto do plantão. O residente tinha voltado do lanche. Pergunta onde estivera. Responde que estivera reanimando o doente da enfermaria 5030 e conta o que tinha acontecido. Espera uma reação. O residente ouve e não se manifesta, apenas vira de lado para dormir. Fica sem saber se agira como deveria, mas aprende a tomar decisões por si e que a prática da medicina é muitas vezes solitária, não se podendo contar com ajuda nem sempre esperar uma palavra de consolo.

8. Operação do estômago

O estágio seguinte será na gastrenterologia. Nesta clínica, algumas das reuniões que aconteciam semanalmente juntavam clínicos e cirurgiões. As reuniões ficavam interessantes e muito instrutivas quando havia debate entre os professores quanto à abordagem terapêutica em determinados casos. Um novo exame vinha revolucionando o diagnóstico e o tratamento das doenças do estômago. Clínicos e cirurgiões disputavam a execução do exame, a endoscopia digestiva com tubo flexível. Há pouco tempo tinha sido introduzida uma nova tecnologia, o fibroendoscópio, um grande avanço na especialidade. Alberto acompanhava um doente que ia fazer o exame e pediu para ver como funcionava o novo aparelho. Que beleza! O doente deitado de lado engole um tubo flexível feito por um feixe de fibras de vidro, que chega até o estômago. Por esse tubo uma luz é transportada e ilumina o interior do órgão. A imagem do interior do estômago é então transportada para um visor, tal qual um microscópio, na outra ponta do tubo. A ponta do aparelho dentro do estômago pode ser manipulada para cima e para baixo por uma chaveta que fica junto ao visor. Como o exame era feito antes da tecnologia de fibra óptica chegar? Dr. Paulo mostrou num armário uma coleção de tubos de aço brilhantes e disse que aqueles eram os endoscópios convencionais. Eram tubos de metal rígido, ainda utilizados. Como um objeto tão rígido era introduzido no estômago? Explicou que o doente era deitado de barriga para cima com a cabeça pendendo para fora da maca, de tal forma a deixar a boca, a garganta e o esôfago em linha reta, o que permitia introduzir o aparelho como se fosse uma espada do engolidor que se apresenta no circo. Isso sem anestesia, apenas com *spray* de anestésico tópico. E nem todo o estômago podia ser examinado porque o tubo é rígido, e só se via o que estava à sua frente, explicou. Imagine o sofrimento que deveria ser. Dr. Paulo disse que ainda se usavam os aparelhos convencionais para examinar a árvore respiratória, uma vez que os aparelhos modernos, de tubo flexível, são grossos demais para serem introduzidos na traqueia. Será necessário o desenvolvimento de fibroendoscópios mais delgados, esclareceu. A nova tecnologia era um sucesso porque permitia, depois que a radiologia de EED (esôfago, estômago e duodeno) acusasse uma alteração, verificar *in loco* o tipo de lesão (úlcera ou câncer) e, na dúvida, fazer uma biópsia.

A úlcera duodenal era o diagnóstico mais comum naquela enfermaria. Era tratado por cirurgia com a extirpação do duodeno e de parte do estômago. Antes da decisão da terapêutica cirúrgica estava indicado fazer tratamento clínico à base de antiácidos e uma dieta pobre em alimentos que estimulassem a produção de ácido pelo estômago. A doença era considerada psicogênica, provocada pelo estresse, e assim se indicava o uso de antidistônico (calmante). Mas, se o tratamento não resultava satisfatório para abolir os sintomas, a cirurgia estava indicada. Gastrectomia era a cirurgia-padrão no departamento de gastroenterologia e todo residente até o fim do seu ciclo deveria saber fazê-lo em duas modalidades: Bilroth 1 e Bilroth 2, operação praticada havia quase cem anos. Embora o interno já tivesse instrumentado cirurgias desse tipo no pronto-socorro, entrar em uma cirurgia a ser feita por um docente na enfermaria era uma curiosidade didática. O preparo do doente para a cirurgia era tarefa dos internos. Além da história da moléstia e do exame físico do doente, verificar a realização dos exames de rotina, tratar a verminose, se presente, verificar exames específicos e ser orientado para a prescrição do dia anterior à operação. A cirurgia estava escalada para um docente, mas no dia ele teve um problema e o escalado foi substituído.

Vivam a cena.

Agora na sala de cirurgia, eu estou preparando a mesa de instrumentos, quando o cirurgião mascarado entra na sala, e eu sem saber que o escalado tinha sido substituído. Até chegar ao estômago que vai ser operado, tudo corre conforme imaginara e estudara no dia anterior. Quando acho que ele vai cortar o estômago e ir entregando a pinça adequada para tanto, o cirurgião recusa o instrumento e pede:

– Kelly e fio de algodão.

– Kelly e fio de algodão e tesoura – repete.

– Kelly e fio. Mais Kelly e fio – repete.

Depois de consumir doze pinças de Kelly, aviso que acabou. Pergunto se pode ser Kocher, um outro tipo de pinça. O cirurgião solta um palavrão e manda vir o que tem. Ele está ligando vaso a vaso toda a curvatura do estômago, e cortando o tecido que circunda o órgão. Não entendendo o que está sendo feito, balbucio:

– Não era para ser feita uma gastrectomia?

– Era, mas estou utilizando uma nova técnica para tratar úlcera duodenal. Estou fazendo uma vagotomia gástrica superseletiva.

Continuo sem entender.

– Depois o residente te explica! – Como quem ia dizer "interno burro!" mas não disse.

Na minha santa ignorância não abro mais a boca durante a cirurgia. O estômago não é extirpado e o abdome do doente fechado. Na enfermaria o residente me explica o que é a nova técnica. Os ramos do nervo vago foram seccionados do estômago, de tal forma a inibir a secreção do suco gástrico e assim a úlcera será curada. Será?, penso. Fim da cena.

Apesar da nova técnica, a gastrectomia seguia sendo a cirurgia de escolha, e os residentes, no afã de cumprir sua cota, quando de plantão no pronto-socorro, realizavam gastrectomias pseudoemergenciais. Chamados de "globes". Eram doentes com diagnóstico de ulcera duodenal orientados a procurarem o pronto-socorro com data e hora para operar o estômago pela urgência. As fichas de aviso de cirurgia eram preenchidas com a justificativa de urgência por sangramento ou perfuração. Não se exigiam provas para estas justificativas, mas algumas vezes se ouviam comentários de que tal residente tinha injetado com uma seringa e agulha um pouco de ar no peritônio (membrana que envolve toda a cavidade abdominal) ou que outro tinha colocado sangue no estômago pela sonda nasogástrica. Era uma forma de simular no exame radiológico um pneumoperitônio, indicativo de úlcera perfurada, ou prova da úlcera hemorrágica. Sangue era muito fácil de conseguir nos frascos abandonados à beira do leito depois que uma transfusão terminava.

9. Operação de vesícula

Cirurgia de vesícula é parte da gastroenterologia. Dr. Plenus pedira para agendar uma cirurgia e queria uma moça para instrumentar. Um típico machista que dizia que mulher era ótimo para enfeitar a sala de cirurgia. A fama era de que gostava de passar cantada e outras passadas nas internas mais formosas. A escalada para instrumentar era a interna Eloisa. Uma baixinha estudiosa mas desbocada e que não tinha nenhuma afinidade com a cirurgia. Na noite anterior preparou-se decorando o nome de cada instrumento e a ordem de entrega ao operador, instruída pelo residente de segundo ano, que seria o primeiro assistente na cirurgia. Tudo pronto para começar a cirurgia, a doente anestesiada, antissepsia realizada, campos cirúrgicos colocados, e o cirurgião se posiciona à direita da paciente, e ao seu lado a interna Eloisa, escalada para instrumentar. Usualmente a boa técnica preconizava que quem instrumenta deve se colocar no lado oposto do cirurgião em diagonal, mas esta era a posição preferencial daquele cirurgião em se tratando de instrumentadora.

Vivam a cena.

Agora vamos começar a cirurgia. Todos a postos.

– Tudo pronto? – pergunta o cirurgião.

– Bisturi!

E a incisão na pele é feita.

– Kocher – pede o cirurgião.

Eloisa apresenta uma pinça dentada.

– A sem dente e curva, menina!

Eloisa entende que o que ele quer é uma pinça de Kelly curva e faz a entrega.

– Outro Kocher.

Novamente Eloisa entrega uma pinça dentada.

– Não é essa. Uma pinça igual à outra.

Eloisa entrega uma pinça de Kelly e começa a ficar nervosa.

– Um Kocher reto!

E ela entrega um Kelly reto, desta vez corretamente interpretado. Depois de cauterizados os pontos pinçados, a cavidade abdominal é acessada.

– Kocher!

Eloisa entrega um Kelly curvo.

– Quero a mais longa!

– A pinça de Mixter – assopra o residente.

– A senhorita não vê que estamos trabalhando em campo profundo, doutora? – pontua o cirurgião.

– A doutora não pretende ser cirurgiã, pretende?

Eloisa fica mais irritada, mas não responde.

– Tesoura, depois Kocher – pede.

E, de confusão em confusão, cada instrumento que ela apresentava não era o que o cirurgião queria. Depois de ter apresentado três diferentes pinças e não ter acertado, Eloisa reclama.

– O senhor não sabe o nome dos instrumentos? Chama tudo de Kocher! Parece não ter estudado o nome dos instrumentos!

Dr. Plenus retruca:

– Quem precisa estudar o nome de cada instrumento é a senhorita, eu chamo o instrumento que preciso com o nome que eu quiser!

Eloisa responde:

– Então eu vou entregar o instrumento que eu quiser!

O clima fica tenso, mas a cirurgia prossegue. De repente, o cirurgião diz alto:

– Para tudo! A doutora está chorando e as lágrimas estão contaminando o campo. Ponha outro campo limpo na frente da doutora e vá chamar outro interno para instrumentar.

Sou chamado na enfermaria para substituir Eloisa. Lavo as mãos, me paramento e me coloco na posição onde estava Eloisa, para que ela possa sair.

– Você não sabe que a posição do instrumentador é do outro lado? O residente não lhe ensinou? – orienta o cirurgião.

Quieto, obedeço. Troco de lado e a circulante de sala reposiciona a mesa com todos os instrumentos. A cirurgia continua sem mais incidentes, Dr. Plenus chama cada instrumento pelo nome correto e eu não tenho que abrir a boca durante a cirurgia inteira. Fim da cena.

10. Doentes modelos

Para se aprender medicina ver e praticar é fundamental. Na clínica dermatológica as reuniões da clínica aconteciam aos sábados pela manhã. Eram escolhidos cerca de dez casos, examinados durante a semana, para serem apresentados. Sala de aula cheia, o primeiro doente é apresentado. A lesão dermatológica exposta, começa a discussão. Um diz que é tal coisa, o outro discorda e aposta em outra coisa, um terceiro argumenta que não parece ser nem uma coisa nem outra. Caso difícil. Por fim o professor pondera, argumenta a favor e contra e dá o seu veredicto. O professor nessa hora tem a oportunidade de demonstrar toda a sua experiência. Uma discussão rica e proveitosa, mas que terminava sempre na mesma indicação de tratamento: pomada ou creme de corticoide.

Em uma reunião na neurologia, observar o comportamento e os movimentos involuntários eram a lição do dia. Aprende-se pela observação o que é um nistagmo, um movimento atetósico, hemibalismo etc. etc. Um doente que tem uma parte do cérebro comprometida é apresentado com um comportamento curioso. O professor pergunta ao doente onde ele mora. Responde corretamente o nome da rua, o número da casa e o bairro. Pergunta em seguida se sabia onde fica tal praça, um lugar conhecido e próximo da sua casa. Responde que a praça é conhecida por tal apelido, mas o nome é outro. Sabe exatamente do que está falando e diz que costuma frequentar o lugar. O professor então pergunta como ele faz para ir da sua casa até a praça, descrevendo o trajeto. Começa pelo nome da rua onde mora, que vai em tal direção, mas depois da primeira esquina começa a ficar inseguro, confuso. O professor insiste no trajeto que o doente costuma fazer. Não consegue indicar um trajeto de pouco mais de duzentos metros. Confuso, nervoso, porque não sabe o que está acontecendo com seu cérebro, responde: "Acho que é mais fácil pegar um táxi e pedir para me levar até lá". A explicação do professor foi de que o doente tinha perdido a habilidade de raciocinar espacialmente, sabia o nome e onde ficava cada lugar, mas não conseguia organizar o pensamento espacialmente. Esses e muitos outros doentes foram mostrados como modelos para o aprendizado de como o cérebro humano funcionava.

Em outras especialidades, os internos aprendem a examinar em modelos humanos. Eles estão estagiando na enfermaria de coloproctologia, o estudo das doenças do intestino grosso e reto. O residente do lugar chama a todos para ensinar a examinar um doente internado. O doente, um mineiro franzino, talvez emagrecido pela doença, deitado num canto da enfermaria, esperando a sua vez. Todos se aproximam e o residente pede para o interno, dono do leito, discorrer sobre o que está no prontuário do doente. O toque retal é a lição daquela hora. O residente pede para o doente se deitar de barriga para baixo e dobrar as pernas por debaixo do lençol. Na posição de cata-cavaco. O doente usa apenas um avental com abertura nas costas. O residente toma posição ao lado do paciente, veste a luva na mão direita e faz o toque, descrevendo que no lado direito toca-se uma massa anormal. O doente faz cara de poucos amigos, mas não abre a boca, suportando bem o exame. O residente diz para o interno do leito vestir a luva, fazer o toque e descrever o que percebe na ponta do dedo. O doente faz cara de dor, e o residente então alerta o interno para não comprimir a massa porque pode doer. O próximo interno faz o mesmo. A quinta interna na fila é uma colega miúda, baixinha. Coloca a luva e por debaixo do lençol faz o toque. Tem alguma dificuldade de penetrar o dedo e, pela cara do doente, ele está se sentindo desconfortável.

Vivam a cena.

Agora, embora o exame não tenha demorado mais que meio minuto, o doente comenta:

– Essa doutora é pequenininha, mas tem um dedo grosso que só! Uai!

Quando a interna retira a mão debaixo do lençol os seus dedos ainda estão em posição de toque ginecológico.

– Você tocou com dois dedos? – pergunta o residente.

– Foi como me ensinaram na obstetrícia a fazer toque – responde a interna baixinha.

Caímos na gargalhada.
– Toque retal é só com o indicador – o residente ensina.
– Tem mais doutor? – o doente pergunta.
– Não. A doutora foi a última – diz o residente.
O doente não se faz de ingênuo.
– A última de hoje, porque amanhã tem outra turma, né?

11. Doenças comuns e doenças raras

Durante o internato uma coisa que marca a todos é a adequação do nome que se dá ao doente: paciente. Há que ser muito paciente para ser tratado em um hospital-escola. A bondade e a paciência que têm os pacientes para com os alunos. Respondem as mesmas perguntas a cada interno que vem para examiná-los. Na ausculta cardíaca eles dizem onde é o melhor lugar para se ouvir o sopro. No exame abdominal indicam onde está a borda do fígado, ou ensinam que o seu baço pode ser palpado na fossa ilíaca esquerda. Alguns até desenhavam com caneta esferográfica o contorno desses órgãos na pele da barriga. Os doentes com esquistossomose tinham baços enormes. Não eram apenas os portadores dessa verminose que eram internados, mas eram majoritários. Na enfermaria tinha também adolescentes internados por ascaridíase, a popular lombriga. Bolo de *Ascaris lumbricoides*, uma afecção relativamente comum então. Esses doentes tinham um raio X típico, mostrando o emaranhado de uma centena de vermes cilíndricos. Eram tratados com óleo mineral e com isso o emaranhado se desfazia e os vermes podiam naturalmente ser eliminados, por evacuação ou vômito. Quando esse tratamento não dava resultado ou evoluía para obstrução intestinal, então os doentes eram operados, e o bolo de *Ascaris* retirado cirurgicamente, junto com um pedaço do intestino. Um dia, passando visita na enfermaria, viu uma adolescente internada que, com suas mãos, brincava com uma lombriga que devia ter uns trinta centímetros. Parecia um garrote de látex para colher sangue, que todo interno era obrigado a carregar no bolso. Sabendo que uma colega estava procurando o seu garrote perdido, achou de pregar uma peça: avisou-a que vira um com uma doente, a mesma que brincava com a lombriga. A colega foi até o quarto, a menina ainda brincava com o verme, e ela disse para a doente que aquele garrote era dela e pediu para devolver. Nisso a doente puxa pelo orifício do nariz mais uma lombriga e disse para a colega que ela podia ficar com aquele garrote, porque ela tinha outros mais. Em cima do lençol uma porção de lombrigas se movimentavam; ela estava vomitando os *Ascaris*. A colega, enojada, agradeceu a oferta, e seu colega, que estava do seu lado, teve que sair correndo para não apanhar. No dia seguinte, depois de um raio X de controle, a doente teve alta, estava curada do bolo de *Ascaris*, pelo menos por um tempo. A reinfestação podia acontecer.

Vivíamos um tempo de doenças infectocontagiosas e parasitárias. No internato no Departamento de Pediatria, o diagnóstico mais comum era a gastroenterite. Disenteria era o que mais matava, quando afetava crianças. Havia uma enfermaria repleta de desnutridos. Podia se escolher entre bebês com Kwashiorkor ou marasmo. O primeiro grupo era formado por crianças barrigudinhas, cheinhas, que, quando segurados pelo bracinho, ficavam com marcas dos dedos na pele. Era inchaço. O segundo grupo era formado por magrinhos, costelas à mostra, olhos fundos e rosto enrugado. O tratamento para essas crianças era dar mamadeira, alimentá-las. Em um mês de tratamento elas ficavam ótimas. Pena que muitas delas voltavam quatro a cinco meses depois, novamente desnutridas. A mortalidade infantil, na cidade de São Paulo, girava algo em torno de noventa mortes por mil nascidos vivos – quase dez por cento dos nascidos morriam antes de completar um ano. A Unidade Pediátrica de Emergência Clínica (UPEC) tinha sido mudada para um prédio novo, quase na esquina com a Rua Teodoro Sampaio. Tinha sido mudado o chamado "Postão" de triagem, no prédio localizado no outro lado do Instituto Central.

Vivam a cena.

Agora na Pediatria, as atividades dos internos acontecem no primeiro andar, na enfermaria da unidade de emergência. Algumas vezes se desce para o térreo, onde os médicos assistentes e residentes fazem o primeiro atendimento. Filas intermináveis de mães com seu bebê no colo embrulhado em cobertor encardido. São cerca de trinta pessoas esperando sua vez. Na entrada, um balcão alto e um médico assistente mais antigo que faz a triagem.

– Desembrulha o bebê, mãe – ordena o médico-assistente.

Um rápido exame, duas ou três perguntas e num papel quadrado que não mede mais do que cinco centímetros de lado, cortado na mão, alguma coisa é anotada, e ele é entregue à mãe. São letras em códigos para o fluxo daquele paciente que os atendentes e auxiliares de enfermagem decifram. Para sala de inalação, para sala de hidratação, para internação etc. Em todas as salas de atendimento, enfermeiros, auxiliares de enfermagem e atendentes ocupados, cada qual numa tarefa incessante. Preparo da medicação, da inalação, da instalação do soro, troca de fralda, retirada do soro, limpeza do vômito, orientação para mãe, alta ou internação. No fundo da unidade há um salão com uma bancada longa, de um metro e vinte de altura, que ocupa toda a parede. Uma do lado direito e outra no esquerdo. Os bebês são colocados sobre o balcão com intervalos de cinquenta centímetros ou menos e lá recebem os cuidados de emergência. Cada qual com um soro pendurado numa haste que está fixada na parede. Parece uma linha de montagem. Esse salão chega a atender trinta crianças ao mesmo tempo, e alguns mais grandinhos são colocados aos pares em berços com grades, e, de pé, choram sem parar. Essa imagem me choca de tal maneira que neste dia decido descartar a pediatria como opção de especialização. É no quinto ano que se decide qual especialidade seguir. O contato com a realidade orienta, ou desorienta, o aluno na escolha. Muitos já têm essa decisão tomada, mas outros fazem a escolha por eliminação. Para ter certeza da minha decisão, vou conversar com o médico assistente que está no balcão da triagem. Falo da impressão ruim que tenho deste lugar, do atendimento em massa, quase mecânico, feito filme de Chaplin em *Tempos modernos*. E ele calmamente responde que aquilo que estou vendo é uma maravilha.

– Você precisa conhecer o pronto-socorro de São Miguel – comenta.

É o nome de um bairro periférico, distante mais de vinte quilômetros dali.

A minha decisão está tomada e acho que não preciso saber o que mais acontece na Pediatria de outros hospitais, ainda mais na periferia. Algum tempo depois tenho oportunidade de conhecer o pronto-socorro de São Miguel. Chocante. A fila de mães é três ou quatro vezes maior do que na UPEC. O balcão da triagem tem uns cinco metros de comprimento e quatro médicos simultaneamente fazem o atendimento da mesma maneira que no HC: "Desembrulha, mãe!". Depois da triagem são encaminhadas para outras três filas: hidratação, inalação, medicação. Para que as filas não se misturem há um corredor feito de canos de aço, como existem na entrada de estádios de futebol. Um guarda orienta para que não entrem em fila errada. A fila não permite meia-volta. Se errada, quem deve fazer inalação pode receber uma injeção de penicilina. Dor de ouvido, dor de garganta, impetigo (infecção de pele): a ordem é medicar com o antibiótico disponível naquele momento, o Benzetacil, a penicilina benzatina. Esse mesmo esquema acontece também no pronto-socorro de adultos. Este pronto-socorro deve atender algo como mil doentes por dia, entre homens, mulheres, crianças, contusões, partos, diarreia, fraturas, febre, tosse, sangramento e dores. Pobre daquela gente que confunde medicina com saúde. É a miséria da Zona Leste da maior cidade do país, a maior concentração de moradores em habitação subnormal, sem água encanada, sem esgoto e sem luz. Para essa gente, ir ao pronto-socorro é uma forma de compensar a falta de comida para as crianças, a falta de trabalho, a falta de higiene. Não era raro que, ao ordenar "desembrulha, mãe", o médico depare com um bebê frio e inerte. O antibiótico não vai adiantar. A morte não vai poder ser adiada. Fim da cena de horror.

Penicilina e cloranfenicol eram os antibacterianos disponíveis no HC para o dia a dia. Já existiam a ampicilina e a gentamicina, mas a primeira era cara e a segunda para infecções mais graves. Outros, como eritromicina, terramicina, tetraciclina e rifampicina, eram para especialistas, não para internos. Em termos de tecnologia para investigação diagnóstica por imagem, a radiologia convencional era o que existia. Ultrassom ainda era limitado a um único aparelho, que ficava com a Dra. Maria na Obstetrícia, e só servia para fazer imagem fetal. A novidade em laboratório era a gasometria, que permitia saber a concentração de oxigênio e gás carbônico no sangue e corrigir a acidose ou a alcalose. Esse exame era colhido pelo interno, levado até o laboratório pelo interno, que esperava pelo resultado e o levava até onde estava o doente, geralmente na Unidade de Terapia Intensiva (UTI), que era algo novo. A colheita de sangue arterial no pulso era o que todo interno tinha que aprender a fazer. Na enfermaria do pronto-socorro tinha uma recém-inaugurada UTI. Já havia uma unidade chamada de "Choque" no oitavo andar, mas era mais um laboratório de fisiologia do doente grave, que tinha apenas um leito. Já a UTI do pronto-socorro tinha dois leitos. Os ventiladores utilizados eram os Bird, que se pronunciava "Berd" e, por isso, eles eram apelidados de Verd. Eram feitos de plástico transparente verde. Os aparelhos funcionavam a pressão e não se sabia quanto de volume de ar os doentes recebiam. Naquele ano chegaram os primeiros ventiladores a volume (o doente recebia um volume conhecido de ar) da marca Monegan. Que beleza, a última palavra para ventilar o doente com afundamento de tórax. João, um boiadeiro, foi o primeiro doente que viu ser tratado o afundamento torácico com esse tipo de ventilador. O afundamento era fruto de uma chifrada de um boi de rodeio. João era um daqueles palhaços encarregados de desviar a atenção do boi quando o peão ia ao chão. O tórax afundava completamente quando o aparelho era retirado. Ficou na dúvida se aquele tratamento iria funcionar, se a fixação das costelas com fio de aço por cirurgia não seria mais eficiente.

Um médico mais velho entrou na UTI. Era um cirurgião de tórax, assistente do pronto-socorro, que viera conhecer o caso do João boiadeiro. O doutor explicou aos internos que aquele tratamento era agora o de escolha. Ele próprio havia alguns meses tivera um afundamento de tórax e experimentara o novo método. É um maluco, pensou. Aplicar em si próprio um tratamento novo, ainda experimental. Contou que pedira para não ser sedado para que pudesse acompanhar a evolução do tratamento dia a dia. Estava lá para contar que o resultado tinha sido muito bom. Na UTI do pronto-socorro se aprendia a monitorar os doentes graves. Monitoramento cardíaco e de pressão arterial. Certo dia, um médico recém-chegado dos Estados Unidos disse que era preciso aumentar o volume de ar ofertado ao doente. Como fazê-lo com o ventilador de que se dispunha? Com o Bird? Ensinou a aumentar a pressão do ar expirado com uma geringonça improvisada. O ar expirado era canalizado através de um tubo que era mergulhado em um balde de água, obrigando a um esforço para vencer a coluna de água. Com uma régua de madeira improvisada, a coluna de água era medida em cinco ou oito centímetros e, com isso, definia-se o chamado PEEP, a pressão expiratória positiva. Outra monitoração que se improvisava era a medida de pressão venosa central (PVC), que era feita através de um cateter venoso levado até o coração, e a ponta do cateter preso a um suporte de soro, deixando-o na vertical, de tal forma que era possível ver a pressão que o sangue exercia sobre a coluna de soro. Através de um cabo de vassoura, sobre o qual se colocava um tubo de ensaio cheio de água tingido com mercúrio cromo, e preso com esparadrapo, para servir de nível. Colocava-se uma ponta sobre o peito do doente e a outra ponta no suporte de soro, que tinha o cateter venoso preso. Nivelado o cabo de vassoura, o nível do soro podia estar acima, indicando PVC alta, ou ficar abaixo, indicando PVC baixa. Eram métodos rudimentares, mas era com o que se contava para aprender fisiologia do doente internado na UTI.

Nas enfermarias de clínica médica era comum encontrarmos quatro ou cinco doentes com linfoma, que à época era classificado como Hodgkin ou não Hodgkin. Era uma doença até rara, mas parecia comum quando os pacientes eram reunidos em uma única enfermaria. O tratamento da doença era um suplício e com resultados nada animadores. O diagnóstico era quase sentença de morte. Câncer de maneira geral não era curável. Outra doença incurável e relativamente rara, mas comum na enfermaria, era o lúpus eritematoso disseminado, hoje sistêmico. Na enfermaria era comum ter cinco doentes internados com a doença. Uma doença imunológica muito estudada na época pela riqueza de alterações clínicas que a acompanhavam.

Nas clínicas das especialidades cirúrgicas também era comum encontrar raridades, como doença de Crohn e acromegalia. O conceito de centro cirúrgico era recente. Algumas salas de cirurgia no HC ainda ficavam instaladas nos corredores das enfermarias. A porta da sala operatória se abria diretamente para o corredor. Era assim na neurocirurgia, na otorrinolaringologia e na oftalmologia. Este parágrafo dá uma ideia do estágio tecnológico que o HC vivia. Era o que existia de mais moderno.

12. Epidemias

A poliomielite ainda fazia vítimas, apesar do programa de vacinação. Os doentes de paralisia infantil, que perdiam a capacidade de respirar pela paralisia dos músculos respiratórios, eram colocados no "pulmão de aço". Esse equipamento desenvolvido nos anos 1920 nos Estados Unidos foi utilizado no Brasil nos anos 1950, na grande epidemia de poliomielite.

Como interno de sexto ano, estava de plantão no pronto-socorro de ortopedia, quando viu chegar uma criança de colo, talvez com dois anos, com diagnóstico de pólio feito em outro serviço. Foi internada na enfermaria, onde existiam ainda meia dúzia desses equipamentos, os pulmões de aço. Eram enormes cilindros de metal, do tamanho de uma cama. O doente era colocado deitado com todo o tronco e membros dentro do cilindro e só a cabeça para fora, através de um orifício circundado por um anel acolchoado de borracha por onde o pescoço passava, de tal forma que o ar de fora não pudesse entrar para dentro do cilindro. Na parte caudal do cilindro um pistão mecânico aspirava o ar de dentro do cilindro, reduzindo a pressão interna. Esse pistão ia e voltava, reduzindo e ampliando a pressão interna no ritmo da respiração. Assim a caixa torácica do doente, que acompanhava a pressão do cilindro, se expandia e contraía, permitindo a respiração torácico-diafragmática. Era um barulho ensurdecedor. E o médico que cuidava dessa unidade dizia que aquilo era o som da vida. Uma pessoa fabulosa que dedicou sua vida àquela unidade. Aqueles doentes acometidos pela pólio sobreviviam graças àquele monstrengo, que mais parecia uma câmara de tortura. Esses pulmões de aço estavam para ser substituídos por ventiladores a volume, que estavam chegando. A criança que foi vista chegar no pronto-socorro em 1976 tem grande chance de ser a Eliana, hoje pintora de boca que ficou internada por 43 anos no Instituto de Ortopedia e que recentemente foi viver o mundo fora do seu quarto de hospital. Alberto tem em casa uma pintura dela. Foi uma das últimas doentes tratadas no pulmão de aço.

A pólio fazia as últimas vítimas, mas outra doença infecciosa estava em plena atividade ceifando vidas. Em 1975 mais de quatrocentas mortes por meningite meningocócica aconteceram. A epidemia em São Paulo que tinha se iniciado em 1971 declinou em 1973 e 1974, e então recrudescia. O governo até tentou esconder a epidemia que atingia a população mais pobre, mas quando atingiu jovens da classe média não houve como negar. Quando passavam pelo pronto-socorro de clínica médica, os internos ficavam encarregados de fazer o primeiro atendimento de casos suspeitos, porque os médicos estavam ocupados com os casos mais graves. O isolamento necessário era precário. Alguns biombos de tecido separavam os doentes que aguardavam a confirmação da doença para depois serem internados. Os casos suspeitos eram levados para uma sala na ala central do quarto andar onde havia uma maca e uma mesa. Os doentes, depois de serem submetidos a anamnese (narrativa do doente sobre seu estado), eram colocados sentados com as costas para o médico ou deitados de lado com o dorso nu. Era feita então punção lombar para colheita do líquor (líquido que fica dentro da espinha dorsal). A turbidez do líquido era suficiente para indicar a internação. Esse procedimento era geralmente feito apenas por médicos, mas, com a indicação e a frequência aumentada neste período, era também autorizado que internos o fizessem. Eles aprenderam a realizar punção lombar graças à epidemia. Raramente se usavam máscaras e luvas para atender esses pacientes. Não que não tivessem sido orientados para a possibilidade de contaminação: era simplesmente por falta e porque os internos se sentiam super-homens. Atender o doente era mais urgente e mais importante do que providenciar luvas e máscaras. As máscaras eram feitas de pano, costuradas no próprio hospital, e, após lavadas, eram reutilizadas. As luvas também eram reutilizadas depois de lavadas e esterilizadas em autoclave. As luvas de segundo uso ficavam frágeis e se rasgavam mais facilmente porque o vapor cozinhava o látex. Elas sobravam na mão e faziam perder a sensibilidade táctil, razão para dispensar o seu uso. A contaminação acontecia, tanto que numa pesquisa se verificou que parte dos profissionais, incluindo internos, tinham a garganta povoada de *Neisseria meningitidis*, mas não apresentavam a doença.

Uma outra afecção que o interno se arriscava a adquirir durante o estágio era tuberculose. Dois colegas próximos desenvolveram a doença, e uma delas teve como primeiro sinal um derrame pleural. O grupo era submetido ao teste de PPD (teste para verificar a presença de anticorpos) e não era infrequente que desse positivo. A chamada viragem do PPD acontecia durante o internato. Eram, então, feitos os outros exames complementares, que indicavam ou não a necessidade de tratamento. As doenças contagiosas que tinham vacinas disponíveis ainda eram exceções. Infectar-se e torcer para não ter a forma grave da doença era como a imunidade podia ser conseguida. Havia até quem dizia que tomar o ônibus Penha-Lapa, fazer o trajeto de ida e volta, era garantia de infecção, que, se não matava, imunizava.

A rotina do interno começava às sete horas da manhã e só terminava às 19 horas. Um plantão noturno no pronto-socorro a cada oito dias e um plantão na enfermaria uma vez por semana. No sexto ano a coisa piorou um pouco mais. Decidido a fazer residência em cirurgia geral, Alberto optou por estágios concentrados nas unidades cirúrgicas. No dia em que um docente ia operar, o doente era preparado na véspera. Verificar todos os exames e, sob a supervisão do residente, checar cada documento colocado no prontuário, saber as datas e os principais resultados de cor.

Vivam a cena.

Hoje é um desses dias para preparar o doente para a cirurgia. O residente grita para o interno:

– Cadê o exame de fezes negativo deste doente?

– Estão aqui os dois – respondo.

– O professor pediu três – disse o residente. – Vá providenciar o terceiro imediatamente.

Como fazer isso às quatro horas da tarde? Conseguir um exame de fezes de urgência para o resultado estar na pasta ainda hoje? Corro para o leito onde o doente descansa e pergunto:

– O senhor já evacuou hoje?

– Já sim – respondeu o doente.

– Tem como fazer outra vez?

Negativa é a resposta. Expliquei a situação e que, se não conseguisse um pouco de fezes, a cirurgia marcada para amanhã pode ser suspensa. O doente vai para o banheiro tentar uma evacuação, volta sem consegui-lo. Invento um jeito de conseguir um pouco de fezes. Não me pergunte como fiz para não constranger o doente. Corro para o laboratório e procuro o residente do laboratório. Conto toda a história e ele faz então um rápido exame e me dá um laudo. Fico feliz: o carimbo diz negativo. Chego na enfermaria e entrego o resultado para o residente da cirurgia.

– Por que demorou tanto? – pergunta o residente.

Será que este residente não sabe o malabarismo que tive que fazer para conseguir aquele precioso resultado? Fico um pouco bravo com ele. Quando conto como consegui o exame, ele ri.

– Da próxima vez não leve muito a sério essa bosta de exame.

Fico sem saber se fiz certo ou errado. Fim da cena.

Orifícios naturais, aprende-se, são a porta de entrada e saída do corpo humano. O médico tem como recurso precioso o exame destas partes, e dois deles são considerados íntimos. Olhos, ouvidos, narinas e boca estão expostas e todo mundo vê, mas os orifícios que se localizam abaixo da cintura estão quase sempre cobertos. No começo é constrangedor. Perder o asco, o nojo por examiná-los e explorá-los é uma das etapas que os internos necessitam vencer. A prova definitiva aconteceu quando, no pronto-socorro, a história de um doente é de que não evacuava fazia duas semanas. Não era possível. De certo, não estava comendo. No interrogatório, contou que isto acontecia de vez em quando e que se alimentava normalmente. Era mineiro da roça e sabia que tinha doença de Chagas, outra doença epidêmica. O seu abdome parecia um tambor. Algo não estava certo.

Vivam a cena.

Agora chamo o residente e lhe apresento o caso. Imediatamente responde que deve ser um fecaloma.

– O que é isto? – pergunto, na minha ignorância.

– Ponha uma luva e faça um toque retal que você vai saber o que é – ordenou.

A palavra parece ser nome de tumor, penso. Será que o residente está querendo me pregar uma peça? Toco algo arredondado, duro como pedra. Lembra-me os dedos tocando a cabeça de um bebê que está para nascer. Já passei meu estágio na maternidade. Mas aquele orifício não é próprio, e o doente é um homem. Um objeto duro e grande como aquele não poderia jamais passar pelo orifício anal.

– Isso que você está tocando é o fecaloma – explica o residente. – São fezes endurecidas que obstruem a saída – continua.

Penso qual será o mecanismo para ficarem tão duras. O tempo com certeza é um fator importante. Outro fator é a capacidade do intestino grosso em reabsorver a água contida no bolo fecal enquanto o tempo passa. A explicação definitiva está na doença de Chagas. O doente com essa afecção tem os nervos do intestino destruídos, não permitindo que ele defeque normalmente. As fezes vão endurecendo, secando e crescendo pelo acúmulo até que se transformam em um obstáculo intransponível para a evacuação necessária dos dejetos fecais. Daí vem o "tumor fecal" ou fecaloma. Nunca imaginei que isso poderia acontecer. Possivelmente, se estava descrito nos livros, passou despercebido. Acho que aprendi tudo sobre aquela situação e vou me afastando do doente, quando o residente me chama e diz que eu tenho que tratar o doente, livrá-lo daquele tumor. Como fazer? Qual é a solução para aquele problema? Na minha cabeça não há outra solução senão abrir a barriga e retirar cirurgicamente. Quando balbucio o que estou pensando, o residente explica que não se faz uma cesariana para retirar um feto morto. Entendo por analogia que o risco de uma cirurgia abdominal não pode ser corrido para retirar um tumor feito de fezes.

– Você já passou pela maternidade, certo? Já aprendeu a fazer parto, certo? Agora vai entrar comigo na sala de cirurgia para fazer o parto de um fecaloma.

Não acredito no que estou ouvindo, mas, curioso, vou para o centro cirúrgico. Troco de roupa e o doente já está deitado na mesa cirúrgica. O circulante da sala prepara a sala cobrindo todos os equipamentos com lençóis e dois biombos de tecido estão posicionados a uns três metros da mesa, também cobertos com lençóis. Estranho aquilo que estou vendo pela primeira vez.

– O senhor que vai fazer a extração? – pergunta-me o circulante, o atendente da sala.

Respondo que vou ajudar o residente.

– Então, é bom vestir isso – E me dá um avental de plástico que ia até os pés.

Pergunto o que fazem aqueles biombos e os equipamentos cobertos com lençol. O circulante só me responde:

– Aguarde e logo saberá.

O residente da cirurgia chega e logo vai pedindo para o residente da anestesia que faça uma ráqui. A raquianestesia consiste em aplicar anestésico na coluna, no espaço raquidiano, e anestesiar o indivíduo da cintura para baixo. Aplicada a anestesia, o circulante coloca o doente em posição ginecológica, como se procede em um parto. O cirurgião também coloca um avental de plástico, veste o avental cirúrgico, veste as luvas sem os cuidados habituais de assepsia e ordena que eu faça o mesmo. Obedeço.

– A ráqui pegou? Podemos começar?

Como instrumental, um balde com uma torneira na parte baixa de onde sai uma mangueira de ponta romba com buracos. O balde está no alto, pendurado em um suporte de soro. Dentro do balde, um líquido que parece água. Tomamos posição, eu e o residente, como num parto. Os biombos preparados com lençóis são posicionados atrás de nós. Continuo sem entender o que vamos fazer. O residente coloca a ponta da mangueira na minha mão esquerda e diz para que, com a mão direita, abra o orifício e introduza a mangueira. Se a bola de fezes é obstáculo para saída, é também obstáculo para entrada. É impossível introduzir a mangueira.

– Você precisa empurrar a bola e abrir um espaço lateral que faça passar a mangueira.

Tento, mas não consigo. A bola dura de fezes deve ter uns seis centímetros de diâmetro. O residente me passa uma espátula de metal que tem uns quatro centímetros de largura e ordena que eu a use para afastar lateralmente a massa fecal. Com muita força consigo quebrar a bola e abrir um espaço por onde passo a mangueira. Tenho dó daquele orifício que suporta uma espátula, meus dedos e agora a mangueira.

– Agora abra a torneira – ordena.

Um líquido claro e viscoso escorre pela lateral da espátula. É vaselina diluída em água.

– Afunda mais a mangueira – determina.

Mobilizo a mangueira e ela entra mais uns cinco centímetros. O ânus começa a se alargar pela pressão interna de dentro para fora.

– Agora com uma pinça quebre o fecaloma – sugere.

Consigo, com a pinça, fazer um buraco e tento esfarelar a massa um pouco, mas não consigo.

– Agora force as bordas do ânus, ampliando a abertura. Saia da frente, fique de lado e continue forçando a borda, como se faz em parto.

De repente, uma explosão de merda. Espátula e mangueira lançadas ao chão. Água que era clara fica escura, e escorre tal qual uma cachoeira. A bola cai no balde aparador, estrategicamente colocado. Não é bem uma bola, mas uma meia bola, agora no balde. Uma cascata de fezes escorre. Depois, uma descarga gasosa impressionante. Quando olho para os biombos entendo para que servem. Estão todos respingados de pura merda acumulada por semanas. Alguns equipamentos são atingidos com respingos e estão a mais de dois metros do epicentro da explosão. Estão cobertos com lençóis, que são brancos. E, passado o susto, um fedor insuportável empesteia todo o ambiente. O residente comemora.

– Nasceu!!

Como na maternidade o produto parido é detidamente examinado, embora a minha vontade seja de sair correndo deste lugar malcheiroso. É muito curiosa a dureza deste material. Aceno para o doente, que parece muito feliz. Seu rosto irradia uma satisfação incomum, agradece baixinho num sussurro que vem de profunda gratidão. Deixo a sala e me dirijo ao vestiário. Pela primeira vez me banho por inteiro depois de um procedimento cirúrgico. O normal é depois de uma cirurgia trocar a roupa e voltar para a rotina. Mesmo quando a cirurgia tem muito sangue e a roupa fica um pouco manchada, raramente um banho é tomado. Mas, nesta hora, embora não tenha me sujado, a sensação é de que o cheiro impregnado na narina só sairá com um bom banho. Durante o banho, todo o processo de formação do fecaloma me vem à cabeça. Semanas sem evacuar fazem o intestino grosso absorver a água e secar o bolo fecal de tal forma que ele se transforma em uma massa pétrea. E depois fica impossível eliminá-la pela via natural sem a ajuda de um cirurgião. Um procedimento sem nenhum charme, é verdade, mas absolutamente necessário para livrar o doente desse sofrimento. É como extirpar um tumor que está obstruindo o trato digestivo. Aprendi que, mesmo sem usar o bisturi, aquele procedimento se equiparava a um ato cirúrgico que exigia conhecimento técnico especializado. Se não tivesse vivido a experiência, não saberia por onde começar. Tinha definitivamente perdido o medo da cirurgia e testado às últimas consequências as propriedades do corpo humano no que diz respeito à adaptabilidade, elasticidade, resistência do tecido que compõe os diversos órgãos. Não houve sangramento e nenhuma ruptura aparente. Tinha passado pela prova de fogo de encarar o excremento humano como objeto do trabalho médico.

Apesar do banho, o cheiro não me abandona. Visto o uniforme branco e volto para o pronto-socorro. Meia hora depois sinto fome, coisa que achei que não deveria acontecer. Perdi a hora do almoço. Vou até a lanchonete que fica no outro lado da avenida, atrás da faculdade de medicina. O Necrodog, apelido de um pequeno *trailer* sem rodas, colocado sobre cavaletes de concreto, que fica estacionado perto da entrada do necrotério, que vende *hot dog*, hambúrguer e refrigerante. Não é uma lanchonete das mais elogiáveis do ponto de vista da higiene, mas é o que está mais próximo do pronto-socorro, e quando a fome aperta é o que nos salva. Funciona 24 horas por dia, 365 dias do ano. Fim da cena.

Diziam que o dono daquele ponto era um doutor, mas isso devia ser intriga da oposição. Ele era o terror dos alunos. Chefiava os bedéis que se encarregavam da disciplina e do controle de frequência dos alunos. Quando havia falta em excesso, o aluno ficava pendurado em faltas, e era com ele que se negociava. No internato o terror dos alunos mudava de doutor. A disciplina e as faltas eram agora controladas pela Comissão do Serviço de Estagiários. O presidente da comissão, um professor, conhecido por Tião Medonho. A secretária da comissão era Dona Rosinha. Qualquer incidente ou traquinagem que chegava ao seu conhecimento imediatamente era comunicado ao professor, sempre pronto para passar um sabão. O maior pecado para as internas era a altura da saia. Dos rapazes era o comprimento dos cabelos. Barba era terminantemente proibida. No primeiro dia do internato todos os alunos eram chamados em grupos para o Serviço, onde passavam por uma revista. Tião fazia uma preleção sobre como deveriam se comportar, como se vestir, de branco da cabeça aos pés, reprovava o colorido da cueca ou calcinha que transparecia através do tecido branco. Não era comum as roupas de baixo coloridas, mas os mais ousados vestiam. Futuros médicos, dizia, quando se apresentam ao doente, a primeira coisa que devem despertar é confiança. Apresentar-se adequadamente em respeito ao doente. O cabelo dos rapazes não poderia cobrir as orelhas e o comprimento da saia das meninas precisava estar dois dedos abaixo do joelho. Na dúvida o professor fazia questão de conferir com seus dedos a altura da saia. Parece que houve um caso protagonizado por uma colega que se sentiu assediada, mas que terminou em pizza. O máximo que poderia ser feito para algo dessa natureza era protestar no jornal mural do centro acadêmico. Afinal, o professor era um ser "inacusável" de má conduta.

13. Economia da saúde

Poderoso era coordenador de transplante renal. Como um juiz, definia o veredito se o doente era ou não candidato ao transplante de rim. Como parte do estágio havia uma passagem pela urologia, onde ficava a unidade. O transplante de rim era o único que se fazia rotineiramente naquele tempo, com bons resultados. Já o primeiro transplantado de coração, realizado em 1968, só sobreviveu por 28 dias. O primeiro transplantado de fígado, também realizado em 1968, não sobreviveu. Por esses resultados, transplantes de coração e fígado só foram retomados nos anos 1980, com a introdução da ciclosporina como agente imunossupressor. O coordenador era um homem falante, elétrico, que não parava um minuto, mas rigoroso. Enquanto ia da enfermaria até o ambulatório, continuava falando. Ao seu lado médicos, enfermeiros, assistente social caminhavam juntos para ouvir as suas instruções. Chamava atenção dos internos em voz alta.

– Prestem atenção para nunca mais esquecer – dizia apontando para um doente. – Vejam a cor deste homem, escuro e ao mesmo tempo pálido, anêmico. Esta é a fácies típica de alguém com insuficiência renal.

Ele determinava quem deveria e quem não deveria ir para a fila de transplante de rim. Dizia que o mais importante era a triagem social. A infecção era a principal inimiga do transplantado. A imunossupressão, se por um lado evitava que o rim transplantado fosse rejeitado, por outro suprimia também as defesas naturais contra as bactérias. A higiene era fundamental e os pacientes que não tinham condições de fazer a sua higiene pessoal de forma adequada não eram selecionados para se candidatar a um transplante. Deduzia-se que, se alguém é pobre e morava em favela, sem sabonete, sem água corrente e luz, jamais poderia ser transplantado. Em vez de ficar chocado, racionalmente concluía que aquela decisão era a mais correta. Talvez injusta. O transplante de rim era um tratamento complicado, uma tecnologia sofisticada e cara, com baixa disponibilidade. Logo, era dever do médico escolher, entre muitos, alguém que pudesse manter aquele órgão funcionando o mais longamente possível e retornar à sociedade o benefício recebido. Transplantar um rim em alguém que, pela pobreza, não tinha condições de se manter longe dos riscos da infecção e da rejeição poderia pôr a perder o tratamento a curtíssimo prazo. E a sociedade terá feito um investimento sem retorno. Foi a primeira lição de economia da saúde. Aprendido estava que cada ano de vida ganho por um tratamento tinha um custo variável e que esse custo era tanto menor quanto mais tempo o indivíduo sobrevivesse. Gastar um milhão com alguém que poderia viver dez anos não é igual que gastar o mesmo com alguém que poderia viver apenas um ano. Tinham significados muito diferentes.

O pronto-socorro era o lugar preferido durante o internato. O residente de segundo ano que quisesse operar pedia para um interno buscar assinatura no Aviso de Cirurgia, um papel que precisava ser entregue no centro cirúrgico para que a enfermeira libere a sala da operação. O Aviso de Cirurgia era preenchido com os dados do paciente e levado até o quarto do médico-assistente.

Vivam a cena.

Conseguir a assinatura no Aviso era tarefa do interno. Bem delicadamente, um interno bateu na porta e chamou pelo médico assistente que estava de plantão.

– Dr. Zabeu?

– Zabeu do quê? – A resposta lá de dentro vem com outra pergunta.

Como o interno não sabia o sobrenome do médico, voltou atrás para perguntar ao residente.

– Interno é burro mesmo, e você acha que existe outro Zabeu no mundo? – disse o residente, que também não sabia o sobrenome do assistente.

O interno ponderou:

– Se existe outro eu não sei, mas por uma questão de respeito deveríamos chamar o assistente pelo sobrenome.

– E você acha que, com esse nome, tem alguém aqui que sabe o sobrenome dele?

O interno teve que voltar ao quarto para pedir a assinatura do Dr. Zabeu. E desta vez conseguiu a desejada assinatura. A assinatura era simplesmente Zabeu.

O interno de quinto ano faz tudo que o interno de sexto ano não quer fazer: acordar o médico-assistente, colher sangue, suturar couro cabeludo, curativo de queimadura, lavagem gástrica, lavagem intestinal, curativos, empurrar maca, levar amostra de sangue para o laboratório, colher urina ou fezes. O noviciado cobra um preço, mas no ano seguinte tem compensação. Você será o interno que manda no noviço que chega. E assim a fila anda. Alberto, como interno de sexto ano, escolheu fazer a especialização em cirurgia geral. Passou a fazer parte de uma equipe de plantão noturno que será a sua equipe por três anos, se ele passar na prova de ingresso para a residência médica de cirurgia geral no final do ano.

14. Nomes de doenças

O estágio agora é na cirurgia vascular. Essa especialidade é responsável pelo tratamento das doenças que acometem os vasos periféricos. Ainda que o crânio seja periférico em relação ao coração, os vasos que abundam o cérebro não são de responsabilidade do cirurgião vascular, mas do neurocirurgião. Assim, as artérias que sobem pelo pescoço para irrigar o cérebro ficam com o vascular (abreviação de cirurgião vascular) até a entrada da caixa craniana. Já o cirurgião cardíaco só mexe nos primeiros centímetros dos vasos que emergem ou chegam ao coração. Como se pode perceber, a divisão de trabalho entre cirurgiões e o limite onde cada um deve atuar não são muito fáceis. Na realidade essa divisão é casuística, e não científica. E o interno precisa rapidamente aprender onde fica a fronteira de cada especialidade para não dar bola fora no encaminhamento dos casos. Sem falar que os nomes das afecções que acometem os doentes começam a se avolumar na cabeça do interno. Aneurisma, por exemplo, é uma expressão usual na cirurgia vascular e também na neurocirurgia. O primeiro geralmente se refere à dilatação da aorta, que é um grande vaso, e já no cérebro o aneurisma acontece em minúsculos vasos. O tratamento do aneurisma de aorta se faz com a substituição por uma prótese plástica (tubo feito de tecido sintético) que é colocada no lugar do vaso doente. Já o aneurisma cerebral é tratado com *clips* metálicos que obliteram a montante o vaso que está anormalmente dilatado. Confundir os dois aneurismas é prova de incompetência. A substituição de grandes vasos com tubos plásticos era o tratamento mais atual das doenças obstrutivas que atingiam os vasos. Quando havia obstrução da carótida a cirurgia de escolha era a endarterectomia, que era a abertura da artéria e a remoção da obstrução como se retira a ferrugem de um encanamento de água feita de ferro. Viu esta cirurgia pela primeira vez como instrumentador, feita pelas mãos do professor Luiz, que beirava os setenta anos. A cirurgia corria tranquila, mas depois de uma hora um natural cansaço ficou evidente, porque era uma cirurgia delicada que exigia do cirurgião precisão milimétrica na separação do que no vaso era parede sã e o que era ateroma para ser removido. Mais alguns minutos e alguém perguntou se o professor não queria descansar um pouco – o tremor agora era evidente. Ele continuou operando e depois de quase duas horas a cirurgia chegou ao fim, para alívio de quem o auxiliava. O assistente parabenizou o professor pela cirurgia, que tinha terminado muito bem, com sua técnica impecável. O professor, que não era uma criatura das mais bem-humoradas, comentou que melhor cirurgião era quando não tinha o tremor. Aí alguém completou:

– Pensei que não fosse tremor, mas que o senhor estivesse acompanhando o batimento da artéria.

Ninguém teve coragem de rir.

Na cirurgia vascular, onde estamos, se aprendem alguns dos nomes mais bonitos de doenças que existem. Uma delas acometia uma moça dos seus vinte anos, linda e que tinha uma das pernas muito bem torneada e a outra disforme, medindo o dobro da perna boa. Era portadora de uma malformação arteriovenosa que vinha sendo acompanhada há muito tempo. A perna afetada era arroxeada e o residente colocou o estetoscópio sobre a mancha e pediu para os internos ouvirem. O barulho era de um jato de água em uma torneira com fluxo intermitente. Impressionante. Mais impressionante era o nome que davam a isso: síndrome de Klippel-Trenaunay. Nome para nunca mais esquecer. Outra doença comum no ambulatório era a síndrome de Raynaud. A mão do doente era colocada em uma bacia com água e gelo e os vasos da mão se contraíam tanto que imediatamente algumas áreas ficavam brancas, sem circulação. A síndrome de Leriche era outra situação comum na enfermaria. Doentes com arteriosclerose e obstrução da bifurcação da aorta para as artérias ilíacas, cuja solução era cirúrgica. Aqueles nomes das síndromes genéticas que tivemos que decorar, como Klinefelter, trissomia do 21 (Down), Turner, pareciam agora fáceis. Esses nomes normalmente homenageiam os médicos que descreveram a doença pela primeira vez. Consta do folclore agaceano (de HC) que a doença de Billy & Park nasceu como uma brincadeira.

Quando, no pronto-socorro, um doente chegava com sintoma exagerado, simulando dor intensa ou desmaio cinematográfico, diziam que era um portador da doença de Billy & Park. Com o tempo, dizem, se transformou em "piripaque".

Em cada estágio uma série de novas doenças apareciam. Tirar história, perguntar detalhes dos sinais e sintomas, examinar o doente e a lesão tornava o internato de uma riqueza sem igual. Ao longo de dois anos, acredita-se, há contato com cerca de 2 mil doentes diferentes, e esse provavelmente é o número mínimo que um estudante de medicina deve ver para que os conhecimentos e as imagens destes contatos sejam arquivados no cérebro, para que possam ser acessados e transformados num *déjà vu* para se iniciar o processo de investigação de um doente, cuja responsabilidade do diagnóstico e do cuidado agora é seu.

15. Emprego

O interno passava pelo grupo de hérnias tendo por residente de primeiro ano uma médica-cirurgiã, morena meio avoada e de seios fartos. Eram raras as mulheres residentes na cirurgia. Naquela turma de 32 residentes, eram duas. Seu colega de panela (era assim que se chamava a equipe de residentes que juntos passavam nos estágios programados), o Ari, o chamou e disse que ele iria instrumentar a cirurgia da doutora.

– Você sabe qual o primeiro instrumento que deve apresentar ao assistente? – perguntou.

– Para o assistente? Talvez um Kelly e para o cirurgião certamente o bisturi – respondeu o interno.

– Não – disse Ari –, o primeiro instrumento a ser usado é um par, e não um. Deveriam ser dois afastadores de Doyen.

– Como afastadores se a barriga ainda nem foi aberta? – retrucou.

Ari explicou que afastadores servem para afastar e completou:

– Com essa colega cirurgiã, a primeira coisa que precisa ser feito é afastar os peitos dela, porque senão você não enxerga nada.

O preconceito em relação às mulheres cirurgiãs era ainda forte.

Foi nessa passagem que começaram a aparecer os empregos para acadêmicos, e o primeiro trabalho foi oferecido justamente por uma mulher. O ingresso de mulheres na medicina vinha crescendo e na sua turma já eram mais de quarenta por cento.

Vivam a cena.

Estou no quarto dos médicos na enfermaria, descansando depois do almoço, quando aparece uma sextanista para falar comigo. Embora não estivéssemos aptos a medicar, no segundo mês do internato uma colega que mal conhecia me aborda com uma proposta de trabalho.

– Você não quer cobrir um plantão no meu lugar amanhã, sábado?

Quando oferecem, geralmente um plantão de fim de semana é no fim do mundo.

– Onde é?

Em Santo Amaro, no Pronto-Socorro Nossa Senhora de Algum Lugar.

É longe, mas para mim é familiar, mesmo porque eu morava em Santo Amaro e conhecia o bairro.

– Quanto pagam? – pergunto.

– 120 por doze horas.

É o equivalente a seis pizzas grandes. É a primeira vez como interno, embora já esteja desde o quarto ano trabalhando em um ambulatório em um município vizinho. Mas em pronto-socorro é a primeira vez. Pergunto se há supervisão. Ela diz que é uma clínica pequena, que o próprio dono atende diariamente e está sempre por perto. Mais curioso do que com disposição para enfrentar um sábado em um lugar desconhecido, concordo. Peço para os colegas de panela cobrir os afazeres da enfermaria no dia seguinte, vou para o matadouro. É assim que chamamos os prontos-socorros da periferia.

No dia seguinte, não tenho dificuldade de encontrar o lugar e às sete horas estava lá. Uma casa adaptada, com uma recepção, uma sala de espera, um consultório, uma sala de exame com um aparelho de raio x portátil, uma sala que me parece servir para fazer pequenas cirurgias e dois quartos, com uma cama cada. Dista quatrocentos metros do Largo 13 de Maio e menos de cem metros de um outro hospital, que também tem um pronto-socorro. Penso que se aparecer um caso mais grave é só encaminhar. Apresento-me para a recepcionista e pergunto pelo dono, Dr. Ronaldo. Dá-me as boas-vindas, muito simpática, diz-me que tinha sido avisada que eu substituiria o plantão. Quanto ao Dr. Ronaldo, diz que não está e que no sábado não costuma aparecer se não houver nenhum doente internado. Não há ninguém internado e já há umas três pessoas esperando na recepção. Pergunto pelo plantonista da noite e a recepcionista me diz que tinha ido embora de madrugada. Na falta de alguém para me orientar, pergunto para a recepcionista qual é a rotina e quem vai assinar as prescrições.

– O senhor mesmo – responde.

– Mas e o CRM? – pergunto.

– Não se preocupe, doutor, o receituário já está carimbado. Se precisar medicar, tem alguns medicamentos no armário à sua direita. Tem analgésico, anti-inflamatório, antibiótico que o senhor mesmo pode aplicar. E se precisar de exames o senhor pede que eu chamo o laboratório. Se precisar de raio X o senhor posiciona o doente e bate a chapa. Tudo está escrito naquele manual que está pendurado no aparelho. A revelação é feita numa câmara escura que fica lá nos fundos, perto da lavanderia, e se o senhor não souber revelar eu posso ajudar.

Começo a ficar preocupado. Eu sou o médico, auxiliar de enfermagem, técnico de radiologia. Mas quem sai na chuva não pode ter medo de água fria. Respiro fundo e encaro o dia que tenho pela frente. Vou atender o primeiro doente. Uma dor de barriga sem maiores comemorativos. O segundo, o terceiro, o quarto. Tudo com queixas simples e prescrição de sintomáticos. Numa folguinha pergunto à recepcionista se aqueles doentes são particulares.

– Não, doutor, são do convênio da própria clínica – responde-me.

Chega uma grávida, peço que entre no consultório e logo vou perguntando se está tudo bem. Ela responde que sim, que está no quinto mês e veio para fazer o pré-natal. A primeira consulta. Isso eu sei fazer, tinha feito no centro de saúde-escola no quarto ano. Faço tudo conforme o protocolo. Quando termino o exame e estou prescrevendo os exames que deve fazer, ela me pergunta se eu é que farei o parto dela. Digo que não. Que a clínica designará a maternidade no momento oportuno.

– Você está preocupada com o parto? – pergunto.

– Não. Sou sozinha, eu queria dar esse bebê para alguém e pensei que o senhor poderia me ajudar.

Fico chocado e ela continua, tranquila:

– Eu não tenho condições de cuidar, e agora que consegui um bom emprego não posso perdê-lo. Pensei que poderia conhecer alguém que quisesse adotar. O senhor conhece alguém que quer uma criança?

Apresso-me em dar a receita e abro a porta porque não consigo mais continuar esta conversa. Que mundo cão, penso.

Depois de atender vinte consultas, todas fáceis, a secretária bate na porta e faz entrar uma senhora dizendo:

– O Dr. Alberto, o neurologista, vai atendê-la.

Antes que eu pudesse dizer qualquer coisa a secretária fecha a porta e fico com aquela doente, que, pelo que entendo, está para uma consulta especializada, com um neurologista, e eu nem diploma de médico tenho. Ouço a queixa e a história, preocupado, mas depois de quinze minutos percebo que não é nada sério. Prescrevo e dispenso a doente, que me parece satisfeita. Imediatamente vou me queixar com a recepcionista por aquele comportamento irresponsável. Ela simplesmente me diz:

– Aqui, quando os doentes procuram um especialista, a gente diz para o doente que hoje ele está com sorte porque o plantonista por acaso é o especialista que procura. Essa doente era particular, e eu não podia perder a consulta. Aqui é assim, o doente pede um especialista, a gente sempre tem. Algum problema, doutor?

– Não, nenhum – respondo.

Estava de plantão em uma arapuca e não num matadouro, como imaginara. Nunca mais voltei a dar plantão naquele lugar. Fim da cena.

16. A assistencia à saúde como funcionava

A assistência oferecida nos chamados prontos-socorros particulares, na periferia da cidade, era em grande parte de consultórios que ficavam abertos 24 horas por dia, aptos a atendimentos simples e a dar consultas, sem qualquer condição para atendimento de emergência. Eram alternativas à população com algum recurso que não se dignava a utilizar os serviços públicos e enfrentar humilhantes filas para uma simples consulta. Essas clínicas ofereciam serviços de assistência médica por pré-pagamento através de mensalidades que dava ao contratante direito a consulta médica, exames de laboratório, raio X simples e pequenos procedimentos cirúrgicos feitos ambulatoriamente. Se o doente em consulta viesse a requerer internação, era encaminhado às santas casas e hospitais públicos. Não havia qualquer regulamentação que definisse a extensão ou a qualidade da assistência que deveria ser prestada. A regra de acesso era definida pela recepcionista. Os planos de saúde através de convênio com empresas ainda eram incipientes, resumindo-se a empregados das grandes empresas do ABC Paulista, de algumas multinacionais e de empresas estatais que tinham seu próprio programa de assistência médico-hospitalar.

A grande maioria da classe trabalhadora formal (com registro em carteira de trabalho), na indústria ou no comércio era atendida na rede do INPS (Instituto Nacional de Previdência Social), que tinha hospitais próprios, como o Heliópolis para os industriários, Ipiranga para os transportadores de carga, Brigadeiro para os comerciários e hospitais privados credenciados. Para a população trabalhadora informal da cidade, a municipalidade mantinha unidades de prontos-socorros isolados e dentro de alguns hospitais que tinham por missão o atendimento de urgência clínica e cirúrgica, traumas e parto. O governo do estado mantinha para os seus servidores o Hospital do Servidor Público Estadual, e aos servidores municipais da cidade de São Paulo o

Hospital do Servidor Municipal. Para o público em geral, o HC era o principal ofertante de assistência pública gratuita em todas as especialidades, e também tinha um pronto-socorro, considerado o maior e mais bem equipado, apto a atender qualquer emergência médica. O estado tinha ainda alguns hospitais especializados (para tuberculose, doença mental). Como hospital-escola, o HC impunha aos ingressantes uma triagem social. Só eram atendidos doentes que apresentassem atestado de pobreza emitido pelo delegado de polícia, os chamados indigentes. Os que tinham carteira assinada (carteira de trabalho com registro de emprego formal) eram encaminhados para hospitais do INPS, que na região da Avenida Paulista era o Hospital Matarazzo, uma instituição filantrópica credenciada pelo instituto.

A infraestrutura de assistência à saúde na capital de São Paulo, de um lado, estava organizada para o trabalhador formal e, de outro, para os que tinham posses, organizada pela oferta e demanda em hospitais privados. Para a maioria da população pobre era oferecida nos centros de saúde assistência ambulatorial materno-infantil. Para as urgências, a opção eram as unidades municipais e, para doenças em geral, os hospitais públicos estaduais, em pequeno número.

O HC, o mais importante equipamento de saúde, não só atendia a demanda do município, mas de toda a região metropolitana, do estado, do país e dos países vizinhos, Paraguai e Bolívia. Nesse hospital universitário, quando o doente se apresentava com uma afecção de interesse acadêmico, o professor da disciplina tinha o poder de determinar ao Serviço Social uma classificação especial de ingresso conhecido pela sigla IC (de interesse científico). Quando o doente não conseguia um atestado de pobreza nem era de interesse científico, o Serviço Social dava uma classificação social com letras do abecedário, e ele pagava um valor de tabela, de acordo com a letra que era carimbada no seu cartão de registro hospitalar. Esse valor não era nada exorbitante, pagável por qualquer cidadão com alguma posse. Dinheiro que um interno conseguia pagar com sua bolsa de estagiário. O HC dispensava toda a medicação prescrita na sua própria farmácia, para todos os doentes que atendia. Era gratuito ou pagavam conforme a classificação social. Havia também uma classificação que era conhecida por IA ou IP, de interesse administrativo ou político, cujo atendimento era realizado a mando da administração do hospital. O atendimento hospitalar gratuito era também feito pela Santa Casa de Misericórdia de São Paulo, Hospital São Paulo, Santa Casa de Santo Amaro e Amparo Maternal.

Ser paciente do HC era um privilégio. Os pacientes até se sujeitavam a assinar um papel, um Termo de Responsabilidade, que, entre outras coisas, dizia que o doente autorizava o corpo clínico, antecipadamente, a proceder a qualquer ação de tratamento, que não se responsabilizaria por eventuais danos, que poderia ser objeto de pesquisa, e seu corpo ser submetido a autópsia, se necessário. E ainda que, se houvesse recusa ao tratamento proposto, o doente estava sujeito a receber alta, a pedido. Contestar o documento? Nem era lido ou explicado para ser assinado. Com frequência se via carimbada a impressão digital do polegar direito. Esse tipo de Termo também era encontrado em outros hospitais – até parecia copiado.

17. A primeira apendicectomia

Agora no sexto ano, o interno passou a segundo assistente (ou auxiliar) da cirurgia, deixando para o quintanista a função de instrumentar. O residente de primeiro ano tinha um ciclo de estágios e o residente de segundo ano outro ciclo. Havia, portanto, cirurgias que eram realizadas por residentes de primeiro ano e outras cirurgias que eram reservadas para o segundo ano. Os docentes entravam como primeiros auxiliares para ensinar os residentes. Nas cirurgias mais complexas, eram os docentes os cirurgiões e os residentes entravam como primeiros assistentes. Normalmente quando os docentes operavam, depois do tempo mais importante da cirurgia, terminar o ato operatório ficava para o residente e o interno do sexto ano fechar a incisão cirúrgica. Depois de instrumentar muito e assistir como segundo auxiliar muitas cirurgias, o sextanista começou a sentir coceira na mão para operar. Ser protagonista, não coadjuvante. Fechar parede deixou de ser tão excitante. A chance de operar estava no plantão noturno do pronto-socorro, depois do segundo semestre. O residente de primeiro ano já tinha operado bastante. Ele então propôs que, na próxima apendicite que entrasse no pronto-socorro, o interno do sexto ano operaria. Alberto ficou torcendo para que naquela noite uma apendicite aparecesse. Examinava um caso de dor abdominal em uma adolescente. Tinha todas as características de uma apendicite. O caso foi apresentado para o residente. Ele conversou e examinou a doente e pediu para fazer um hemograma. Quando o resultado chegou, descartou quadro infeccioso. Não era apendicite. Devia ser dor do meio, dor que aparece no intervalo entre duas menstruações e é atribuída à ovulação. Chegou um segundo caso de dor abdominal, desta vez um homem. Examinado, a possibilidade de ser uma apendicite foi descartada. A noite terminou, o dia estava raiando. Nenhuma apendicite. Frustrado, deixou o plantão com a esperança de que em oito dias, em novo plantão, teria melhor sorte.

Vivam a cena.

Agora são sete horas da noite. Estou novamente de plantão no pronto-socorro, depois de oito dias. Confirmo com Eric, o R1, se o combinado está valendo para hoje. A apendicite que chegar eu vou operar. Passa uma hora e uma menina de catorze anos chega. Veio da UPEC depois de um dia inteiro em observação, com vômito, febre, dor abdominal. Tem um raio X e um hemograma com desvio, indicando quadro infeccioso. A dor piorou e a suspeita de apendicite se fortaleceu. Examino a doente, discuto com o assistente de plantão e a cirurgia é indicada. Converso com a mãe e a criança para informá-las da cirurgia que vai ser feita. Providencio toda a papelada, certifico-me de que a enfermagem está avisada e o centro cirúrgico preparado. Eu mesmo levo a criança à sala de operação, empurrando a maca. Deixo a doente aos cuidados do anestesista e vou me trocar. Já paramentado entro na sala, a anestesia já está sendo aplicada e o quintanista que vai instrumentar ainda não chegou. Preparo a mesa do instrumental. O quintanista chega e também o residente que vai me auxiliar.

– Pode ir preparando os campos – grita da porta o residente, com as mãos ensaboadas e escovando as unhas.

Antissepsia, colocação de campos e a abertura expõe a fossa ilíaca direita. Eric toma posição como auxiliar e o instrumentador se coloca na minha frente.

– Bisturi – peço ao instrumentador com toda a autoridade.

– Incisão de McBurney, mas um pouco mais baixa porque ela é uma menina – determina o residente.

Faço uma incisão pequena de três centímetros. Abro o peritônio e uso o aspirador para retirar uma secreção purulenta. Olho para dentro do corte e tento achar o apêndice. Não o encontro.

– Enfia seu dedo indicador e procure pelo tato – ensina o residente.

– Acho que encontrei, mas está todo grudado.

– Deixa eu sentir. – E o residente introduz o seu indicador no orifício.

– É, sim, o apêndice, essa coisa um pouco mais rígida, no meio da fibrina e de outras partes do intestino que são mais moles ao tato. Volte com o seu dedo e tente circundar o apêndice desfazendo as aderências – ensina.

– Parece que soltou.

– Agora pegue uma pinça de Allis, introduza junto ao seu dedo e agarre a base do apêndice e tracione para fora – orienta.

O apêndice salta pela abertura da pele como um pequeno falo. Com uma pinça de Kelly pinço a base do apêndice. Faço as ligaduras, secciono o apêndice e sepulto o coto em bolsa. Fecho a abertura e olho para o relógio. A cirurgia do início ao fim tinha demorado quarenta minutos. Fico feliz e realizado, me sentindo um cirurgião. Fim da cena.

Seguindo a escala, o estágio agora é no pronto-socorro durante o dia. Todos os dias das sete às 19 horas. Mais seguro das suas habilidades cirúrgicas, Alberto pede autorização para trazer um doente com hérnia inguinal para ser operado. Um amigo tinha lhe pedido para operar o pai. Era um "globe", prática de transformar em urgência uma cirurgia que deveria ser feita na rotina ambulatorial. O R1 concorda em ajudá-lo. Essa era a forma para se operar mais, para aprender.

Ao final do quinto ano o aluno escolhe uma especialidade a seguir, e no sexto ano a decisão já deve ter sido tomada. No internato do sexto ano alguns estágios eram opcionais como preparação para a prova de ingresso à residência. Os sextanistas eram observados mais de perto pelos assistentes que seriam escalados para fazer parte da banca examinadora e poderia ser um dos inquisidores da entrevista a que os candidatos eram submetidos. A escolha da especialidade, no seu caso, foi feita por exclusão, mesmo porque, desde pequeno, sempre que se submetia a testes vocacionais, o resultado era sempre o mesmo: aptidão para uma diversidade de coisas. Começou por excluir a pediatria porque bebês não falam e é muito chato ficar perguntando para a mãe o que a criança estaria "sentindo", ademais não gostara do que vira na UPEC. Clínica médica não, porque é muita enrolação. Clínico enseba para fazer diagnóstico e quando define o diagnóstico enseba para tratar. Cirurgião é pragmático, na dúvida abre para ver, e tratar é retirar o que está atrapalhando. Ortopedia, para fazer, diziam que precisava ser burro e forte, e anestesista não precisava nem ser forte.

No internato, o sexto ano era decisivo para a especialização. Cirurgia geral era a sua opção. Todos os alunos interessados se movimentaram e foi permitido que se concentrassem os estágios no Departamento de Cirurgia, foram dispensados dos estágios na clínica médica, como queriam. Passaríamos um ano mais próximos da especialidade escolhida. O contato com os docentes do departamento era importante. No processo seletivo para a residência médica, além da prova escrita de conhecimentos em medicina, havia uma prova específica e uma entrevista feita por uma banca de docentes encarregada de avaliar as habilidades adquiridas e o perfil do aluno e se este se ajustava à especialidade. O contato prévio e a avaliação que estes docentes faziam do desempenho do aluno, durante os estágios, era fundamental. Era preciso estudar, mas também era importante se empenhar e se entregar à rotina do departamento para buscar reconhecimento e aceitação dos docentes para conquistar o primeiro degrau à especialização em cirurgia, a Residência. Puxar o saco do docente, provável examinador, também valia. Mas não era tudo. Um colega de turma contou que na sua entrevista um docente, que era chefe de um laboratório de pesquisa que costumava contar com alunos colaboradores, perguntou por que ele não havia participado de nenhuma pesquisa no departamento. De pronto respondeu que não tinha vocação para puxa-saco, colhendo e carregando frascos de amostras de sangue para o laboratório e servindo de cobaia para pesquisa. Essa resposta não o desqualificou. Foi aprovado para a residência em cirurgia geral.

18. Iatrogenia

Em uma tarde, chegou ao pronto-socorro um senhor com idade em torno dos setenta anos, vítima de atropelamento. Depois de examinado, foi encaminhado para um exame radiológico do tórax. Ele se identificou como médico, estava bem, consciente, mas se queixando de dor no hipocôndrio esquerdo, perto da última costela, possivelmente onde houve a pancada. Enquanto aguarda ser levado para o serviço de radiologia, um médico chegou e reconheceu o doente como um colega de outro hospital-escola. Conversou com o paciente, que pediu para avisar seus familiares do que estava acontecendo. Depois de feito o raio X e reexaminado, a orientação foi de que o paciente deveria permanecer em observação. Passada cerca de uma hora chegaram alguns médicos, colegas seus, para vê-lo, e logo quiseram removê-lo para o hospital onde trabalhavam.

Seguiu-se uma discussão com o R2, pois este não achava seguro removê-lo, pois estava em observação. Argumentava que não havia sinais objetivos de qualquer problema maior, mas no caso de trauma abdominal fechado era prudente observar um tempo maior no ambiente do pronto-socorro para poder intervir rapidamente se houvesse necessidade. Depois da troca de algumas palavras mais ríspidas entre médicos, incluindo o argumento de que o doente ficaria mais confortável no seu hospital, onde seria cuidado por pessoas conhecidas, a remoção foi providenciada. O R2, ainda muito contrariado, porque se achava responsável pelo doente, chamou a todos os internos para explicar porque era contrário à remoção naquele momento. Explicava aos internos que o abdome estava "inocente" à palpação, mas uma batida forte no hipocôndrio esquerdo sempre merece uma cuidadosa observação, porque lá está alojado o baço. Se o baço romper pode sangrar, e muito. O pior é quando acontece a ruptura em dois tempos, explicava. A pancada rompe o baço, mas a cápsula que é elástica não se rompe, e retém o sangramento, até que a ruptura acontece um tempo depois pela pressão do sangue represado. Nesse caso a hemorragia é intensa e, se o baço não for removido a tempo, o doente morre exangue. Alberto ouviu a explicação com atenção, mas não aquilatou devidamente a importância da observação, que, segundo o residente, deveria ser feita no pronto-socorro, e não na enfermaria. Achou que havia excesso de zelo. O doente não tinha sinais de sangramento e seria observado por médico e pela enfermagem. Afinal, ele não ia para casa, mas para outro hospital. Se a vontade do paciente e de seus companheiros era que fosse removido para o hospital da sua preferência, o residente não deveria colocar qualquer obstáculo. Ele era responsável pelo doente enquanto estava no pronto-socorro. Fora dali a responsabilidade seria do outro.

No dia seguinte veio a notícia de que aquele paciente havia falecido. Fora operado às pressas, mas não puderam salvar-lhe a vida. Tinha tido uma ruptura de baço em dois tempos. A notícia chocou a todos no pronto-socorro. O R2 lembrou que, se tivesse permanecido ali, na sala de admissão, sendo observado, não teria morrido. Internos compreenderam que no pronto-socorro há um clima de permanente alerta e de resposta imediata. Um paciente com risco de sangrar não deve ser internado em enfermaria, longe dos olhos do cuidador que o examinou na entrada. Ele intui a possibilidade de uma evolução desastrosa e permanece atento para essa eventualidade. Um diagnóstico em medicina é feito por dados objetivos e por sensação intuitiva. Não é incomum que, se algo lhe diz que o caso pode complicar, é porque vai complicar. A lei de Murphy se confirma. Essa lei, que não é lei, mas um adágio, diz: "Se uma coisa pode dar errado, dará".

Com um ano e meio de internato o aluno se sente mais seguro nas prescrições, nos procedimentos de diagnóstico e nas pequenas cirurgias. A confiança aumentava. O interno, cheio de si, ficava mais proativo e se adiantava para atender os pacientes que chegavam ao pronto-socorro. Antes mesmo de identificar o doente, se estava ensanguentado, procurava o ferimento, se estava se contorcendo em dor, começava a palpar o abdômen, depois auscultava o tórax e, se não achasse nada que explicasse a situação, perguntava onde doía. O doente é apenas mais um doente.

Um acidentado chegou, não há sangramento aparente, mas estava pálido, descorado. Na ausculta pulmonar percebeu-se uma redução no som do ar que deveria se ouvir do lado esquerdo. À palpação notou-se que houve um traumatismo de tórax daquele lado. Espetou-se uma agulha naquele tórax e veio sangue na seringa. Sangue sem coágulos. Solicitou-se uma radiografia do tórax e levou-se o doente até o serviço para que o exame fosse feito o mais rapidamente possível. Quando se acompanhou o doente até o aparelho de raio X, foi possível negociar com o técnico para que o exame fosse feito à frente de outros, alegando que se tratava de uma emergência. Exame feito, confirmado o hemotórax à esquerda (sangramento na cavidade torácica do lado esquerdo), pediu-se para a enfermagem preparar material para drenagem de tórax.

Vivam a cena.

Agora estou no comando do caso. Até este momento o doente só gemia e não tinha falado uma palavra. Eu também não lhe tinha dirigido a palavra. A ficha de entrada indica um nome estrangeiro que não consigo pronunciar.

– Senhor, qual é o seu nome? – pergunto.

– Brunwish – ele responde. Foi o que ouvi.

Um estrangeiro com certeza.

– O senhor traumatizou o peito e está com hemorragia no tórax, e vamos ter que fazer um buraco deste lado para tirar o sangue.

Parece me entender, mas não diz nada. Faço anestesia local e a drenagem, como já tinha feito outras vezes, na certeza de que estou fazendo o melhor para o doente. Orifício feito, a sonda posicionada, o doente suportando a dor que deve estar sentindo, colocado o frasco de drenagem, e nada de o sangue sair. Estranho, mas estou convicto de que fiz o procedimento corretamente. Retiro a sonda, verifico se está entupida. Não está. Palpo o orifício com o dedo indicador. Sinto uma massa lisa que se desloca quando pressionada. É o pulmão, com certeza, penso. Volto a colocar a sonda, desta vez com um pouco mais de força. Desta vez o sangue sai, ainda não na quantidade esperada. Reposiciono a sonda e mais sangue, mas desta vez o sangue coagula. O residente, que até aquele momento estava examinando outro doente, vem checar o que estou fazendo.

– Esta sonda está muito baixa – constata.

Reconto as costelas e efetivamente está baixa.

– Você deve ter passado o dreno no baço!

Fico branco e o coração dispara. O residente reposiciona o dreno mais para cima e a drenagem funciona como se espera. Passados alguns minutos o doente choca. Isto é, a pressão arterial cai repentinamente. De 12x8 agora está 7x5 e o pulso fica fino e acelerado.

– Mande preparar a sala de cirurgia, que esse doente precisa ser operado imediatamente – peço para a enfermeira.

Meu coração bate acelerado, de um lado porque é urgente levar o doente para o centro cirúrgico, de outro porque me sinto culpado. A drenagem desastrada se transformou em uma iatrogenia. O doente agora está em risco. O residente me chama para entrar na cirurgia e auxiliá-lo. Em cinco minutos estamos na sala, o doente intubado e anestesiado. Em mais cinco minutos abrimos o abdômen. A cavidade abdominal inundada de sangue. O residente escorrega a mão entre as costelas e o baço, pede para eu aspirar o sangue da cavidade.

– O baço tem um enorme buraco – descreve. – Ponha sua mão no lugar da minha – ordena. – Perceba pelo tato o buraco produzido pela sonda.

O residente retorna à posição e traciona o baço para a abertura com a mão esquerda. Com a direita, rapidamente pinça o hilo, o conjunto de vasos que irriga e drena o órgão. O baço agora está fora da circulação. Feita a ligadura do hilo, o baço é retirado. Agora é só fechar o doente. A sensação naquele momento é de alívio. Não porque a cirurgia tinha sido feita, mas porque um erro tinha sido corrigido a tempo. Uma sensação estranha de algo ruim que tinha sido feito para corrigir outro pior. Um tratamento desnecessário, um risco imposto por incompetência ou por negligência. Excesso de confiança pode produzir desastre. Angustiado, naquela noite não consigo dormir bem. Fim da cena.

O internato seguia o seu curso. Agora com a decisão tomada de fazer cirurgia geral como especialidade, era preciso estudar mais e aperfeiçoar as habilidades. Treinar as cirurgias em cadáveres era uma opção privilegiada, que acontecia no sexto ano. Estudar nos livros as técnicas cirúrgicas clássicas e depois reproduzi-las, praticando no cadáver cada tempo, cada corte, cada sutura, sem risco de que fazer mal ao operado ou ter como resultado uma cirurgia malsucedida. Em dupla, os alunos tinham que chegar ao necrotério às seis horas da manhã, antes ainda de os patologistas iniciarem a sua rotina diária de autópsias. Escolher os cadáveres na geladeira – os mais frescos e mais magros eram preferidos. Levar o corpo do térreo por elevador até o quarto andar, e os cadáveres eram dispostos nas mesas, cada qual sob um foco de luz, tal qual no centro cirúrgico. Esse treinamento era feito por uma hora quase todos os dias e durava um mês. Nesse tempo era possível fazer cerca de vinte cirurgias.

Era o último dia de treinamento cirúrgico em cadáver. A manhã tinha sido reservada para fazer uma colecistectomia, um clássico da cirurgia gastroenterológica. Uma incisão em diagonal, subcostal direita. Quando se abriu o peritônio, um líquido achocolatado e fétido transbordou pelo orifício. Era sangue. Foi retirado com uma cuia o material, mas não se conseguiu saber de onde havia sangrado. Ampliada a incisão, percebe-se que havia uma massa negra no retroperitônio. Curioso, abriu-se o retroperitônio e mais sangue, agora endurecido. No meio daquela massa negra algo rígido como se fosse uma borda óssea. Mais limpo, era possível ver uma aorta completamente rota. Era um aneurisma da aorta abdominal que tinha se rompido. O treinamento estava comprometido, mesmo porque quando se achava uma alteração a ordem era não prosseguir. O cadáver tinha que ser fechado e o treinamento encerrado sem ter feito a colecistectomia. Tínhamos feito uma necropsia e diagnosticado a *causa mortis*, não havia mais tempo para treinar a cirurgia.

A morte é a passagem de um ser, que a partir de então passa a ser inanimado. Esse momento é definido pelo médico. A sociedade quis que o médico se especializasse em tratar da doença para trazer vida e, paradoxalmente, cuidasse também da morte e soubesse dizer em quanto tempo a morte chegará. Quando o desfecho final acontecerá. O interno de um hospital de ensino quase sempre está presente quando o doente evolui para o "êxito fatal", expressão usada pelos médicos mais antigos para o desfecho final. As inúmeras vezes que acompanha o agonizante, vai observando e acumulando conhecimento sobre essa transição. Algumas vezes rápidas, algumas vezes lentas, mas intuitivamente vai construindo um algoritmo que, aplicado no momento oportuno, é capaz de lhe predizer em quanto tempo a vida se esgotará. O desfecho morte é sempre uma possibilidade. O interno aprende com a prática quando a morte toma o lugar da vida. Como aprendiz de feiticeiro, esse é mais um aprendizado que acontece durante esta fase tão importante da formação médica.

19. Especialidade

O último estágio do sexto ano foi passar pelo serviço de cirurgia infantil. Lá eram operadas crianças de até quinze anos, e onde se tinha contato com as mais diversas malformações congênitas. Bebês que nascem sem a parede abdominal, a gastrosquise, o megacólon congênito, que é a dilatação do intestino grosso e a ausência do orifício anal, o ânus imperfurado. A atresia de esôfago ou a atresia de vias biliares eram defeitos que eram lá tratados. Atresia significa estreitamento, tão fechado que é o mesmo que não ter. Tratar cirurgicamente estes malfeitos da natureza, durante a formação do bebê, era a principal tarefa daquela enfermaria.

Um doente que chamou bastante a atenção foi um menino que deveria ter uns cinco anos de idade, portador de uma doença de nome complicado, mas impossível de esquecer: neurofibromatose de Von Recklinghausen, a doença atribuída a Joseph Merrick, que foi imortalizado em um filme de David Lynch, *O Homem Elefante*. Um tumor que começava na nuca, rodeava o pescoço e terminava no tórax. Uma massa grande, com protuberâncias altas de sete a oito centímetros, disforme, que era macia na forma de vesículas em algumas partes e em outras partes era mais rígida, formando calombos duros em torno do pescoço, que impediam a livre movimentação e que deformavam a parte inferior do rosto. Não era um tumor maligno no sentido oncológico, mas vinha crescendo e podia comprimir órgãos importantes, localizados nas adjacências. Resolveram remover a massa para melhorar a mobilidade do pescoço, ainda que se soubesse dos riscos. A cirurgia foi muito complicada porque o tumor era muito irrigado, não tinha plano de clivagem, isto é, não havia delimitação entre tecido tumoral e tecido normal. Não se conseguia ver o que era músculo, o que era vaso e o que era tumor. Quando tinha sido retirada cerca de metade da massa, houve sangramento importante e havia o risco de atingir nervos importantes da região. A cirurgia teve que ser interrompida, e o tumor permaneceu, embora tenha sido retirado mais que a metade. O pós-operatório foi tormentoso porque não se conseguiu extubar o paciente, isto é, retirar o tubo que levava ar ao pulmão. Os nervos das cordas vocais e da deglutição tinham sido lesionados, não se sabendo se de forma definitiva ou se eram um traumatismo transitório. O menino ganhou uma traqueostomia e uma gastrostomia. O primeiro, um buraco no pescoço para acessar a traqueia e permitir a respiração. Outro buraco no estômago para que pudesse receber alimentação, uma vez que o mecanismo de deglutição havia sido prejudicado. A recuperação da capacidade de deglutir não aconteceu e qualquer coisa que tentasse engolir o fazia engasgar; até a saliva ia para a traqueia e, se aspirada para o pulmão, provocaria pneumonia. A família, do Nordeste, não ia ter condições de cuidar do menino sem a reabilitação da respiração e da deglutição. Os neurologistas examinaram, pediram exames e concluíram que havia uma esperança de que a lesão dos nervos fosse transitória, mas não era possível prever em quanto tempo a função seria recuperada. O caso deveria ser entregue aos cuidados da otorrinolaringologia, que acompanharia a evolução por meio de cinedeglutograma (exame de raio X em que se filma o movimento da deglutição), e depois reabilitação na fonoaudiologia. Havia uma fila de espera na fonoaudiologia e o tratamento deveria demorar algo perto de um ano. O menino foi então transferido para o Hospital Auxiliar em Suzano, onde deveria aguardar pelo tratamento fonoaudiológico. Aprendi que a neurofibromatose não tem apenas um nome complicado, mas a doença em si não permite uma abordagem cirúrgica segura. O sangramento é um risco importante. Este caso me impactou. A cirurgia não era uma solução para todas as doenças tumorais, ainda que não fosse câncer maligno.

A cirurgia pediátrica é uma especialidade que se entende como a cirurgia geral em criança. Também é uma divisão casuística. A cirurgia da cabeça fica de fora da especialidade, deixando o cérebro para o neurocirurgião e para o otorrino o nariz, ouvido, garganta. O coração para a cirurgia cardíaca, os membros para os ortopedistas. A bexiga é do urologista, mas o rim é controverso, como são controversos o pênis e o testículo. Serão da alçada do cirurgião pediátrico ou do urologista?

Essa divisão de trabalho entre especialidades suscita sempre muita discussão. Certa feita, na congregação, os professores discutiam a melhor solução para alocar em uma especialidade o tratamento das doenças da mama. A quem caberia tratar? A ginecologia, sem dúvida, defendeu o ginecologista, porque é uma extensão do aparelho reprodutivo feminino. À cirurgia torácica pela localização, defendeu o cirurgião de tórax. O cirurgião plástico dizia que o órgão era sobretudo um adereço estético e, assim, a ele cabia cuidar do órgão. Até o pediatra se sentiu no direito, argumentando que a mama era parte do aparelho nutricional do bebê. A discussão terminou quando o dermatologista reivindicou o órgão para sua especialidade porque a mama embriologicamente é epiderme modificada, portanto órgão da pele.

20. Médico

Diploma na mão, registro no Conselho Regional de Medicina do Estado de São Paulo e aprovado no exame de seleção da Residência Médica em Cirurgia Geral. Tudo o que um estudante de medicina tinha almejado para o ano que estava começando. A vida ia mudar completamente daquele momento em diante. Será? Doce engano, pelo menos para os que se formam na Faculdade de Medicina. Não há um rito de passagem. A rotina da atuação de aluno interno para a atuação de médico-residente pouco muda, era muito suave e gradual em termos de responsabilidade. O aprendizado supervisionado continua no hospital de ensino com os mesmos "professores", aqueles encarregados de nos ensinar, trabalhando sessenta horas por semana, ficando acordado por 36 horas seguidas, pelo menos uma vez por semana. Os estágios duravam um mês em cada grupo do Departamento de Cirurgia: grupo de estômago, hérnias, vias biliares, fígado, vascular, cardíaca, urologia, torácica, cabeça e pescoço, infantil, pronto-socorro, Cotoxó e Suzano. Era uma rotina pesada, com pouco tempo para lazer, e ainda uma fugidinha por semana para dar um "plantão fora", o PF, que era proibido, mas que todos faziam para ganhar um dinheirinho. Só era punido quem era pego de forma pública, isto é, quando virava notícia. Teve o caso de um colega que apareceu na TV como sendo o médico que estava de plantão onde houvera um doente que em fuga se acidentara. Não que ele tivesse alguma culpa, mas a família queria explicações sobre o que tinha acontecido, já que o hospital era psiquiátrico. O PF era parte da rotina de todo residente. Era o estágio necessário para se aprender a medicina como ela é, no mundo real. Afinal, não dá para só trabalhar recebendo uma bolsa miserável em hospital-escola para viver só comendo a gororoba servida no refeitório. De vez em quando comer um bife à parmegiana no Degas (esquina da Teodoro com Capote Valente) era obrigatório para manter a saúde mental. E, quando se tinha mais tempo, um filé alpino na Caverna Bugre. Lá, sempre que se tocava a campainha, o velho Flávio abria a porta, que ficava sempre trancada, para atender. Ele próprio colocava os comensais na mesa, tomava nota dos pedidos, trazia os refrigerantes do bar e ia para a cozinha preparar a comida, que depois de uma hora era servida também por ele. Dono, cozinheiro, barman, garçom. Aliás, o PF não era novidade, acontecia já no internato, com receituário já carimbado. A remuneração do interno era mais ou menos um terço do que ganhava um médico, dinheirinho suficiente para pagar a gasolina do carro e comer um rodízio de pizza no Grupo Sergio.

Aos poucos começavam a surgir os sinais de que agora você era um profissional. Se antes, como interno, o pagamento do plantão era em troca de um recibo simples, desses comprado em papelaria, agora o hospital empregador exigia e emissão de um RPA (Recibo de Profissional Autônomo). Era obrigatório também o cadastramento e comprovante de recolhimento do INPS (Instituto Nacional de Previdência Social) como autônomo. A fiscalização do Ministério Público do Trabalho apertava e o patrão determinou que o contrato de autônomo fosse substituído por mão de obra cooperada. O patrão indicava a cooperativa e a gente se associava como cooperados da COOPQUALQUER. Era preciso pagar tudo o que se pagava antes como autônomo e mais um pedágio para a cooperativa. A cooperativa era aquela que recebia o salário e repassava com o desconto. A sensação era de que roubavam um pouco do parco dinheirinho. Um dia todos receberam a convocação para assembleia da cooperativa para eleger uma nova diretoria. Curioso era o histórico daquela diretoria, e se descobriu que não mudava fazia doze anos, a mesma desde a sua fundação. Descobriu-se também que a cooperativa tinha mais de duzentos médicos, mas na assembleia não compareciam mais que dez cooperados – era o que constava das atas. O grupo da qual Alberto participava era formado por vinte médicos. Espertos que achavam ser, combinaram que todos compareceriam na assembleia e elegeríamos entre as pessoas do grupo a nova diretoria. Uma barbada, pensaram. Inscreveram a chapa como pedia o edital, no prazo legal indicado. No dia e hora marcada foram todos, menos dois que estavam de plantão. Mas dezoito eram suficientes. Chegaram na sede da cooperativa e deram com o nariz na porta, que estava fechada. Tinha um aviso colado. A assembleia tinha sido remarcada para duas horas antes, comunicado pelo Diário Oficial, e já tinha sido eleita a nova diretoria. A mesma. Espertos não, otários por acreditar que a manobra funcionaria.

No HC a reclamação recorrente dos residentes era de que operavam pouco, em especial no primeiro ano. O HC vivia um processo acelerado de especialização e em todos os departamentos foram criados residentes de terceiro e quarto ano. Os doentes internados eram mais complexos e se internava cada vez menos doentes com afecções próprias para o treinamento do residente de primeiro ano. O Departamento de Cirurgia fez então um acordo de cooperação com uma entidade de serviço social e os residentes de primeiro ano foram indicados para auxiliar cirurgias no hospital da entidade. Os médicos que lá trabalhavam eram quase todos formados na Faculdade de Medicina e muitos deles trabalhavam também no HC. Num primeiro momento o residente parecia estar sendo usado como mão de obra barata, para tocar a rotina chata do hospital, como passar visita e prescrever, trocar curativo e cuidar das complicações, e não operar. Era um hospital pequeno, com oitenta leitos, se tanto, nem UTI tinha. Era um hospital cirúrgico, ou seja, todos os leitos eram utilizados para dar suporte à cirurgia geral. O ambulatório ficava em outro local, de onde os doentes eram triados e encaminhados para operar naquele hospital. O programa diário do centro cirúrgico era de trinta a quarenta operações, entre cirurgias gastrenterológicas, ginecológicas, pediátricas, urológicas, plásticas, ortopédicas e tudo o mais, desde que não necessitassem de terapia intensiva. Não havia, portanto, cirurgias grandes, que viessem a exigir cuidados ventilatórios. Os médicos eram contratados por um turno pela entidade, credenciada pelo Instituto Nacional de Assistência Médica da Previdência Social (Inamps), para fazer ambulatório. No hospital os médicos trabalhavam como autônomos, realizando o que à época se chamava segunda tarefa. Ganhavam por operação realizada e, quanto mais operavam, mais ganhavam. Os residentes no início ajudavam esses médicos e depois os substituíam. Os médicos recebiam seus honorários e os residentes operavam – era o que eles mais queriam fazer, treinar a mão. Médico e residente satisfeitos. O papel de auxiliares na sala de cirurgia era exercido por dois médicos contratados em tempo integral para essa função. Médicos em idade para se aposentar, mas muito ativos e que conheciam tudo de cirurgia geral. Agora auxiliavam os residentes e passavam toda sua experiência sem o ar professoral dos assistentes do HC. Eram divertidos, bem-humorados e prontos para qualquer situação inusitada para os residentes. Eram especialistas no jeitinho brasileiro de resolver problemas no campo operatório. Inesquecíveis figuras. Como havia uma cota diária a cumprir, quanto mais rápido as tarefas eram cumpridas, mais cedo se ia para casa. Como havia apenas duas salas de operação, eram quinze a vinte operações por sala. Numa jornada de oito horas, as cirurgias em média não podiam demorar mais que trinta minutos e o intervalo entre cirurgias para limpar a sala era de dez minutos. As cirurgias maiores, como gastrectomia (estômago) ou colecistectomia (vesícula), demoravam uma hora, e as postectomias (fimose) em crianças, dois minutos. As crianças eram sedadas ainda no colo da mãe e entregues aos circulantes de sala na porta do centro cirúrgico, que as deitavam na mesa cirúrgica. Um anel de plástico era colocado por dentro do prepúcio, deixando o excesso de pele transbordar o anel. Um barbante tipo cordonê era amarrado em torno do anel e o bisturi passava rente à borda do anel. Postectomia concluída. O bebê operado era entregue ao braço esquerdo da auxiliar de enfermagem, e o outro bebê, sedado no braço direito, era entregue para ser colocado na mesa operatória. Trocavam-se apenas as luvas e, em dois minutos, outra postectomia concluída. Eram seis fimoses por manhã. Cirurgias de histerectomia (útero) e colpoperineoplastia (vagina) eram realizadas diariamente. Os residentes de cirurgia não passavam na ginecologia do HC e esse estágio era a oportunidade para aprender cirurgia ginecológica. Os médicos que lá trabalhavam eram formados nos anos 1950 e 1960 e a cirurgia geral incluía a ginecologia. Eram cirurgiões experientes que associavam técnica, habilidade e rapidez. Era uma geração de cirurgiões que operavam rápido para diminuir ao máximo o tempo anestésico, que podia matar o doente na mesa. A anestesia era um risco, que foi sendo minimizado. O aprendizado era intenso nesse estágio, sobretudo a operar rápido e a evitar complicações. Quase não havia infecção de sítio operatório, os doentes tinham alta em três ou quatro dias e maioria nem internada era. Os doentes eram industriários, que se serviam desta referência médico-assistencial, e pareciam satisfeitos com o tratamento que lhes era dispensado.

Vivam a cena.

Hoje na programação havia uma colpoperineoplastia, cirurgia para reparar os estragos provocados pelo parto vaginal. Como de costume iniciei o preparo antes de o cirurgião responsável pelo caso chegar. Coloquei a doente na posição, já sob raquianestesia, e fui examinar o períneo. Achei que tudo estava no lugar, a abertura vaginal até bem desenhada. Estava achando estranha a indicação, quando o cirurgião chegou. Enquanto lavava as mãos, foi avisando que era uma revisão. A doente já tinha sido operada. Perguntei para a doente o que estava errado. Ela de pronto respondeu:

– Meu marido até gosta, mas eu não. Ficou muito apertada.

O cirurgião se posicionou, tocou a vagina e percebeu que teve dificuldade de passar com os dois dedos, estava apertada. A uns dois centímetros, no assoalho à direita, um endurecimento da parede estreitava a luz. Era um granuloma de corpo estranho. Passou o bisturi e um emaranhado de fios de catgut (feitos de intestino de carneiro) apareceu. Retirou o granuloma e ressuturou a parede vaginal. A cirurgia fora um sucesso do ponto de vista técnico, e o cirurgião não se conteve.

– Dona, agora ficou tudo certinho aqui em baixo, só não sei se o seu marido vai gostar.

Fim da cena.

Como médico recém-formado, as oportunidades para um plantão aqui e outro lá eram tantas que se podia escolher, porque não era possível aceitar mais que um PF por semana, até porque havia pelo menos um plantão por semana no HC, algumas vezes dois. O mercado de trabalho médico estava em franca expansão. Chegou a trabalhar em alguns hospitais nas cidades vizinhas de Guarulhos e São Bernardo porque pagavam melhor, mas a distância era um incômodo. Nessas cidades as indústrias contratavam planos de saúde para seus empregados diretamente dos hospitais, e os plantonistas atendiam a demanda espontânea da família do empregado, mulher e filhos. Era um trabalho relativamente tranquilo, um ou outro caso mais complicado ou interessante.

Vivam a cena.

Agora em um plantão noturno, já passava da meia-noite quando um casal jovem chegou buscando atendimento, muito assustados. Perguntei qual dos dois ia passar por consulta. Constrangida, a moça respondeu que era ele. Ele estava mudo, apavorado. Pedi para que entrassem no consultório e perguntei qual era o problema. Sem abrir a boca, abriu a braguilha e me mostrou o pênis, que mal passava pela abertura. Devia ter uns cinco centímetros de diâmetro, vermelho, todo edemaciado e com vesículas. O escroto estava com o dobro do tamanho. Era realmente assustador. Perguntei quanto tempo fazia que estava daquele jeito. Respondeu que tinham feito sexo e adormecera. Acordou com uma coceira e quando foi coçar se assustou com o volume que palpara e em seguida vieram para o pronto-socorro. Chamei a moça e perguntei se estava usando algum creme vaginal. Respondeu que sim e que naquele dia começara a usar um creme para corrimento que a amiga lhe tinha receitado. Perguntei o que era e ela tirou da bolsa uma embalagem. Na bula uma mistura de coisas, entre elas sulfa. Era uma alergia de contato, tive certeza. Pedi para o rapaz ir ao banheiro e lavar bem as partes com água e sabão. Dei um antialérgico. Ele continuou assustado e me perguntou se ia voltar ao normal.

– Vai, desde que fique em abstinência por um tempo, até que sua mulher lave bem as partes e não fique com nenhum resíduo desse creme – respondi.

– Demora, doutor?

– Em uma semana você faz um teste – respondi. – Se tiver algum problema, você volta que eu estarei de plantão aqui.

Não voltou, acho que deu tudo certo. Fim da cena.

21. Hospital de periferia

O primeiro ano de residência estava terminando, os colegas se juntam para falar de trabalho. Um grupo de colegas de turma tinha organizado uma enfermaria de doentes graves em um hospital. Com alguns equipamentos de monitoramento e ventiladores, tinham conseguido credenciar a unidade como de terapia intensiva junto ao Inamps, na periferia de São Paulo. Para que a UTI rendesse era preciso ter doentes. O hospital fazia medicina geral, e os doentes que o demandavam eram simples: gripe, resfriado, dores e acidentes, nada muito sério. A ideia, com o apoio do dono do hospital, era organizar um serviço de cirurgia. Já existia um serviço de ortopedia, que basicamente tratava contusão e fratura simples nos membros. Com a UTI seria possível operar coisas maiores, atender doentes graves. Ainda mal o primeiro ano de residência tinha sido concluído e organizar um serviço de cirurgia? Era muita ousadia. Mas uma reunião aconteceu para discutir a composição da equipe e a forma de atuação. A equipe de ortopedia era formada por residentes de segundo ano, colegas do HC. Dentre eles, um colega que fazia residência em medicina preventiva e não ortopedia, como era de se esperar. Antes de ser transformado em hospital, o lugar foi um casarão antigo com escada de madeira de lei, com meia dúzia de quartos no andar de cima. Funcionara como hospital de longa permanência até pouco tempo atrás. Fora uma unidade de retaguarda para internação crônica, onde o dono, aproveitando a onda de expansão da rede assistencial do Inamps, fez algumas adaptações. Um puxadinho para mais dez quartos, outro puxadinho para a sala de cirurgia e outro mais para três salas de atendimento. Em cada quarto cabiam três a quatro doentes. Reformou um velho raio X portátil e o muquifo fora transformado em um pronto-socorro credenciado pelo Inamps.

O governo queria dar uma resposta aos reclamos da classe trabalhadora urbana e inventara em São Paulo o PPA (Plano de Pronta

Ação), uma rede de pronto atendimento, com a qual bastava ao usuário apresentar a carteira de trabalho ou uma identidade, que o atendimento era feito através de um documento conhecido por BAU (Boletim de Atendimento de Urgência). Desde que a urgência fosse comprovada, bastava apresentar esse boletim com uma conta que o Inamps pagava. Para o ainda médico-residente, essa era a oportunidade de trabalho que se apresentava. O valor por atendimento era pequeno, mas a demanda era infinita para uma periferia que crescia em população e, quanto mais se atendia, mais se ganhava. Assim cada médico podia atender de 100 a 150 pessoas por dia e, desde que se justificasse a urgência do procedimento, era permitido operar de tudo. Apendicite, gravidez ectópica, histerectomia, empiema, colecistectomia, gastrectomia, todo tipo de abscesso e trauma. Muitos traumas. De contusão a fratura de ossos dos membros, ferimentos corto contusos, acidentes de trânsito, ferimentos por arma branca e por arma de fogo. Essa era a epidemiologia da periferia de uma grande cidade. É verdade que podia demorar uns três meses para receber, mas essa era a regra em todos os lugares. Como o pagamento se acumulava, cada vez que se recebia, parecia uma bolada. Uma vez demorou tanto para o dinheiro chegar que, com o que recebeu, um colega foi até uma revendedora de automóvel e saiu dirigindo um fusca novinho, pago à vista, em dinheiro vivo.

A equipe de cirurgia e de ginecologia foram organizadas. Outros colegas se reuniram para montar a equipe de pediatria e o hospital era agora uma referência na região para doenças em geral. Com as ampliações o hospital chegou a uns cem leitos e tinha especialistas em clínica médica, cirurgia geral, ortopedia, ginecologia, pediatria e UTI. Em pouco tempo o hospital ganhou fama e o atendimento do pronto-socorro alcançou a cifra de mil casos por dia. A complexidade dos casos foi crescendo até que a Polícia Militar, que trazia a maior parte dos traumas, adotou o hospital como preferencial para trazer os casos graves. A polícia usava ainda para sua rádio-patrulha, o fusca e, no banco traseiro, por incrível que possa parecer, trazia um doente deitado. Quando a ambulância quebrava e a remoção era urgente, a polícia levava o doente para outro hospital de fusca. Pelo volume de atendimento e pela qualidade da equipe, internos do HC gostavam de dar seu PF no HVP – era quase uma extensão do HC.

Vivam a cena.

Hoje é um sábado. O atendente me chama ao telefone. É um chamado da pediatria. Precisam de um cirurgião para dissecar uma veia de um bebê. Terminava um atendimento quando o atendente me chama outra vez, dizendo que o caso na pediatria é urgente. Desço e vou ver a criança, que deve ter menos de um ano de idade. Está desidratada, com respiração acidótica, isto é, está tentando compensar a acidez do sangue com a respiração.

– Ela está chocada e não houve meio de conseguir uma veia – diz-me a pediatra.

O pulso cervical está fino e acelerado. Examino o braço e me parece muito fino. Passar cateter em uma veia fina é sempre muito difícil. Opto por dissecar a veia safena. É uma emergência, se a pressão sanguínea não for restabelecida imediatamente e a acidose corrigida a criança pode parar. Em menos de cinco minutos disseco e passo um cateter na veia safena. A pediatra infunde o soro tão necessário. Começo a fechar incisão quando a criança dá sinal de vida, tosse e evacua um líquido amarelo viscoso que inunda a maca onde está deitada, transbordando na coxa fininha, cobrindo a incisão da dissecção com uma onda de fezes. Enfio a mão esquerda por debaixo da bunda do bebê, levanto-o um palmo e peço para colocarem um lençol dobrado para salvar a dissecção da inundação. Na mão direita o porta-agulha com o fio de sutura ainda preso ao bebê. Peço uma bacia, que é colocada por baixo das nádegas, junto da incisão e com soro fisiológico esguichado, lavo a incisão. Depois água oxigenada, líquido de Dakin (água sanitária diluída). Troco as luvas e completo a sutura da incisão. A pressão arterial do bebê volta e a frequência cardíaca é normalizada. Pode então ser transferida para o HC, uma vez que neste hospital não há unidade de UTI e internação pediátrica para casos mais graves. No dia seguinte fico sabendo que a criança está bem. Fico preocupado com a dissecção, que com certeza deve estar infectada. Uma semana depois fico sabendo que a criança teve alta e sem infecção na ferida cirúrgica. Passo a acreditar que a limpeza mecânica do ferimento é fundamental para evitar uma contaminação da incisão cirúrgica. No HC já se usavam novos antibióticos diferenciados e potentes contra bactérias fecais, o que não acontecia nos hospitais da periferia. No HC já estavam disponíveis as penicilinas semissintéticas, a cefalotina e a cefalexina. Fim da cena.

O HVP era tipicamente um hospital de periferia, feitos de puxadinhos e equipamentos de segunda mão. Apesar de mal equipados e com materiais e medicamentos de fornecedores "não éticos" (depois explicarei o que é essa expressão), o maior problema desses hospitais era a qualidade do pessoal de enfermagem.

Vivam a cena.

Hoje Dr. Marcelo tem programado à tarde ajudar um colega ginecologista, o Dr. José, a fazer uma histerectomia (retirada do útero). É uma operação que segue um roteiro padronizado e que, se não houver nenhuma anomalia anatômica, corre sem complicações. Mas em uma segunda-feira, depois de uma noitada, Dr. José dormira mal e ainda não se recuperara da ressaca. A operação começa e quem aplica a anestesia é um interiorano gozador boca suja, que tem uma fala atropelada, engolindo sílabas das palavras, pronunciadas muito rápidas. Depois da abertura do abdome inferior, útero na mão esquerda tracionado para cima e a mão direita com uma pinça iniciando a secção do ligamento largo. Outra pinça e tesoura nele. Avança cinco centímetros para cima quando a tesoura atinge um vaso, que começa a sangrar. Pinça daqui e dali e nada de o sangramento parar. O campo se enche de sangue e não se enxergava mais nada. Enxuga-se a sangueira com compressa, mas rapidamente o sangue volta a encher o campo. Dr. Marcelo comprime a aorta com a mão esquerda com toda a força que pode. Com uma compressa na mão direita Dr. Marcelo enxuga o lugar onde outra compressa, na mão esquerda do Dr. José, comprime o local do sangramento. Vagarosamente o cirurgião tira a pressão e consegue-se enxergar o vaso que sangrava. A pinça salvadora é colocada e o sangramento para. A cirurgia prossegue sem intercorrências, quando o anestesista liga para o banco de sangue pedindo papa de hemácias tipo A positivo. O que se denomina papa de hemácias é um concentrado de sangue sem o plasma, ficando só hemácias. A resposta é negativa, como é costumeiro. O anestesista diz um palavrão e, ao telefone, diz para o técnico do banco que a paciente vai morrer porque esta merda de banco não tem o que ela precisa. Pede então sangue total. Também está em falta para aquele tipo sanguíneo. Mais palavrões.

A atendente que circula na sala, percebendo o nervosismo, diz ao anestesista que quer ajudar. Essa moça, quase analfabeta, mas esperta, faz duas semanas foi promovida de auxiliar de cozinha para circulante de sala de cirurgia, com um treinamento rápido de três dias. No lugar de fogão e panelas agora cuida de cuba rim e mesa cirúrgica. Troca pano de prato e toalha de mesa por campos estéreis. Garfo, colher e faca por pinça, porta-agulha e bisturi. No hospital inteiro há apenas uma enfermeira diplomada, dez auxiliares de enfermagem formados em cursos técnicos instalados na casa paroquial da igreja do bairro e o restante do corpo de enfermagem é de atendentes que o próprio hospital treinou. O mais difícil para os atendentes é saber corretamente o nome dos instrumentos e dos medicamentos usados em sala de cirurgia. Pinça de Duval se transforma em pinça do Durval, afastador de Farabeuf é Parabife e os fios cirúrgicos, que são em grande variedade, com nomes e numerações diferentes, para a sorte dos atendentes só se dispõe naquele hospital do monofilamentado de *nylon* em duas versões de número e um único tipo de agulha. Os fios usados nas cirurgias deste arremedo de hospital são sempre de algodão trançado branco em duas espessuras, o 50 e o 24, marca Corrente. Comprados no empório da esquina e cortados de um carretel de costura, esterilizados no vapor, amarrados em uma fina ripa de madeira de quinze centímetros. A moça então enche-se de coragem e diz para o anestesista que ela pode preparar uma "papa de massa" na cozinha, se isto vai salvar a vida da paciente. Hercilio, o anestesista, retruca se ela sabe preparar papa de hemácias, engolindo parte das sílabas, no que a circulante responde que, se ele ensinar como fazer, ela pode tentar, afinal sabe tudo da cozinha. O gozador então instrui a circulante dizendo que dilua um quilograma de farinha de trigo em três litros de água, uma pitada de sal e faça uma massa bem mole feito papa, mas que tem que ser aplicada quente e não pode parar de mexer até chegar na sala de cirurgia, para não endurecer. Passados vinte minutos, sobe da cozinha uma caçarola grande segurada pelas alças por uma cozinheira e a circulante com uma grande colher de pau, misturando aquela massa branca fumegante.

– Chegou a papa de massa, doutor!

Muita gargalhada e a circulante atônita sem saber o porquê. O ambiente tenso da sala se foi. A cirurgia termina com a doente um pouco anêmica, mas bem. Depois, na enfermaria, toma a tal papa de hemácias, que o banco vai providenciar em outro hospital. Depois desse dia a circulante nunca mais acredita no anestesista. Para se vingar, por algumas vezes, quando ele vai ao refeitório, a cozinheira lhe manda servir papa de massa. Fim da cena.

Em outra ocasião, quando estava operando uma apendicite, Alberto percebeu o sangue escurecer. Alertou o anestesista, que, em um sobressalto, pediu para massagear o coração, enquanto ele ia intubar a doente. A doente estava em parada cárdio-respiratória. A massagem surte efeito e o coração volta a bater. A cirurgia é concluída e a doente é enviada para a UTI. A doente não acordou naquele dia. A parada cardíaca tinha afetado o cérebro. Os exames neurológicos eram animadores, mas a doente só despertou três dias depois. Despertou, mas disse que não estava enxergando nada. Perdera a visão. Alguns dias depois quando puseram para andar, um andar todo desengonçado. A hipóxia tinha lesado o cerebelo. Uma cirurgia simples como apendicectomia tinha produzido sequelas neurológicas graves por parada cardiorrespiratória. Essa paciente foi a preocupação da equipe por muito tempo e logo iniciamos o processo de reabilitação, ainda no hospital com os recursos disponíveis. Conseguido uma vaga na unidade de reabilitação do HC, e ficou em tratamento muito tempo. Depois de nove meses ela tinha recobrado oitenta por cento da visão e o andar cambaleante tinha se corrigido quase completamente. Este caso marcou a todos, porque um acidente grave tinha acontecido com uma menina de quinze anos e, num primeiro momento, acreditou-se serem irrecuperáveis as sequelas que tinha apresentado. A reabilitação precoce foi fundamental para sua recuperação, segundo os especialistas.

Um hospital de periferia onde a violência é epidêmica é um ótimo lugar para treinamento do médico. Na verdade, como residentes do HC, eram os médicos mais graduados daquele hospital e daquelas paragens. No hospital não havia quem pudesse orientá-los, as decisões médicas ficavam por conta e risco dos conhecimentos que tinham acumulado até aquele momento. Abaixo dos médicos, muitos acadêmicos, alunos de medicina de várias escolas. Acima dos médicos estavam os donos do hospital, um médico e um dentista que de há muito não praticavam nem medicina nem odontologia. A assistência prestada tinha ótima avaliação por parte da população usuária. Não havia lembrança de queixas importantes e passavam por aquele serviço de pronto atendimento cerca de mil pessoas por dia entre adultos e crianças. Todos os médicos eram especialistas em formação. Cada especialidade era tocada por dois plantonistas. Não havia maternidade, mas algumas vezes partos aconteciam na sala de espera, por absoluta desinformação da parturiente. Não sabiam dizer se a dor era de parto ou do intestino. Havia uma placa na entrada do hospital alertando que não se fazia parto e a enfermagem estava orientada para não permitir que mulheres em trabalho de parto fossem admitidas. Eram sempre encaminhadas para a maternidade mais próxima, que ficava a pelo menos oito quilômetros. A clínica ortopédica era a mais concorrida, traumas fechados de membros inferiores e superiores eram frequentes. E todos os doentes saiam contentes com um raio X na mão. Quando não era necessário o raio X, ainda assim era feito, porque era difícil negar. Um dia estava na ortopedia papeando com o plantonista quando um doente entrou reclamando que a dor na coxa tinha passado depois da injeção que o médico lhe tinha receitado, mas insistia que queria um raio X para comprovar que não havia nada de errado. O colega ortopedista explicou que a dor era muscular e que o raio X não era necessário. O doente insistiu, e o colega, irritado, abriu a gaveta onde acumulava as radiografias rejeitadas por defeitos e entregou a primeira que achou.

– Doutor, mas essa chapa não é da coxa, tem uma caveira – disse o doente.

Era o raio X de um crânio.

– O que o senhor está vendo é a cabeça do fêmur, é onde fica a sua dor. O fêmur é o osso da coxa e tem uma cabeça, é que nesta radiografia a cabeça foi ampliada – falou com autoridade.

O doente fez cara de quem entendeu tudo e saiu satisfeito com o raio X na mão.

Outra demanda numerosa naquele hospital era de ferimentos domésticos e de trânsito. À noite aumentavam os ferimentos por agressão por arma branca e arma de fogo. A clínica médica e a pediatria eram recheadas de cefaleias, febres, tosses, dores abdominais, diarreias, vômitos.

– O nenê está com dilatação – era como as mães se referiam à desidratação dos bebês.

Em ginecologia a queixa mais comum era sangramento, isto é, vaginal. Geralmente abortamento incompleto.

22. Coração no espeto

A polícia trazia para o hospital os casos mais graves. Este caso foi excepcionalmente grave e nosso personagem é quem estava de plantão.

Vivam a cena.

Hoje é uma quinta-feira, passa das quatro horas da tarde. O som da sirene que soa ao longe se aproxima, cada vez mais intenso. Uma freada brusca e a sirene para de tocar. Nem um minuto se passa e uma maca adentra a sala de sutura, onde eu estou. Um garoto que aparentava dez anos, gordinho, geme deitado na maca que está sendo empurrada por um policial militar. Distraído, a imagem que me passa é a de um leitão espetado pronto para ir ao fogo. Levanto-me da banqueta e vou examinar o garoto. Só quando chego perto vejo seu tórax atravessado por um cano de metal de quase um metro, que entra pelas costas do lado direito da coluna e sai pelo peito na altura do coração, à esquerda. Nenhuma gota de sangue. Nem na camisa que o garoto veste e que está abotoada tem manchas de sangue. O cano atravessou o tecido, perfurando-o. É um cano cônico com cerca de oitenta centímetros de comprimento. Nas costas o diâmetro de três centímetros e na frente um diâmetro de um centímetro coberto por um plástico branco. Era a perna de uma mesa, dessas de fórmica, usado em boteco.

– Tio, tira esse negócio, está doendo – diz o garoto olhando para mim.

Ele está pálido, típico de quem está em choque, como se tivesse perdido muito sangue. Sinto o pulso carotídeo, um pouco fraco, mas forte o bastante para contar a frequência. Examino as mucosas e estão coradas. Fico alguns segundos em pânico, confuso, sem saber por onde começar. Respiro fundo e retomo a calma. O menino geme baixinho, respira bem, embora seja perceptível que o movimento respiratório o incomoda, deve estar doendo, até porque está de lado, e a ponta romba do pé de mesa encosta a superfície da maca, fazendo uma alavanca toda vez que ele inspira. Escorrego o garoto e ponho o cano para fora da maca. Agora parece relativamente mais confortável. O anestesista Paulo chega e avalia o caso comigo. Mede a PA (pressão arterial), que estava 7x5.

– O melhor é remover para o HC já, porque aqui a gente vai matar o garoto – diz Dr. Paulo.

– Será que ele aguenta a viagem? – ponderei. – A PA está pinçada, mas suficiente para o cérebro ser irrigado, e não parece estar sangrando – falo, pensando alto.

Espeto uma agulha nos dois lados do tórax e não há sinal de sangue na cavidade torácica.

– Parece que não está sangrando, mas pela posição esse negócio atravessa o coração.

Resolvo dissecar uma veia no seu braço esquerdo, para ter um acesso calibroso.

– Você não vai querer abrir esse tórax, vai? – brande Paulo.

– Se estivesse sangrando, eu ia, sim – respondo.

– Você está louco? – retruca.

Mando colocar um soro e dar uma ampola de analgésico. Quando termino, já passaram uns quinze minutos desde que o menino tinha chegado. Chamo o policial que trouxera o garoto e pergunto quanto tempo havia passado do momento do acidente até a chegada ao hospital. O policial, então, descreve uma operação complexa. Diz que foi primeiro encontrar uma serra emprestada de um serralheiro e depois serrar o cano com uma lâmina quase cega. Diz ainda que demorara uns dez minutos para chegar ao local com a viatura quando foi acionado e mais quinze minutos para serrar o metal. Relata ainda que, quando chegou, avaliou a situação e decidiu não retirar o cano, como queriam outras pessoas, e sim serrar o cano, porque tinha orientação de não retirar nada que transfixasse um corpo. Conclui que, somando o tempo do transporte até o hospital, já havia passado pelo menos uma hora que o ferimento havia sido produzido. Tomo novamente a PA e as condições hemodinâmicas permanecem estáveis.

– Se ele não chocou até agora, ele aguenta a remoção – penso em voz alta novamente.

Decidimos por remover o garoto para o HC. Deixo o anestesista cuidando do garoto, vou para a recepção do hospital e peço para ligarem para o pronto-socorro do HC. Mando chamar um cirurgião de plantão. Atende Edvaldo, acho que é sextanista, a tarefa de atender o chamado de outro hospital, que é coisa para interno, não para médico, muito menos para um cirurgião. Eu sei que é assim, e agora eu preciso ser convincente para que ele acredite na minha história e a remoção não seja negada por um interno. Apresento-me como médico da cirurgia e digo que eu o conheço. Ele então me reconhece. Descrevo a situação do garoto e falo para preparar a sala de cirurgia que a criança vai ser removida.

– Acho que o cano transfixou o coração – digo –, mas por obra do acaso o paciente está hemodinamicamente estável.

Edvaldo me diz que não acredita no que está ouvindo, mas como sou eu que estou falando vai comunicar ao chefe do plantão, que naquele dia é um cirurgião torácico, e que eu posso mandar o caso por minha conta e risco. E que o médico assistente pode recusar a transferência caso não se configure um ferimento de pré-córdio, como gostam de denominar os ferimentos torácicos nas proximidades do coração. Desligo o telefone, torcendo para que acreditem em mim. Peço para encostarem a ambulância, uma velha perua Chevrolet adaptada. Volto para a sala de atendimento e ouço o fim da história do policial, que conta para Dr. Paulo como tinha acontecido o acidente. Em resumo, o menino empinava uma pipa sobre a laje de sua casa, e o quintal dava para os fundos de um bar. As mesas do bar estavam empilhadas uma sobre a outra, a de cima com os pés voltados para o céu. O menino se desequilibrou e caíra de costas sobre as mesas. Quero mais detalhes da história, mas o motorista da ambulância pede para levar o garoto para a ambulância. A transferência é feita com o doente deitado em um lençol com quatro pessoas, segurando cada um uma ponta. O garoto geme de dor. Peço para embarcar dois frascos de soro e mais material de intubação e a maleta com seringas e medicamentos de emergência. Resolvo ir eu mesmo fazer a remoção, porque a norma para casos graves é ser feita com médico. Ainda há o risco de ter que voltar com um cadáver, caso algo aconteça durante a viagem: um sangramento, choque cardiogênico, tamponamento cardíaco, pneumotórax hipertensivo. A maca onde fica o doente está fixa, mas a cadeira onde vou sentado está solta – os parafusos enferrujados não permitem ser apertados. O motorista avisa que vai correr e é para me segurar. A distância desse hospital até o HC é de aproximadamente vinte quilômetros. Em condições normais leva-se de quarenta a cinquenta minutos. Mas já passava das cinco e meia, começava a hora do rush. Calculei que levaria mais de uma hora. O trajeto habitual seria pela Avenida do Estado acessando o centro e indo pela Consolação. O motorista prefere uma rota alternativa por dentro, sem passar pelo centro. Sirene ligada, a ambulância sai em disparada e num ziguezague irresponsável, passando pelas ruas estreitas do Ipiranga, Cambuci, Aclimação, e em quinze minutos estamos chegando à Avenida Bernardino de Campos no Paraíso. De lá acessar a Avenida Paulista para chegar ao HC. O motorista é bom, mas a Paulista está congestionada no sentido do HC. Parado no congestionamento, o menino se queixa de dor. O efeito do analgésico está vencendo. Com muito receio de abolir completamente a dor (a dor é uma aliada para manter a pressão arterial sob ação das catecolaminas), abro uma ampola de Meperidina e injeto diluído no cateter de soro. O garoto sossega, mas o congestionamento me exaspera. Agora é o meu coração que dispara. Até então, como a minha principal tarefa é me segurar, sinto que estou indo bem e o garoto está bem amarrado, respirando tranquilamente, e parece dormir. Cinco minutos no congestionamento parecem uma eternidade. De repente o motorista avisa que vai passar para a outra pista. Solavanco dos grandes quando ultrapassa o canteiro central, e a sirene, que está ligada, tem o som amplificado. O garoto dá uma gemida, mas continua respirando ritmadamente. Vejo faróis acesos no sentido contrário, buzinas tocam e a ambulância trafega na contramão em alta velocidade. Feito uma onda que se abre, os carros no sentido contrário se afastam do canteiro central e a ambulância segue seu caminho como nos filmes americanos. Em mais dez minutos chegamos ao pronto-socorro do HC. Agora sinto o meu coração no pescoço. A ambulância mal encosta e a porta traseira se abre. O atendente da porta do pronto-socorro transfere o menino para uma maca e eu, segurando o soro, desço também. Antes que eu diga qualquer coisa, o atendente retira o soro da minha mão, coloca ao lado o menino e sai em disparada para dentro do pronto-socorro e direto para o centro cirúrgico no fundo do corredor. Corro logo atrás e entro na sala de cirurgia, que está preparada. Surpresa! A anestesista Silvia está a postos e sem demora injeta algo no cateter dissecado e em alguns segundos intuba o menino. A equipe cirúrgica também se preparava e estão se lavando. Tinham acreditado em mim. O paciente está deitado em decúbito dorsal horizontal (popularmente deitado de barriga para cima), um pouco lateralizado para a esquerda por causa do cano que se exterioriza nas costas à direita do paciente. Operar um ferimento de pré-córdio é objeto de desejo do cirurgião que trabalha no pronto-socorro. Frederico é o cirurgião-chefe neste plantão. É o primeiro a entrar na sala e já vai pedindo um bisturi e a serra de esterno. Feita a assepsia e a cobertura com os campos de pano, que ficam tortos por causa do cano, em menos de dois minutos o tórax está aberto pelo meio, da junção das clavículas até a cicatriz umbilical. O coração bate com dificuldade em torno de um cano marrom tabaco. Entra pelo átrio direito e sai pelo ventrículo esquerdo. Não há uma gota de sangue na cavidade, o cano está apertadinho, espetado no músculo cardíaco.

– Liga para o InCor e pede para vir um aparelho de extracorpórea – ordena Dr. Frederico.

Enquanto esperam, faz a hemostasia (interromper o sangramento) dos vasos, que sangram porque a abertura foi feita sem esse cuidado. Cinco minutos depois vem a resposta: só poderiam mandar o equipamento depois que alguém do InCor viesse avaliar o caso e anuísse com a indicação.

– Não vai dar tempo, esses caras que vão se danar! Vamos operar sem a extracorpórea – diz Frederico.

O coração começa a perder o ritmo. Aquele cano atravessando o ventrículo exige dos músculos mais força do que o habitual. A qualquer momento pode faltar sangue ao próprio coração. As coronárias podem estar sendo pressionadas pelo cano que atravessa o seu caminho.

– Vamos fazer duas bolsas em torno do cano, uma no átrio e outra no ventrículo, e alguém puxa o cano que está saindo nas costas, e eu fecho num só movimento a bolsa do ventrículo enquanto você faz o mesmo com a bolsa do átrio.

Tudo preparado e Dr. Frederico conta:

– Um, dois e três! – O cano é retirado.

Sangra um pouco e logo os ferimentos são suturados e o coração continua a bater, agora sem o cano espetado. Bonito de se ver. Nenhuma área parece ter isquemia (falta de irrigação). A manobra foi um sucesso. O menino está salvo.

– Espera aí, a ponta do cano está suja de terra, esquecemos de limpar a ponta do pé da mesa – avisa alguém com o cano na mão.

– Agora é rezar para que o antibiótico funcione – alguém fala.

Agora começam a fechar o tórax. Eu preciso voltar para o HVP completar o plantão, que só se encerrará às 23 horas. A cirurgia não havia demorado mais que uma hora. A ambulância me esperava e a volta é tranquila, com a sensação do dever cumprido. No dia seguinte, no pronto-socorro do HC, às sete horas da manhã vou ver o garoto. Está ótimo. Quatro ou cinco dias depois está de alta. Fim da cena.

Este episódio ficou marcado como uma façanha. Um jovem cirurgião ainda em treinamento foi útil em um hospital de periferia que contribuiu para salvar a vida de um garoto, menos pelo que fez e mais pelo que deixou de fazer. Cirurgião de pronto-socorro existe para operar. Pela ousadia e pelo desejo de um ato heroico, ele poderia ter aberto o tórax naquele hospital mambembe e não ter podido fazer nada. Recuperou a calma, ouviu os conselhos de um anestesista, o que não é comum para um cirurgião, e por conta e risco atravessou a cidade de leste a oeste, na contramão pela Avenida Paulista, para remover aquele garoto em segurança para um hospital de referência. O tempo certamente foi um fator crucial, mas o mais importante foi a credibilidade transmitida ao telefone, para que um colega do outro lado da linha se preparasse para uma cirurgia que prometia ser uma tourada, como se diz no linguajar de cirurgião, pronto para procedimentos heroicos. A personalidade do cirurgião vai sendo moldado pelo tempo e por episódios como este. O fascinante de uma cirurgia de trauma está em consertar o estrago anatômico no tempo adequado, avaliar a situação, medir as variáveis em jogo e arriscar uma ação ou manobra, acreditando que o organismo humano é uma máquina perfeita que, se ajudada a tempo, vai recuperar sua função. Quando tomou a decisão de remover o garoto para o HC, acreditou que o tempo conspirava a seu favor. Se houvesse sangue na cavidade torácica o desfecho talvez tivesse sido outro. Medo de operar o garoto lá nas condições precárias daquele hospital? Não! Entretanto, quando o policial revelou que, ao invés de retirar o cano, o que seria a atitude mais lógica, tomara a decisão de serrar o pé da mesa e levar o garoto espetado para o hospital, foi que acendeu a luz de que o mais correto era remover o doente para o hospital de maiores recursos, e que havia tempo para tanto. Entre a queda e a chegada ao hospital teria passado no mínimo uma hora. O policial foi quem salvou a vida do garoto pela sábia decisão de não retirar o cano. Se o tivesse feito, a morte seria imediata. Da mesma forma, quando o menino disse inocentemente que retirasse o cano porque estava doendo muito, era a prova de que ele estava clinicamente muito bem, que, apesar de tudo indicar que o coração tinha sido atingido, o fluxo de sangue no cérebro estava perfeito. Não se mexe em time que está ganhando se não tiver certeza de que o substituto será melhor do que o que se quer substituir. Apostar no tempo era a saída mais lógica.

23. Encaminhar com segurança

Encaminhar doentes graves para o HC era em grande medida a opção preferencial, mas algumas vezes, por razões táticas, os doentes que precisavam de exploração cirúrgica eram encaminhados a outros grandes hospitais da região. Certa noite, já passava das 22 horas, um ferido por arma de fogo chegou ao pronto-socorro. O ferimento era na virilha e pelo exame clínico precisava de uma exploração cirúrgica, porque uma lesão da artéria femoral era quase certa. Como o cirurgião vascular da equipe estava de passagem, em visita na UTI, ele foi consultado quanto a operar o caso. Discutiu-se a situação e ponderou-se que, se começasse a operar àquela hora, não terminaria antes da meia-noite. Como estava muito cansado, preferiu que o caso fosse encaminhado. Ademais, o material disponível não era o mais adequado para o tipo de exploração. Ainda insistiu para operar, mas sem resultado. O colega alertou, entretanto, que não mandasse para o HC, porque ele era o médico da especialidade que estava de plantão a distância. O caso, então, foi encaminhado ao HH, que ficava próximo. No dia seguinte, Alberto encontrou o colega vascular no HC com cara de cansado, mais do que quando tinha se despedido na noite anterior. Contou que fora chamado às duas da madrugada para ver um caso de ferimento a bala no pronto-socorro do HC. Era o caso que tinha visto no HVP, e tinha sido encaminhado para o HH. Acontece que, por falta de anestesista, o caso foi reencaminhado para o HC. Resultado: não quis operar às dez da noite porque estava cansado e acabou por operar o caso às três horas da madrugada. A cirurgia terminou às seis horas e às sete tinha a rotina do dia para tocar.

Alguns anos depois, Alberto continuava trabalhando neste hospital de periferia quando um policial militar deu entrada com um ferimento a bala no peito. Chegou andando, amparado por dois colegas. Examinou-o e ele parecia bem. A ausculta pulmonar era normal e não havia sinal de sangramento. Recomendou que ficasse em observação em um box no próprio pronto-socorro. O ferido, entretanto, estava se sentindo bem e não queria ficar, mas não era seguro que deixasse o hospital. Os seus companheiros então propuseram que ele fosse removido para o Hospital da Polícia Militar. Nisso chegou o raio X que tinha sido pedido. O projétil estava alojado na parte posterior do tórax, na escápula e, possivelmente, pelo trajeto, tinha passado rente ao ápice do pulmão direito. Era provável que tivesse perfurado o pulmão, mas não havia pneumotórax (ar escapado do pulmão machucado). Agora a remoção podia ser um risco. Um ferimento pequeno, cauterizado pelo calor da bala, até aquele momento estável podia se alargar com o movimento e deixar o ar escapar. Argumentou que a remoção seria feita, mas que antes seria necessário fazer uma drenagem de tórax. O policial questionou a necessidade, mas acabou por concordar com o procedimento, embora a contragosto. Tórax aberto, tubo colocado e não houve saída de ar. Será que a drenagem foi desnecessária?, pensou. A remoção foi autorizada com tranquilidade. No dia seguinte Alberto recebeu uma ligação de um major médico da Polícia Militar, que também era médico-assistente do pronto socorro do HC. Em nome da PM telefonava para agradecer o atendimento dado ao policial e elogiar a conduta. A remoção tinha acontecido sem contratempos, mas, quando foi examinado na admissão do Hospital Militar, o frasco de drenagem borbulhava. O ferimento do pulmão se revelou durante o transporte. A drenagem torácica fora bem indicada.

Naquele mesmo ano, soube da morte de um colega de turma em um acidente, quando bateu seu carro num poste ao sair de um plantão na cidade de Suzano. Cochilara ao volante. Ficou sabendo depois que morrera por erro médico. Levado ao pronto-socorro, consciente e andando, se apresentou como médico e disse ao plantonista que tinha batido o tórax no volante e que suspeitava de lesão pulmonar, porque estava sentindo falta de ar e dor nas costelas. A falta de ar piorou e o médico então pediu uma ambulância para remover o colega para um pronto-socorro mais bem equipado. Morreu no translado. O cadáver foi mandado para o IML e, segundo o colega que fez a autópsia, não havia uma gota de sangue no tórax. Morrera por pneumotórax hipertensivo (quando o pulmão é perfurado e o ar escapa para o espaço pleural, mas não tem como sair, comprimindo mais e mais o pulmão até que a pessoa não possa mais respirar). Possivelmente ao médico daquele pronto-socorro não lhe ocorrera que o acidentado tinha perfurado o pulmão ou não sabia como proceder em um caso como este para transportá-lo em segurança.

24. Hospital de esquecidos

Estamos em 1977 da era cristã. O residente de primeiro ano é o cristo da vez que carrega a cruz (o HC) nas costas. Onde tiver um doente internado ele é escalado para ficar cuidando. No Instituto Central, o maior dos institutos, onde fica a maior parte das disciplinas da Medicina, o Departamento de Cirurgia tem 32 residentes de primeiro ano divididos em oito panelas de quatro médicos cada, que rodam quatro semanas em cada disciplina. Assim, para cada um dos quatro residentes, sete noites mal dormidas na enfermaria em que o estágio acontecia. Além disso, quatro residentes eram escalados, a cada oito dias, em plantão noturno no pronto-socorro de cirurgia. O residente de primeiro ano, quando estava em rodízio na Cirurgia Geral, tinha por obrigação ficar de plantão noturno no Hospital de Cotoxó (um hospital de retaguarda que ficava na Rua Cotoxó). Outro sacrifício era passar quatro semanas no Hospital de Suzano, um outro hospital de retaguarda, no município do mesmo nome, distante mais de cinquenta quilômetros do HC. Os residentes de primeiro ano da cirurgia, da ortopedia, da clínica médica e da pediatria eram escalados para permanecer entre duas a quatro semanas, trancados 24 horas por dia, cuidando dos mais de trezentos acamados que lá moravam. Não era propriamente um estágio, mas ser médico assistente de uma legião de doentes desenganados, que lá estavam internados há meses ou anos. Alguns abandonados pelas famílias, outros porque não podiam ser cuidados em casa. Uma ala com cinquenta doentes, apelidado de academia dos imortais, ou a horta, onde ficavam os traumatizados de crâneo em coma, alguns há mais de seis meses. Em vida vegetativa, estes doentes pareciam que não iriam morrer nunca. Alimentados por sonda, traqueostomizados (abertura no pescoço para facilitar a respiração) e em nebulizaçao contínua. Frascos de soro de plástico, com o fundo retirado, eram usados como nebulizadores. Era uma improvisação por falta do material adequado, mas muito eficiente. Bem cuidados não faziam escaras nem infecção. Lembrava o depósito de enfermos descrito no livro *Coma*, de Robin Cook.

Na enfermaria de pediatria algumas crianças com uma doença terrível chamado epidermólise bolhosa. Doença que raramente permitia a um bebê sobreviver mais que um ou dois anos, pelas infecções recorrentes. A pele, em bolhas, descamava toda a um leve toque e as extremidades iam sendo reabsorvidas, iam desaparecendo. Uma delas devia ter uns três anos ou mais, falante, um olhar vivo; fui ajudar a fazer o curativo depois do banho. O corpo todo em carne viva, mãos e pés quase redondos, apenas cotos onde antes existiam dedos. Depois de enfaixada parecia uma múmia, até dedos das mãos cobertos com ataduras, só com o rosto à mostra. Olhar triste, resignado.

Vivam a cena.

Agora a menina toda enfaixada, de banho tomado, está sentada no berço. Por detrás da grade olha na minha direção.

– Tio, eu quero água – pede.

Aproximo o copo com água com canudinho, e ela bebe com um olhar agradecido. Emocionado, uma lágrima corre pelo meu rosto. No quarto vizinho passo visita a um garoto que conhecera quando estava no sexto ano, cujo drama está descrito em outra parte anterior deste, quando passei no serviço de cirurgia infantil. Ele está em Suzano já faz mais de meio ano. Examino o garoto e constato que tudo está do jeito de como tinha sido transferido do HC. É o garoto da neurofibromatose, a doença do homem elefante, que conhecera quando interno. Tem uma traqueostomia e uma gastrostomia. Nem tento falar com ele porque a traqueostomia não tinha sido retirada. Com esse dispositivo na traqueia o doente não consegue falar. No prontuário nada além do que já conheço sobre o caso, e que está aguardando agendamento para reabilitação fonoaudiológica para voltar a falar e a deglutir. A prescrição se resume a dieta por gastrostomia e nebulização da traqueostomia quatro vezes ao dia. Quando estou saindo do quarto, já na porta, escuto uma voz que me parece vir da boca do garoto. Volto-me para ele e indago:

– Você está falando?

Com a cânula da traqueostomia na mão, responde:

– Tirando esse troço e tapando o buraco eu consigo falar.

Surpreso, pergunto como ele tinha aprendido isso. Responde que, quando tosse forte, a cânula sai sozinha e, assim, tentando colocá-la de volta, descobriu que consegue falar.

– Alguém autorizou você a ficar sem esse troço? – pergunto.

– Não. Falaram para eu não ficar sem esse troço e então eu sempre coloco de volta quando alguém entra no quarto.

– E para respirar sem a cânula, tem dificuldade? – pergunto.

– Não. Respiro normal.

Tapo o orifício da traqueostomia com uma gaze e o meu dedo indicador. A respiração é normal. Com gaze e esparadrapo fecho o orifício. Ele parece confortável.

– E agora está bom para respirar?

– Tá bom!

A paralisia do nervo recorrente (o nervo da corda vocal) tinha sido curada. Era uma lesão transitória. Sem qualquer ajuda o garoto tinha feito por si a transição para respirar pela via natural. Enquanto esperava vaga para reabilitação, naturalmente o aparelho fonador tinha voltado ao seu estado natural. É a constatação viva do que dizia aquele professor: com médico, sem médico ou apesar do médico as funções do organismo tendem a se normalizar. Faço um relatório para a fonoaudiologia para comunicar que tinha retirado a traqueostomia.

No dia seguinte passo visita pela manhã e encontro o garoto conversando animadamente com o amigo de quarto, que faz tratamento para uma osteomielite na perna. Esta é uma afecção complicada que todo ortopedista teme. É uma infecção no osso que ocorre por fratura exposta ou tratamento cirúrgico que infecciona. O antibiótico usado sistemicamente tem dificuldade de chegar no foco infeccioso e a cura, quando acontece, é muito demorada. A copeira entra no quarto com o almoço. Deixa o prato de comida para o menino da osteomielite e para o garoto da cirurgia infantil um copo de água, uma seringa grande e uma pequena jarra com um creme de cor amarronzado, com pontos verdes e vermelhos, nada agradável aos olhos. É a dieta por gastrostomia. Fico para observar o garoto se alimentar. Ele conecta na sonda que sai do estômago, que deve ter pouco menos de um centímetro de diâmetro e uns vinte centímetros de comprimento. Pega um instrumento que ele usa para se alimentar, um funil improvisado feito com frasco de soro cortado. A dieta é então derramada no funil aos poucos. Para aumentar o fluxo, ele levanta o funil o quanto pode. Depois de umas dez manobras, toda a dieta é injetada. A sonda é lavada com injeção de água com a seringa e depois dobrada para fechá-la, e a dobra presa com um prendedor de varal de plástico. Fico satisfeito com o que vejo. O menino se alimenta adequadamente pela gastrostomia. O seu companheiro de quarto, pelo contrário, ingere metade da dieta e deixa o resto. Pedaços de batatas cozidas ficam no prato.

– Você não vai comer a batata? – pergunta o garoto que tinha acabado de fechar a gastrostomia. – Posso comer?

Sem esperar resposta, pega a batata e leva à boca. Mastiga, engole e repete com outro pedaço de batata. Surpreso, faço aquela pergunta idiota, de quem não acredita no que está vendo, e pede confirmação.

– Você está comendo pela boca?

Só faltou ele responder "não, Pedro Bó, pelo nariz" (personagem de Chico Anysio da TV). O menino se vira para mim e, com a cara mais inocente, diz:

– Pela boca é mais gostoso, né, tio?!

– E você não está engasgando? – interrogo

– Não, agora não! No começo era mais ruim.

O menino tinha reaprendido a deglutir, função que tinha sido perdida depois da cirurgia. Não vai mais precisar de reabilitação. A natureza tinha feito a sua parte. Em relatório à cirurgia infantil, comunico que suspendera a dieta por sonda e passei para dieta geral. Propus uma consulta de retorno e uma possível alta para casa. Fim da cena.

O Hospital Auxiliar de Suzano tinha um terreno grande, todo arborizado, com um bosque de eucaliptos que fazia uma bela sombra nos dias quentes de verão. Do prédio principal do hospital, distando uns sessenta metros, havia uma construção térrea que abrigava cerca de cem pacientes. Era chamado de pavilhão da ortopedia, onde ficavam internados os sequelados por traumatismo de coluna, paraplégicos e tetraplégicos. Doentes que poderiam estar em casa, mas que por problemas sociais estavam lá abrigados. Eram fraturas de pescoço por mergulho no raso, quedas de altura e feridos a bala. Grande parte desses doentes eram homens jovens, todos internados há muito tempo. O colega residente da ortopedia que estava de plantão, cansado de passar visita leito a leito, arranjou uma forma *sui generis* de passar os doentes pela consulta diária. Aproveitava o horário em que os doentes eram colocados num grande pátio coberto, mas sem paredes laterais, para tomar sol, pois o pé-direito era alto. Colocava uma mesa no centro do pavilhão e berrava.

– Quem tem algum problema que precisa de consulta que se aproxime!

Alguns cadeirantes chegavam e faziam fila para serem examinados.

– Agora podem vir os tetraplégicos!

Ninguém chegava, porque tetraplégico não tem qualquer mobilidade, a não ser que tivessem combinado previamente com os atendentes para serem levados.

– Se ninguém chegou é porque não precisam de mim. Amanhã estarei de volta neste mesmo lugar e nesta mesma hora. Bom dia para todos!

E ia embora. Mas contam os atendentes que teve um dia em que os paraplégicos e tetraplégicos andaram. Isto aconteceu fazia uns dois anos. Numa manhã ensolarada, como de costume, os doentes daquele pavilhão foram colocados no pátio para tomar sol, por vinte minutos. Uma residente de cirurgia, dizem que era uma doutora de privilegiados dotes físicos, morena de seios fartos, resolveu aproveitar o sol para ganhar uma cor. No gramado em frente do pavilhão estendeu uma toalha de banho, retirou o uniforme branco que vestia e ficou deitada de biquíni vermelho, disseram. Passado o tempo regulamentar, quando os atendentes apareceram para recolher os doentes, depararam com uma cena inusitada. Todos os tetraplégicos estavam deitados de lado em suas macas enfileirados na borda externa do pátio, todos olhando para o gramado. Todos os paraplégicos cadeirantes lado a lado na mesma borda do pátio colocados na frente das macas, todos com vistas para o gramado, onde a bela doutora se bronzeava, como se assistissem, de arquibancada, a uma pelada de futebol. Como conseguiram se organizar desta forma sem a ajuda dos atendentes é um mistério. Possivelmente foram os cadeirantes que o fizeram.

– Hora de recolher – gritaram os atendentes.

Em uníssono uma vaia de protesto de todos os espectadores. Contam que a doutora, assustada, se voltou para onde vinha a vaia e, percebendo o vexame, recolheu roupa e toalha e saiu correndo pelo gramado em direção ao prédio principal do hospital.

25. Emergência urológica

Durante o estágio na urologia, o papel como residente de primeiro ano na especialidade era fazer o atendimento de retaguarda do pronto-socorro, dos casos triados como urológicos pela porta do pronto-socorro. A maior parte do que era encaminhado era de gonorreia, infecção urinária e dores por cálculo renal. Mas aquele dia estava com sorte: chegou um caso raro de priapismo. O que é isso?

Vivam a cena.

Agora são cinco horas da tarde. O doente chega e diz que eu era o quarto médico que o atendia. O sotaque interiorano denuncia a origem do caboclo. Vinha de uma cidade pequena da região de São Carlos. Conta a seguinte história da moléstia atual: acordou às cinco horas com a bexiga cheia e foi ao banheiro, mas não conseguiu urinar com o pênis em ereção. Esperou um tempo, mas a ereção não cedeu. Estranhou, mas achou que era porque não tinha feito sexo na noite anterior e que precisava se aliviar. Coisa de cabra-macho. Masturbou-se, mas não houve relaxamento como esperava. Procurou ajuda médica na unidade de saúde da sua cidade, mas o médico lhe disse que teria que ir a São Carlos para resolver o problema. Passou no pronto-socorro e disse que naquele momento o problema maior era que não conseguia urinar, tinha muita dor. O médico passou uma sonda de alívio, e a dor diminuiu, mas a ereção continuava. O médico indicou ir para Campinas ou São Paulo para buscar assistência especializada. Optou por São Paulo, naturalmente o HC. Fazia, portanto, doze horas que estava em ereção dolorosa e era uma emergência. A essa condição dá-se o nome de priapismo. A palavra vem de Príapo, deus grego da fertilidade. Chamo o assistente de plantão, Dr. José, a quem apresento o caso. Imediatamente é indicada a cirurgia, mas alerta o doente que a operação resolverá o problema, mas há o risco de ficar impotente para sempre. O doente pensa e responde que quer, sim, operar e que a impotência ele resolve depois. Diz-nos que nunca lhe passara pela cabeça que uma ereção fosse tão dolorosa e desprazerosa. O doente é encaminhado ao centro cirúrgico e eu vou auxiliar na cirurgia. É uma oportunidade única de ver uma cirurgia que nunca imaginei que iria presenciar, até porque não vou seguir na urologia como especialidade. Embora tivesse durante a graduação dissecado e estudado a anatomia do pênis, ver uma dissecção ao vivo era algo muito didático. A cirurgia consiste em fazer um *shunt* (um curto-circuito) entre o corpo cavernoso onde o sangue acumulado produz o enrijecimento do órgão e o corpo esponjoso que promove a drenagem do sangue acumulado. Cirurgia terminada, o doente dorme relaxado sob anestesia raquidiana. Acordo-o para avisá-lo que a cirurgia tinha terminado. O doente abre os olhos, parece entender e volta a dormir profundamente. Um pênis tinha sido salvo de uma fibrose, mas não sei se voltou a funcionar, isto é, para a função diferente da micção.

Fim da cena.

26. Luta por reconhecimento

Era próximo do meio do ano e os residentes de primeiro ano começavam um movimento reivindicatório. Trabalhava-se exaustivamente de sessenta a setenta horas por semana e a compensação era uma bolsa mensal que equivaleria hoje a um valor suficiente para comprar vinte Big Mac's. Foi organizada então a Associação dos Médicos Residentes, a Amerehc. Alberto fez parte da primeira diretoria. Residentes de outros hospitais também criaram suas associações, como a do Servidor Público e Santa Casa, que juntas se reuniram na Associação dos Médicos Residentes do Estado de São Paulo. A reivindicação se resumia no reconhecimento dos direitos trabalhistas para o médico-residente e uma remuneração de cinco salários mínimos. A lei prescrevia remuneração de três salários mínimos por vinte horas semanais.

Já existia uma Associação Nacional de Médicos Residentes, mas o movimento tomou corpo quando as associações de médicos residentes de vários estados, como Rio de Janeiro, Bahia, Pernambuco, ousaram organizar um Congresso Nacional de Médicos Residentes. Onde realizar uma reunião com cerca de duzentas pessoas? O país ainda vivia o governo militar, e ainda era fresca na memória o Congresso da UNE em Ibiúna, que resultou na prisão de mil estudantes que estavam reunidos em um sítio. De Recife chegou a notícia de que Dom Helder Câmara, arcebispo emérito de Olinda e Recife, concordava em patrocinar a reunião e que garantiria a estadia de três dias e alimentação no convento que dirigia. Que ótimo, mas como chegar a Olinda? De ônibus foi a primeira ideia. Da Amerche cerca de quarenta adesões. Alugar um ônibus era a solução mais barata. Com orçamento em mãos, metade dos residentes poderia pagar, mas a outra metade não via condições de arcar com a despesa. Fomos pedir ajuda ao superintendente do HC. O superintendente recebeu o grupo e respondeu que não havia rubrica orçamentária para tal despesa, e sugeriu que fôssemos ao chefe da Casa

Civil do Governo do Estado de São Paulo pedir patrocínio, já que o HC era órgão subordinado à Casa Civil. Acho que o superintendente fez isso imaginando que jamais conseguiríamos tal patrocínio. O governador era Paulo Egídio e o chefe da Casa Civil Péricles Eugenio, um poeta. Conseguiram agendar uma audiência na primeira tentativa. A diretoria da Amerehc foi recebida no palácio. Depois de um cafezinho gostoso servido por um garçom, foram chamados para entrar numa grande sala com uma mesa com oito cadeiras forradas de veludo vermelho. Dr. Péricles perguntou em que poderia ser útil. Explicaram quem eram e que gostariam de participar de um congresso em Olinda.

– E vocês querem ir de ônibus? É muito longe, demora quase dois dias de viagem.

Dr. Péricles disse que era muito simpático ao movimento porque tinha sido internado no HC e que tinha vivenciado o trabalho realizado pelos residentes. Saíram da audiência com uma carta que deveriam apresentar à Vasp e que o governo do estado pagaria as passagens de ida e volta para os quarenta participantes. Foram à Vasp, companhia estatal do governo estadual, ainda desconfiados se aquilo não era uma brincadeira de mau gosto. Para a satisfação dos residentes a companhia emitiu as passagens sem fazer qualquer pergunta. O congresso foi uma maravilha. Na abertura, o discurso do Dom Helder Câmara, criticando o estado de coisas que o país vivia, o que nos encheu de coragem para reivindicar. Naquele congresso conseguiram o compromisso do Ministério da Educação em criar a Comissão Nacional de Residência Médica (CNRM) e em regulamentar por decreto (Decreto 80.281 de 5 de setembro de 1977) a Residência Médica no Brasil como modalidade de ensino de pós-graduação, caracterizada como treinamento em serviço, com uma remuneração digna. Com a publicação do decreto, o governo de São Paulo passou a remunerar com cinco salários mínimos os residentes de primeiro ano e com seis salários mínimos o residente de segundo ano. Era uma verdadeira fortuna, correspondia a duzentos Big Mac's, ou seja, dez vezes o que até então se ganhava. Foi até difícil entender por que um resultado tão rápido. Um movimento que começou sem muita força, sem greve.

Embora o governo tivesse reconhecido o trabalho do médico-residente, o que se almejava era o vínculo trabalhista. A Amerehc então promoveu uma consulta aos residentes para ingressar com uma ação na Justiça do Trabalho, reclamando direitos trabalhistas durante o período de residência, salário mínimo profissional (Lei 3.999), horas extras pelos plantões. A adesão não foi grande, mas foram conseguidas procurações de cerca de 120 residentes, dos 1.200 que compunham o corpo de residentes do HC. Havia um temor de que a reclamação pudesse gerar como resposta da instituição a demissão sumária. Procuraram um advogado que acolhesse a causa e o escolhido foi Dr. Renato, tio de uma colega. Ele dizia que era grande a chance de sucesso, mas que iria demorar muito tempo, talvez dez anos ou mais. Não importava, lutar pelo direito era o que motivava. Ver reconhecido o direito trabalhista era o objetivo. Divididos em quatro grupos de trinta a quarenta residentes, Dr. Renato ingressou na 9ª Junta de Conciliação e Julgamento com a reclamação. Cada grupo tinha um cabeça que representava os demais. Alberto foi escolhido cabeça do seu grupo e ele ia para as audiências. Numa dessas audiências o HC indicou como preposto um médico que trabalhava na administração do hospital, um cirurgião. Ele começou negando que os residentes trabalhassem, não eram profissionais, que na realidade eram alunos em processo de aprendizado e que o exercício da medicina era feito sob supervisão de professores da faculdade de medicina todo o tempo, e os plantões eram voluntários. Alberto ficou com vontade de protestar, mas isso não cabe na justiça do trabalho. A juíza então leu trechos do seu depoimento colhido em outra audiência, apontando que os residentes tinham uma jornada a cumprir, trabalhavam sob subordinação do diretor de cada serviço do HC, e que no período noturno, nas enfermarias, exerciam a medicina na sua plenitude, sozinhos e sem qualquer supervisão docente. E ausentar-se no plantão era considerado a falta mais grave, passível de dispensa por justo motivo. A juíza então pergunta ao preposto:

– O senhor é médico, certo? Foi residente no HC, certo? E o senhor confirma que, como residente, era apenas um aluno, e que jamais teve que assumir a responsabilidade de um ato médico? Que o seu trabalho era supervisionado o tempo todo? Que o seu trabalho como residente não fazia diferença para os doentes e que era dispensável?

O médico preposto reconheceu que não poderia confirmar tais assertivas. Mas que assumir o papel de médico era parte do treinamento. A juíza deu por terminada a audiência. Tínhamos vencido na primeira instância. Era preciso agora aguardar a tramitação dos recursos. Muitos anos iam se passar até que a justiça proclamasse o veredicto final.

O reconhecimento do vínculo trabalhista pelo governo federal não aconteceu, mas o médico-residente foi reconhecido como profissional e sua atividade regulamentada pela Lei 6.932 de 7 de julho de 1981.

27. Casos incomuns

O inusitado acontecia de vez em quando. No pronto-socorro, entrou uma criança no colo da mãe, desesperada, aos prantos. O bebê devia ter uns dois anos, tranquilo, sem choro. Dr. Francisco tomou a criança nos braços e colocou-a numa maca para atender. Estava apenas de fralda, tronco nu. O dorso limpo e na parte superior direito do tórax, acima da clavícula, uma faca de cozinha com cabo de madeira espetada. A lâmina de 1,5 centímetro de largura estava horizontalmente ao osso, e um pouco de sangue, já seco, em torno do pequeno ferimento. A lâmina devia ter uns quinze centímetros de comprimento e sua ponta parecia ter parado na escápula, o osso das costas. A criança respirava bem, batimentos cardíacos normais, pressão sanguínea normal. Não havia pressa. Foi encaminhada para o raio X no colo do médico, que retornou à sala de atendimento com a imagem. A faca passara acima do pulmão e aparentemente só atingira o músculo supraespinhal. Sob olhar atento de todos que estavam na sala, a faca foi retirada em manobra rápida, a criança apenas esboçou um choro, continuou tranquila. Depois de observar por uma hora, já no colo da mãe, foi dispensada, sendo orientada a passar no IML. O agressor, depois se apurou, fora o próprio pai. O ser humano é realmente um animal difícil de entender.

Um outro caso que o deixou surpreso com o comportamento humano aconteceu no início de um plantão noturno. Um rapaz que tinha chegado sozinho no fim da tarde se queixava que tinha um corpo estranho no reto. Quem o examinou, já pronto para deixar o plantão, pediu uma radiografia do baixo ventre, encaminhou o doente ao serviço de radiologia, e passou a executar o que era a tarefa mais importante para aquele momento: a passagem de plantão para a equipe da noite que ia render o turno. Quando o doente voltou do raio X, ficou esquecido numa cadeira, com o seu exame na mão. O caso não tinha sido passado.

Vivam a cena.

Agora que a passagem de plantão terminou, a atenção se volta para os doentes. Abordo o doente, que parece estar aguardando alguma coisa.

– O que está esperando? – pergunto.

– O médico que me pediu esse exame – responde.

– Ele já deve ter ido embora, deixa eu ver esse raio X.

Contra a luz, vê-se a imagem de algo esférico, de mais ou menos sete centímetros de diâmetro, no reto. Pergunto o que aconteceu.

– Não aconteceu nada, apenas fiquei vidrado com a bola – responde.

– Não entendi, vidrado como?

– Tipo apaixonado – responde.

Entendo menos ainda. Resolvo ouvir história do começo, isto é, fazer o que deve ser feito, obter a HMA, a História da Moléstia Atual. Conta-me que estava trabalhando normalmente, num matadouro de um frigorífico. É magarefe. Nunca tinha ouvido essa palavra e pergunto o que faz.

– Eu abato o boi, retiro a pele e retalho o animal, depois de abrir o ventre para retirar as vísceras. O fígado, os rins, a bexiga, o coração, os pulmões e o rúmen. Este último, como está ainda cheio de restos a ruminar, é aberto e limpo. Foi quando uma bola, uma esfera brilhante, saltou do rúmen e foi ao chão. Já tinha visto outras bolas, mas aquela era perfeita e, quando caiu e bateu contra o chão de cimento, não se rompeu.

Ficou impressionado com a perfeição, pegou-a e guardou no bolso para admirar depois. No vestiário, depois da jornada, enquanto tomava o banho, pegou a bola para brincar e teve uma vontade incontrolável de sentar sobre ela. O toque daquela bola no orifício anal lhe deu prazer. Brincando de colocar mais peso sobre a bola, de repente sentiu que linha soltado o corpo sobre a bola, e a mesma penetrou seu ânus em um único tempo. Fez força para evacuá-la, mas percebeu ser impossível.

– Então vim para o hospital, né?!

Não sabendo o que fazer, peço ajuda para Eric, mais antigo na equipe. Examina o raio X, toca o doente e percebe que a bola está lá, pressionando o ânus, como querendo sair. Orienta-me a tentar quebrar a bola com algum instrumento. Tento com a pinça de Koch, mas quando tento pinçar ela foge para cima. É grande demais para pinçá-la. O colega então resolve lubrificar o reto com um enema (medicamento administrado por via retal) de vaselina líquida, pede uma espátula maleável, dobra um dos lados no formato da bola, introduz no reto como se fosse um fórceps e pede para o doente fazer força, como para evacuar. No terceiro esforço do doente, força a espátula simultaneamente e a bola salta para fora. É uma bola efetivamente perfeita e brilhante. Dura, o que dava para perceber nas arranhaduras provocadas pela espátula, ela é feita de pelos. É um bezoar, um tricobezoar. É a primeira vez que vejo um. Nos ruminantes são muitos comuns, mas também podem ser formados em estômagos de humanos com distúrbio alimentar. Ofereço o objeto para o doente levar, afinal, é sua paixão, mas ele não quer. Dr. Eric fica com o objeto e o raio X. Diz que vai para o museu. O doente tem alta e a dúvida que fica é o que teria levado o indivíduo a fazer o que fez.

28. Morte por estresse

A passagem pelo Serviço de Queimados foi um dos estágios mais traumáticos para o personagem. Para quem escolhe a cirurgia como especialidade, ver sangue, abrir cavidades e suturar feridas é rotineiro e em certa medida prazeroso. O grande queimado, que é quem se tratava naquele serviço, é um doente difícil de ver e cuidar. O queimado, quando chega no pronto-socorro, tem um cheiro nauseante de pele queimada e na enfermaria evolui para um odor pior, o de putrefação. O aspecto, então, não é nada bonito de se ver. Quando a fase aguda é vencida, começa a dolorosa fase dos enxertos. Foi um estágio que não deixou saudades.

Nesse serviço havia uma enfermaria de crianças. Chamado para atender um caso, uma criança de três ou quatro anos de idade com vinte por cento do corpo queimado, acidente doméstico com álcool, começou o atendimento. A criança chorava muito e então foi feita uma sedação e o primeiro curativo foi realizado. Quando a criança despertou da sedação, voltou a chorar. Aplicou-se analgésico por via venosa, mas o choro continuou. Era uma criança inconformada com o que lhe tinha acontecido. A mãe ao seu lado não era capaz de confortá-la, de acalmá-la. Volta-se a sedar. Algumas horas depois voltou a chorar. Por algum tempo foi deixado que chorasse, mas meia hora depois ninguém aguentava mais. Foi necessária nova sedação, agora contínua, através de gotejamento no soro. Era Alberto que estava de plantão naquela noite e devia ser umas 23 horas, quando a enfermagem o chamou porque aquela criança tinha vomitado sangue. Correu para vê-la. O sangue era vivo. A criança estava fazendo uma úlcera de estresse. Passou uma sonda nasográstrica, injetou água gelada e antiácido. A criança passou bem a noite, mas na manhã seguinte teve novo sangramento. A endoscopia foi chamada para um exame. Constatou-se lesão erosiva de toda a parede gástrica e da primeira porção do duodeno. Recomendaram cimetidina por via parenteral (pela veia), para ele uma novidade. Mas, antes que o medicamento pudesse ser administrado, a criança teve novo episódio de sangramento e uma copiosa melena (sangue digerido nas fezes). A criança morreu naquele dia. A úlcera de estresse é uma situação grave, comum em doentes graves internados em UTI, e não havia profilaxia. Era comum que alguns médicos sugerissem o uso de medicamentos lançados no exterior e ainda não disponíveis no mercado brasileiro; atualizavam-se através da literatura médica importada. A cimetidina era uma droga recém-lançada, inibidor dos receptores H2, que impedia a produção de ácido clorídrico pelo estômago. Prometia ser a droga para tratamento de úlcera péptica, aquela que era tratada com cirurgia chamada gastrectomia. Passados alguns meses, a droga foi introduzida no HC e revolucionou o tratamento das dores estomacais. Não importava se úlcera duodenal ou gastrite, ambas tinham os sintomas abolidos com a cimetidina. Os cirurgiões de estômago resistiram, e ainda indicavam a cirurgia como solução, mas aos poucos iriam ser vencidos pela eficácia da nova droga. Um tratamento medicamentoso ameaçava um tratamento cirúrgico consagrado. Os cirurgiões que se gabavam de ser a cirurgia a solução salvadora quando o tratamento clínico falhava iam ter que engolir a língua. A gastrectomia para úlcera péptica estava com os dias contados. E crianças, como aquela queimada, iriam ser salvas com o uso profilático da droga para prevenir a úlcera de estresse.

Especializar-se em cirurgia gastrenterológica foi a sua opção. Se a cimetidina acabar com a gastrectomia, pensou, esta continuará sendo a única opção para o câncer gástrico, que era uma doença cuja incidência estava aumentando. Câncer, de maneira geral, era preocupante, e para quem tinha o diagnóstico confirmado era quase certo ter que encomendar um caixão.

29. Câncer

Alberto começava o segundo ano de residência naquele dia de março no pronto-socorro. Chegou mais cedo, porque o R2 é quem tem a responsabilidade de conhecer todos os casos para apresentar ao médico-assistente, que chefia o plantão. Foi primeiro conhecer os doentes que permaneceram no corredor durante a noite. Eram os doentes em condições de alta, por isso mais fáceis de avaliar. Depois foi para a sala de admissão, onde ficavam os doentes mais graves, alguns em ventilação mecânica, os traumas de crânio. Quando foi examinar um deles, viu que havia uma pessoa desconhecida examinando o doente, auscultando o pulmão. Cabelos grisalhos, aparentando ter mais de quarenta anos, uniforme branco impecavelmente passado. Pensou ser um médico-assistente novo, ou alguém retornando de longa licença, de aperfeiçoamento no exterior, coisa comum. Apresentou-se como R2 assumindo o plantão. O desconhecido continuou compenetrado na ausculta pulmonar. Certamente não deve ter ouvido, porque estava com o estetoscópio enfiado na orelha. Aguardou-o respeitosamente. Quando o médico que examinava se virou, perguntou a ele o que aquele doente tinha. Pergunta típica de médico-assistente, pensou.

– Ainda não o examinei – respondeu.

E relatou que a passagem de plantão ainda não havia acontecido, justificando o desconhecimento do caso. Respeitoso, não queria logo no primeiro dia se indispor com o seu chefe naquele dia.

– Se o senhor quiser posso apresentar os casos que estão no corredor, que estes eu já examinei – complementou solícito, antes que recebesse uma repreensão.

– Não, obrigado. Eu só queria saber desse doente – esclareceu.

– É conhecido seu? – perguntou.

Era comum um médico de outros departamentos do hospital passar no pronto-socorro para saber de um doente a pedido de algum familiar.

– Não, apenas estava curioso para saber por que esse doente está aqui numa maca e não está internado, uma vez que parece estar em coma profundo e respirar com dificuldade.

Percebendo que o médico não era um assistente, como temia, nem devia ser do hospital pelo tipo de pergunta, perdeu o ar cerimonioso e indagou, então, à queima-roupa:

– Quem é o senhor?

– Ah, desculpe, sou Adolfo, interno do quinto ano, começando o estágio. E você?

– Alberto, R2. E eu achando que você era médico-assistente, louco para me dar uma chupada. Quanto a sua curiosidade de saber por que esse doente não está internado, logo saberá ao longo do dia.

Adolfo era engenheiro e empresário bem-sucedido. Depois de muitos anos, já na maturidade como engenheiro, resolveu estudar medicina, mudar de profissão, e estava naquele dia iniciando o internato. A lição daquele dia foi de que cabelos grisalhos dão ao médico credibilidade. Um preconceito social arraigado, que o médico jovem terá sempre como desvantagem.

A idade, entretanto, é um fator de risco para as doenças neoplásicas. O diagnóstico de câncer vinha crescendo em toda a comunidade, não poupando médicos.

A vivência com o câncer era muito intensa durante o segundo ano de residência médica. Doentes com câncer de esôfago, de estômago, de pâncreas, do fígado, das vias biliares, do cólon, do reto eram com frequência internados para tratamento. A solução cirúrgica era quase sempre retirar o órgão acometido e criar uma alternativa para restabelecer o trânsito do tubo digestivo. Eram cirurgias mutiladoras, os doentes ganhavam um pouco de qualidade de vida, mas por um tempo muito curto. As cirurgias curativas eram raras, a quimioterapia e a radioterapia exceções. Um doente com câncer de esôfago descobre a doença quando começa a ter dificuldade de engolir comida sólida. E passa a ingerir somente líquidos, imaginando tratar-se de uma situação passageira. Quando o exame de raio X confirma o tumor como causa, já é tarde. Para que o doente possa comer era feita uma enorme cirurgia, de nome esofagocoloplastia, que consistia em retirar o esôfago e no seu lugar enxertar um segmento do intestino grosso entre a faringe e o estômago. Embora fosse um paliativo, a cirurgia era indicada em alguns casos por pura compaixão.

Muitos eram os exemplos. Muitos anos já tinham passado quando foi visitar esse doente. O diagnóstico era de um câncer de esôfago. Era um doente muito especial, docente da medicina, sanitarista de carteirinha, de quem foi aluno e admirador. Foi vê-lo na enfermaria depois da cirurgia, depois que tivera alta da UTI. Sabia que era uma cirurgia muito sofrida para o doente, pelo tamanho e pelo distúrbio metabólico que provocava. Cumprimentou-o e ele sorriu, estava feliz porque voltaria a comer. Com certeza sabia que a cirurgia não ia curá-lo do câncer. Lembrou-se das suas aulas combatendo o hospitalocentrismo do sistema e que saúde se fazia com atenção primária e prevenção. Que investir em hospital era um contrassenso. Dizia ainda que a hospitalização e a cirurgia eram símbolos da falência da medicina curativa. A medicina boa era a preventiva. Com dificuldade de quem ainda se recuperava de um pós-operatório tormentoso, disse:

– Tenho que reconhecer, Alberto, é fantástico ser atendido neste hospital e a cirurgia, essa tecnologia que não achei que um dia fosse precisar, vai me dar o prazer de comer novamente.

Em mais alguns dias teve alta e foi encontrá-lo uns dois meses depois, em uma festa de amigos, servindo-se de algumas iguarias como Alberto, e lhe disse, enquanto mastigava, que a cirurgia tinha valido a pena por momentos como aquele. Morreu alguns meses depois.

Um outro paciente com câncer que ensinou muito e que deixou marcas foi seu Hélio, um auxiliar de enfermagem que trabalhava na clínica cirúrgica. Sempre alegre, solícito, pronto a ajudar, gostava de contar suas habilidades de pescador. Um dia, entre um papo e outro, segredou a Alberto que ia desaparecer um tempo para pensar na vida. Contou que foi se consultar com o médico assistente do serviço e que desconfiava que estava com câncer de fígado porque ele lhe dissera que precisava operar urgente. Mostrou alguns exames que confirmavam que tinha um tumor no fígado. Alberto tentou persuadi-lo a seguir a orientação médica, que o tumor podia ser benigno e que poderia falar com o médico que o atendeu, embora não estivesse estagiando no serviço. Ele disse que sabia o que estava fazendo, pelo longo período de trabalho no serviço, cuidando de doentes com câncer de fígado. Não houve como impedir, ele sumiu. Dois meses e pouco depois, quando Alberto estava estagiando no Grupo de Fígado, Hélio foi internado na clínica. Era um dos doentes que estava sob a sua responsabilidade e foi vê-lo. Sorridente, disse-lhe que estava bem, que por causa da dor intensa tinha interrompido o seu período de retiro. Contou das viagens que fizera, as pescarias de que participou e do prazer que foi curtir a vida despreocupadamente. Não fizera nada do que o médico lhe tinha recomendado, mas agora que a dor se amplificara achou que tinha chegado a hora de retornar ao hospital. Foi programada uma laparotomia exploradora e o doente foi preparado para uma grande cirurgia. Essa cirurgia tem por objetivo explorar as condições do abdome, verificar o estágio do avanço da doença e remover o que era possível. A operação constatou que o tumor era inoperável e o estágio era de carcinomatose, ou seja, quando todo o abdome está tomado pelo tumor. Nada foi feito e o doente fechado.

Vivam a cena.

Agora no quarto, quando se recobrou da anestesia, o doente mandou-me chamar. Fui entrando no quarto, e já dizendo que a cirurgia correra tudo bem e que...

– Eu sei, era inop, certo? – foi dizendo, antes mesmo de eu terminar a frase.

Inop era a abreviação de inoperável, usada pelo corpo clínico tal qual um código.

– Não precisa esconder, eu sei que tenho uma carcinomatose. É só palpar, eu percebo.

Era impossível enganá-lo. Pediu-me que chamasse sua esposa, que era também funcionária do hospital, trabalhava na zeladoria de um dos prédios do hospital, e que eu conhecia. Na minha presença conversou com a esposa e comunicou-me que não queria fazer qualquer tratamento heroico, apenas analgésicos. Queria também deixar combinado que ia pedir para aplicar o M1 no momento oportuno. Queria dormir para não mais acordar. Como auxiliar de enfermagem, tinha preparado muitas dessas soluções. É uma mistura utilizada para uma sedação profunda.

Explanou-me que havia pensado bastante durante o período em que estivera sumido, viajara sozinho e que pensara na morte como um desejo e como objetivo quando a doença lhe causasse dor insuportável. Já vinha tendo dores, mas que conseguia controlar com analgésicos que tinha em mãos, mas percebia que a frequência e a intensidade vinham aumentando. Olhando para a esposa, disse que estava preparado para o destino final, sem dor e sem sofrimento para ambos. A esposa, calada, lançou um olhar de assentimento. Fitou-me nos olhos e buscou no meu silêncio a resposta que não ouviu, a minha concordância em fazer o que seu Hélio pedia. Saí do quarto e deixei os dois a sós. A eutanásia nunca fora para mim uma ideia negativa ou repulsiva, entretanto, com o acúmulo de fatos vivenciados, no tempo, em torno do sofrimento humano provocado pelas doenças, foi se consolidando como uma ideia positiva e desejável. A morte não é ruim para quem vai, mas para quem fica. Este episódio deu clareza à minha convicção. Atender o desejo de quem, desenganado pela medicina, pede um fim sem sofrimento é um dever. Alguns dias depois, com autorização do chefe da clínica, prescrevi o M1. Menos de 24 horas depois, sob um sono profundo, serenamente a vida se esgotou. Fim da cena.

30. Administração hospitalar

O estágio no serviço de Fígado era o último a ser cumprido no segundo ano de residência. Estava na hora de pensar no próximo passo. Poderia candidatar-se para o terceiro ano de residência de cirurgia gastrenterológica ou considerar o treinamento concluído e partir para a vida profissional em tempo integral. Trabalho não faltava e não cogitava fazer carreira universitária. Havia uma grande obra no norte do país, em Tucuruí, no Pará. Uma colega formada um ano antes contou-lhe que estava trabalhando no hospital que lá existia para atender os operários da construtora e seus familiares. Precisavam de médicos, cirurgiões em especial. Poderia ser uma opção interessante, porque a construção da usina consumiria uns cinco anos e, depois, com o progresso gerado pela obra, ele poderia permanecer na região. Durante a obra seria empregado da empreiteira e depois, já aclimatado, poderia continuar como profissional liberal. Os núcleos urbanos da região iriam experimentar um progresso intenso em função da usina. Indicaram uma pessoa que poderia lhe arranjar uma apresentação, já que ele era ou fora consultor da empreiteira, dona da obra. O indicado, Dr. Humberto, recebeu-o na sua sala, que ficava no Prédio da Administração do HC. Contou-lhe a sua pretensão e recebeu a resposta que poderia, sim, fazer a apresentação à empreiteira, mas que em pouco tempo, trabalhando em um hospital no meio da floreta amazônica, seria guindado a uma posição de liderança e que seria mais útil se levasse na bagagem um diploma de administração hospitalar. Contou-lhe que ele também tinha feito cirurgia geral, tinha ido para o interior, mas que antes fizera um curso de administração hospitalar, o que lhe foi muito útil. Ponderou a sugestão, pensou no custo que teria, porque sabia que ele dirigia o curso noturno de especialização em administração de saúde na FGV, e, antes que ele perguntasse quanto isso ia custar, falou-lhe que se decidisse por fazer o curso poderia conseguir uma bolsa de estudo e o curso não custaria nada. Completou a oferta dizendo que, se quisesse e tivesse tempo para um treinamento intensivo, poderia ser admitido como médico-residente de terceiro ano na administração do HC. Naquele ano tinham sido oferecidas três vagas de residência em administração, mas havia apenas uma vaga preenchida. A oferta era sedutora, mas pediu um dia para pensar. Foi conversar com alguns egressos do programa e resolveu adiar seus planos de ir para a Amazônia por um ano. Matriculou-se no curso de especialização e em duas semanas passaria a integrar o corpo de residentes da administração de saúde do HC. Antes ainda tinha que concluir o segundo ano de residência no Departamento de Cirurgia.

As novas turmas da Residência Médica do HC começavam sempre no dia 1º de março de cada ano. Naquele ano o carnaval caía no dia 27 de fevereiro e o último dia do mês era quarta-feira de cinzas. Ele estava escalado no plantão noturno do pronto-socorro naquele dia, o último das atividades programadas para a Residência de Cirurgia Geral. Durante dois anos não faltara a nenhum plantão. Depois de ter trabalhado todo aquele carnaval, do sábado até a terça-feira, na cobertura de emergência cirúrgica de quatro hospitais privados, exausto, ir cumprir o último plantão da escala de residente da cirurgia era ser muito CDF, "caxias" demais. Faltar a plantão era grave, demissão era a punição. Embora se remoendo em culpa, com a vontade de desafiar a autoridade e demonstrar a sua autonomia, e que o Departamento de Cirurgia não era mais dono do seu braço, até porque já tinha decidido não continuar no departamento, resolveu promover o residente de primeiro ano da equipe a residente de segundo ano um dia antes do programado. Tecnicamente o seu compromisso ia até a meia-noite daquele dia, assim a sua falta não era um plantão inteiro, mas 5/12 avos da noite, que começava às 19 horas e terminava às sete horas. Não compareceu ao plantão. Cometeu a falta e ficou impune. Entretanto, essa falta marcou profundamente dois colegas da equipe, Sidnei e Cláudio, residentes de primeiro ano. Em forma de cordial reprimenda, até hoje cobram aquela ausência. De um lado, porque tiveram que trabalhar mais que o habitual naquela noite, mas a sua ausência proporcionou a eles fazer cirurgias, que naturalmente caberiam ao R2 operar.

31. Hepatite B

Morar na Prédio dos Estagiários era ao mesmo tempo um privilégio e um ônus, pois se ficava dentro do hospital o tempo todo. Podia ser chamado a qualquer hora em caso de necessidade, mas morar perto do hospital era crucial para evitar longos deslocamentos e poupar o tempo para as poucas horas de sono a que se tinha direito.

Antes das sete horas saía, de rotina, para ir ao Instituto Central, quando viu um grupo de quatro ou cinco pessoas em torno de um corpo estirado no chão bem junto à marquise da entrada do prédio. Fazia alguns segundos que um doente tinha se jogado da sacada de algum andar do hospital. Tinha caído de cabeça, e do pescoço podia se ver um sangramento que rapidamente se transformou em poça. Alguém gritou que era preciso carregá-lo no braço para o pronto-socorro. Outro opinou que, pela distância, era melhor arranjar um carro. Outro questionou se ainda estaria vivo. Nisso chegou um colega, Teócrito, residente da Anatomia Patológica, que também morava no prédio dos estagiários. Examinou o doente e sentenciou:

– Deixa onde está e chame a polícia. Está morto. Disso eu entendo, sou o único entre nós que faz especialização em doente morto.

Suicídio entre doentes era algo que acontecia de vez em quando. Era por essa razão que todas as sacadas do hospital foram gradeadas e todo o prédio dos ambulatórios, que tinha um centro vazado para circulação de ar, foi fechado com vidros blindados alguns anos depois. Uma medida administrativa que deve ter poupado muitas vidas.

Esse agora era o tipo de problema que começava a ser preocupação do residente de administração Alberto. Mas, como cirurgião, ainda continuava a dar plantão fora, isto é, pelo menos duas vezes por semana fazia um plantão de doze horas em algum hospital. Naquela noite tinha ido para Guarulhos, no HCC. O plantão tinha sido tranquilo, mas na volta, dirigindo o carro pela Marginal Tietê, sentiu o volante pesar e um cansaço maior que o habitual de uma noite mal dormida. Saiu da faixa de rolamento e tangenciou a grama do canteiro central. Chegou no Prédio dos Estagiários e encontrou Helô, uma colega pediatra, que estava no terceiro ano de residência em infectologia, a caminho do trabalho. Logo que o viu, disse-lhe que estava com a esclerótica (parte branca dos olhos) amarelada, que deveria estar ictérico. Respondeu que ela estava imaginando coisa, que oriental tem a esclerótica meio amarelada. Estava apenas cansado do plantão. Sem ânimo para o trabalho, foi dormir. Acordou perto das 12 horas, com intenso prurido no abdômen. Foi olhar a barriga e manchas em pápulas avermelhadas tomavam a região periumbilical, parecendo lesões alérgicas. Foi para o banheiro para urinar e viu a urina com cor de Coca-Cola. Depois olhou para o espelho e sua esclerótica estava amarela feito ouro. Tomou um banho e desceu para encontrar Helô no refeitório, como tinha combinado pela manhã. Ela olhou para ele e, antes que dirigisse qualquer palavra, disse:

– Vamos para o laboratório colher exame.

A rotina do laboratório já tinha corrido, e se a amostra fosse colhida àquela hora o resultado só sairia na manhã do dia seguinte. Foram ao Laboratório Fleury, que só existia na Cincinato Braga, mas dava desconto para médicos. Voltaram ao HC, procurou Dra. Marta na Clínica de Moléstias Infecciosas e imediatamente foi internado. Três horas depois os resultados dos exames chegaram, confirmando o que já se sabia. Hepatite B, com transaminases e bilirrubinas elevadíssimas.

No dia seguinte o HC entrou de greve. Naquele dia o laboratório ainda funcionou, e os resultados dos exames que foram colhidos no ato da internação foram emitidos e apontavam sensível piora. A partir de então, com o laboratório em greve, seus exames eram encaminhados para o Fleury. A piora dos exames deixou os médicos que o acompanhavam preocupados, e programaram uma biópsia hepática para o dia seguinte. Na manhã do dia seguinte, quando foi ao banheiro para higiene matinal, percebeu manchas nas dobras da articulação do tornozelo. Depois do banho, voltou para a cama para examinar melhor os pés. Na região lateral observou petéquias (manchinhas vermelhas na pele indicando pequenas hemorragias), que ocorrem quando o fígado doente prejudica a coagulação do sangue. Na sola do pé havia equimoses (manchas roxas). Ficou preocupado. Por causa da greve a biópsia não pôde ser realizada. Foi remarcada para outro dia. Antes de realizar a biópsia seria bom repetir os exames de função hepática. As amostras tiveram que ser enviadas ao Fleury novamente. Mais um dia sem biópsia. Que bom, pensou. Espetar uma agulha no fígado é sempre um risco, e com ele doente a chance de uma hemorragia era maior. Os resultados dos exames chegaram no fim de tarde. Tinham melhorado muito. A biópsia foi suspensa, não era mais necessária. A greve tinha o salvado de uma agulhada que podia ser um desastre.

Naquela noite, embora sabendo que a biópsia não era necessária, as suas preocupações aumentaram. Um som conhecido de um ventilador tipo Bird tinha sido ligado, e o som que se percebia vinha do quarto vizinho. Ouvia nitidamente o ruído do ar sendo soprado para dentro do pulmão seguido de um estalido da válvula de inversão do fluxo. A noite toda aquele ruído, que para ele significava um doente sendo mantido vivo por ventilação mecânica. Conhecia bem a clínica de moléstias infecciosas, que tinha uma UTI no fundo do corredor. Um Bird ligado no quarto ao lado só podia significar um doente sem chance de sobrevida, do contrário deveria estar sendo cuidado na UTI. Pela manhã perguntou à Dra. Marta sobre o Bird ligado. Ela respondeu que era um caso de hepatite fulminante, "um japonês um pouco mais velho que você", explanou. Como o próprio nome diz, nessa forma de hepatite, com a destruição maciça do fígado, o doente é fulminado em alguns dias. Naquela noite o ruído do ventilador foi interrompido. O doente certamente tinha morrido. Dormiu mais tranquilo a partir de então. Percebia uma franca melhora do seu estado, primeiro porque a fome tinha voltado. A greve no HC, a primeira em muitos anos, o tinha livrado da biópsia hepática, mas não da comida horrorosa que chegava em marmitas de alumínio e talheres de plástico. Com a cozinha em greve, a dieta era arroz, um legume cozido, carne moída refogada e um caldo. Tudo frio, porque vinha de fora, produzido por uma empresa contratada emergencialmente. Sorte porque, nos primeiros dias, a doença deixa o paciente inapetente e comida é a última coisa que importa. Estava mais interessado em ouvir o rádio de pilha que tinha levado para o quarto e ficar ouvindo o discurso do Lula no Estádio Municipal da Vila Euclides, em São Bernardo do Campo. Os metalúrgicos do ABC também tinham entrado em greve. Mas, depois de uma semana internado, o apetite voltou, e encarar a comida do hospital estava difícil. Quando a colega pediatra veio lhe visitar, fez um pedido:

– Hoje é sábado, você busca para mim uma comida mais decente, estou com fome! Essa marmita do HC está intragável.

– O que você quer comer?

– Um espaguete ao vôngole, lá do Távola – respondeu.

Cometeu uma transgressão da norma hospitalar, mas foi uma festa gustativa que começava nas narinas, passando pela boca, língua e sentia cair no estômago.

Alguns dias mais e os exames se normalizaram e estava pronto para ter alta hospitalar. A recomendação era que ele ficasse em isolamento domiciliar por mais um mês. Foi para casa, curtir um recesso forçado. Para seu sustento, sem os plantões fora, teve que viver com a bolsa de residente e com o benefício do auxílio-doença do INPS.

A hepatite B é uma doença infectocontagiosa transmitida através do contato com sangue e excreções contaminadas com o vírus. O último estágio na cirurgia tinha sido no grupo de Cirurgia do Fígado e fazia cerca de sessenta dias que tinha concluído sua passagem por lá. O tempo de incubação dessa doença é de 30 a 180 dias e nessa clínica essa doença era prevalente e, com frequência, quando se atendiam esses doentes, apesar da proteção individual, a contaminação através do sangue e dos fluidos corporais era uma possibilidade real. Da sua turma de residentes de cirurgia de 32 colegas, ao fim de dois anos, oito ficaram doentes com hepatite B. Entre residentes de anestesia, também havia uma proporção parecida de contaminados. À época não existia vacina. É uma doença temida, porque pode evoluir para câncer.

Apto a retornar ao trabalho, fez os primeiros exames para detecção do anti-HBs, o anticorpo deu negativo, o que não era bom sinal, mas desencanou e esperou que o tempo fizesse a sua parte. Voltou para as aulas de administração de saúde e o treinamento em serviço, voltando também às cirurgias. Passados uns vinte meses, quando passava por um exame médico admissional, pediu para incluir um exame de anti-HBs. Esperando um exame positivo, ficou alarmado quando o resultado veio negativo. Foi se consultar com especialistas e, acreditando tratar-se de um erro, repetiu o exame no Fleury. Ufa! Deu positivo. Aliviado, foi reclamar no laboratório onde tinha realizado o exame anterior. O exame foi repetido e deu negativo novamente. O próprio laboratório providenciou a repetição do teste em outro kit de reagente. Desta vez deu positivo. Era defeito no reagente. Tinha sido vítima de erro médico, ou de laboratório, que infelizmente acontece.

32. BIP

Trabalhar nos serviços de urgência dos hospitais, como cirurgião geral, por cobertura a distância era a modalidade usual nos hospitais credenciados pelo Inamps e nos convênios médicos que começavam a crescer na cidade. Para alguém que tinha um emprego fixo de quatro horas, compor uma equipe de retaguarda que atuava por chamada era conveniente. A equipe da qual fazia parte dava cobertura a cinco hospitais. Composto por oito cirurgiões dispostos a qualquer desafio, treinados no pronto-socorro do HC, atender os casos cirúrgicos de urgência era o que melhor sabiam fazer. A cada dia dois eram escalados para atender as chamadas. Cada qual usava um bip, a tecnologia mais moderna em rádio-chamada então disponível. O hospital que necessitava do trabalho de um cirurgião ligava para uma central e solicitava chamada pelo número do bip, deixando uma mensagem para ser repassada. O aparelho então soava um "bip bip" que alertava o portador, que, por sua vez, ligava para a central para receber a mensagem deixada. O recado era sempre ligar para o hospital tal e falar com fulano ou fulana. Ligava-se então para o hospital, que informava qual era a urgência. O contato era feito por telefone fixo e, quando em trânsito, através dos orelhões. Se funcionava bem? Relativamente bem, mas, dependendo do dia, cerca de vinte por cento das chamadas eram produzidas por interferência de radiofrequência. Se você transitava pela Avenida Paulista essa interferência era mais frequente. E quando se ligava para a central não havia qualquer recado. O grande problema do bip era que a bateria tinha pouca carga e precisava ser substituída muito frequentemente, e só era fornecida pela central, porque tinha uma medida especial. Houve até quem usasse uma solução caseira, que era conectar dois fios a uma pilha comum das grandes. O bip, que já não era tão pequeno (dimensões de um maço de cigarros), ficava enorme: numa caixa para acomodar a pilha e o aparelho, ficava do tamanho de dois maços de cigarro, com o dobro da espessura. Alguns anos depois vieram os *pagers*, uma evolução fantástica. O aparelho vinha com um display onde aparecia o número do telefone para onde se devia ligar. Nos consultórios privados o número do bip era dado para clientes, para serem acionados em caso de alguma urgência.

Vivam a cena.

Era um sábado à noite, estava eu com a pediatra Helô, agora minha mulher, indo para uma festa e no meio do caminho o bip tocou. Parei no primeiro orelhão e retirei o recado. Era para ligar para um Fulano com um número de telefone que não me era familiar. Como minha mulher tinha consultório e para alguns clientes ela passava o meu bip, achei que era com ela. Ela então ligou para o tal Fulano do mesmo orelhão. Eu voltei para o carro.

– Sim, é o pai do bebê que nasceu faz dois meses. A senhora não me conhece porque é minha mulher que leva o bebê ao consultório.

Depois de cinco minutos ela retornou ao carro indignada, dizendo que ia fechar o consultório. Perguntei a razão de tanta fúria.

– O pai queria saber se é normal um bebê evacuar oitenta gramas de fezes de uma única vez.

Não soube o que minha mulher respondeu ao ansioso e diligente pai que pesava a bosta do filho toda vez que fazia. Mais alguns meses depois ela fechou o consultório. Fim da cena.

Era início do ano. Para uso racional das folgas, o grupo resolveu que metade da equipe, portanto quatro, ficariam de plantão na semana do Carnaval para os outros quatro poderem viajar, e na Semana Santa os quatro outros ficariam de plantão. Significava que em cada período haveria o dobro de trabalho para cobrir as chamadas dos hospitais. No sábado de Carnaval o bip tocou. O colega que estava no HVP precisava de ajuda. Quando Alberto se dirigia para lá, o bip tocou novamente. Era um hospital na Lapa chamando. O HVP é avisado de que o caso da Lapa era mais urgente e que chamassem o outro colega da escala. Na Lapa, um trauma abdominal precisava de uma exploradora. O último membro da equipe é acionado para ajudar, enquanto a cirurgia na Lapa era iniciada. Feita a sutura do fígado que sangrava, quando examinava outros órgãos, o bip tocou novamente. A circulante retira o recado e era o HSJ na Brigadeiro chamando. Como a cirurgia em curso estava em fase de fechamento da laparotomia, ele saiu do campo para ir atender o chamado do HSJ, enquanto o colega providenciaria o fechamento. No caminho o bip tocou novamente. Para num orelhão para tirar o recado. Era novamente do HSJ. Ligou para lá e lhe informaram que era urgente, a pressão arterial estava instável. Percebendo que precisaria de ajuda de um segundo cirurgião e todos da equipe estavam ocupados, passou pelo HC, que ficava no caminho, foi ao Prédio dos Estagiários e ao primeiro residente que passava perguntou se era da cirurgia. Resposta afirmativa, era um R1. Convidou-o a subir no carro e propôs que o ajudasse numa emergência. Foi correndo para o HSJ, examinou rapidamente o doente e o pôs na sala para operar. Era uma facada e a pressão tinha se estabilizado. Encontrou um ferimento em alça intestinal com lesão de alguns vasos, mas o sangramento já tinha parado. A ressecção da alça deu para o residente fazer. Ficou feliz. Em pouco mais de uma hora estava de volta no HC, e o residente continuou o seu descanso. No domingo de Carnaval, outro dia de sufoco, mas em quatro que estavam de plantão foi possível dar conta do recado. Na Semana Santa Alberto viajou para a praia. Sol, areia e caipirinha. O sufoco do Carnaval tinha valido a pena.

33. Transfusão proibida

Naqueles tempos, o bip era equipamento obrigatório para médicos que tinham um emprego e outras duas ocupações para poder ter um ganho suficiente para se sustentar. Logo que terminou a residência de administração foi contratado em tempo parcial como consultor técnico para apoiar um programa de assistência médico-hospitalar de uma estatal, sem deixar de participar da equipe de cirurgia de urgência. Faltava conseguir um emprego público, o que no meio do ano aconteceu. Foi contratado pelo HC em tempo parcial para apoiar a gestão do departamento de radiologia. Conciliou atividades clínicas com atividades administrativas.

Embora não atuasse como médico no pronto-socorro, por supervisionar o serviço de radiologia lá existente, era frequente passar pelo pronto-socorro, onde tinha oportunidade de acompanhar as atividades assistenciais e sempre era possível ver casos curiosos e aprender alguma coisa.

A prática médica é autoritária e o doente tem pouca chance de recusar um tratamento, mas há exceções. Começava a se ampliar o direito de autonomia ao paciente. Agora, a diretora do pronto-socorro chamou a todos para discutir um caso. Foi ao seu encontro e depois para um box da clínica médica, onde estava uma senhora deitada em maca e ao seu lado um acompanhante, que acreditava fosse seu marido. O médico que cuidava da doente prescreveu sangue e a doente, por razões religiosas, se recusava a receber transfusão. Ela era membro de uma congregação evangélica. A paciente fora atendida duas semanas antes com sangramento vaginal provocado por um mioma. Foi medicada e recomendaram que procurasse um ginecologista para operar o mioma. Durante dez dias continuou sangrando. Fazia três dias que o sangramento tinha parado, mas como se sentia muita fraca e cansada resolveu voltar ao pronto-socorro. Examinada, o exame apontou profunda anemia, a transfusão era urgente, pois a doente estava com taquicardia (coração acelerado) e sentia falta de ar. Sua vida estava em risco.

Vivam a cena.

Colocada para a doente a necessidade da transfusão, ela diz que não quer porque isso não é permitido pela lei de Deus. O médico argumenta:

– Se a senhora não receber sangue, a senhora pode morrer. É como se suicidar, o que também é contra a lei de Deus.

A dúvida se instala em sua mente, e pede então para chamar o marido para ele autorizar o procedimento. Sem autorização do marido o impasse estava criado. Para ele a transfusão ia impedi-la de entrar no reino do céu e para a vida eterna, e que a vida na Terra era passageira.

Em circunstâncias parecidas, quando o paciente é menor de idade, o impasse é resolvido recorrendo-se ao Juizado de Menores, que, retirando o pátrio, pode determinar a transfusão, sem choro nem vela. Neste caso da senhora, sua vontade devia prevalecer, e a dúvida dentro dela parece crescer, mas tem medo do marido. O medo do castigo de Deus ela já tinha equacionado. Ela pede então para chamar o pastor da igreja e com ele se consultar. Ela provavelmente quer uma conversa reservada, mas o pastor chega e toda a história da doente lhe é contada pelo médico, que está ansioso por ajuda. Tal qual em um sermão, o pastor reúne todos em torno de si, e faz uma longa preleção. Não sabe se ouve bem e interpreta corretamente a mensagem, até porque sempre fora avesso a ouvir sermão, mas o que Alberto ouve e capta é uma explanação inteligente. Em resumo, o pastor declarou que a Bíblia efetivamente vedava a transfusão, mas que seguir os preceitos da religião era do arbítrio de cada um, que a transfusão era apenas um dos muitos preceitos que os tementes a Deus deveriam seguir para merecer crédito divino. Aqueles que deixavam de seguir tais preceitos deveriam deixar a congregação, não mereciam fazer parte do grupo, deveriam sair do clube, entretanto, a decisão de se a pessoa merece ou não o reino dos céus era um julgamento que só cabia a Deus fazer. A doente e o marido dizem que não desejam deixar a congregação e por isso não vão permitir a transfusão. O pastor se despede, o marido o acompanha. Sozinha com o médico, a doente acha a oportunidade para uma conversa a sós.

– Doutor, eu não quero morrer! O senhor faz o tratamento que precisa ser feito, mas não conta para ninguém, nem para mim – pondera. – O senhor disse que eu preciso operar, certo?

– Sim, mas primeiro é preciso fazer a transfusão e só depois a cirurgia, um outro dia – responde o médico.

– O senhor pode fazer o tratamento que precisa ser feito no Centro Cirúrgico, com anestesia? – pergunta a doente.

– Até posso, mas não precisa da anestesia, a transfusão não dói – explica o médico.

– É que eu não quero ver, nem o meu marido precisa ver, por isso no Centro Cirúrgico, entendeu? Se eu estiver dormindo e não for ver, nunca vou ter certeza de ter tomado qualquer coisa. E para o meu marido o senhor diz que precisou fazer um exame interno do útero, no centro cirúrgico, para verificar se vai precisar mesmo operar. Fim da cena.

Fazer um procedimento médico sob o manto da mentira é sempre um risco, mas neste caso foi feito como combinado. A doente saiu de alta com receita de sulfato ferroso e o marido não fez nenhuma pergunta embaraçosa.

34. Video game e laparoscopia

Era um sábado, no HVP o Dr. José terminava uma miomectomia, cirurgia para extirpar mioma uterino, e mandou mensagem chamando os colegas de plantão para almoçar. Alberto terminava uma cirurgia de hérnia. A pediatra, Dra. Helô, também foi convidada, além do anestesista, Dr. Paulo. Apertados no carro, a ideia foi ir para uma churrascaria próxima. Depois de saciar a fome, Dr. José, que era louco por videogame, resolveu dar uma paradinha numa casa de jogos eletrônicos. O grupo entrou no salão onde cinco ou seis adolescentes brincavam. José e Paulo começaram também a brincar, quando, em meio à gritaria, quatro policiais com cassetete em punho invadiram o local e ordenaram:

– Garotada, encostem todos. Todos com a cara na parede!

Os garotos se colocaram de braços para cima e encostaram na parede. O sargento que comandava a operação olhou para nós, que estávamos de uniforme branco, e, como que nos reconhecendo, fez continência e se voltou para os garotos, perguntando se tinha alguém armado, antes de passar a revistá-los. A brincadeira entre os médicos continuou como se nada houvesse, mas Dr. José, disfarçadamente, tirou a bolsa que levava a tiracolo e pendurou no ombro da Dra. Helô, a única mulher naquele lugar. Surpresa com a atitude do colega, exclamou:

– Que bolsa pesada, o que tem dentro?

– Fica quieta – falou baixinho Dr. José.

Terminada a revista dos garotos, eles foram levados pelos soldados. O sargento novamente acenou para nós e se retirou. Dr. José então tomou a tal bolsa de volta e disse que era um revólver que pesava. Voltamos ao hospital para completar o turno de trabalho. Assaltos eram frequentes na região e Dr. José tinha sido vítima há poucas semanas, mas nunca soube se era verdade ou mentira que estivesse armado naquele dia.

O videogame era ainda um brinquedo rudimentar, com imagens em desenho simples, longe do realismo. O grande desafio era, olhando para uma tela de TV, dar tiro ou pancada através de um botão e uma alavanca que movimentava uma arma ou um braço. Alberto nunca conseguira ser um bom jogador. Produzir uma ação que acontece na tela, que imita o objeto real, através do movimento das suas mãos exige uma habilidade diferente daquela a que normalmente se está habituado. Essa habilidade era o que estava sendo solicitada dos cirurgiões com o advento da cirurgia laparoscópica. A laparoscopia era uma técnica utilizada há muito tempo, para diagnóstico e biópsia, através de tubos pelos quais se via o interior do abdome ou tórax. O avanço tecnológico da eletrônica permitiu enxergar o interior da cavidade através de uma câmera miniaturizada, que transportava a imagem para uma tela de televisão. Através de instrumentos especialmente desenhados, operar um doente através de orifícios, sem precisar fazer uma laparotomia, isto é, abrir o abdome, era a novidade do momento. Através de três ou quatro orifícios no abdome era possível fazer uma apendicectomia, gastrectomia, colecistectomia, ooforectomia, histerectomia, todas intervenções clássicas do abdômen abordados por laparotomia. A turma de residentes de cirurgia da qual fazia parte foi a da transição para essa nova tecnologia. Os colegas que apostaram na nova tecnologia como promissora foram ao exterior para aprender. Outros preferiram aguardar, e outros eram até céticos de que a tecnologia fosse vingar. Os colegas que gostavam de videogame tiveram mais facilidade em adotar a nova tecnologia. No HC, médicos mais jovens incorporaram a técnica mais rápido, deixando alguns professores enciumados. Houve até um certo atraso nessa incorporação pelos hospitais universitários, porque os professores desejavam se apropriar da técnica antes de mandar comprar o equipamento. Aprender videogame depois de uma certa idade não é trivial. Houve até uma doente VIP que queria ser operada pela nova técnica com um docente graduado. Não era ainda o momento, pela longa curva de aprendizado que era exigida para o domínio da nova habilidade. A doente teve complicações e morreu. Teve até sindicância para apurar se houve negligência ou imperícia. A videolaparoscopia se consolidou e a máxima dos velhos professores de cirurgia tornou-se obsoleta. Apregoavam e se orgulhavam em dizer: "Grandes cirurgiões fazem grandes incisões".

35. Medicina no interior

Era verão e sair de férias com os filhos pequenos uma obrigação inescapável. Uma semana em uma pousada em Ibitinga, na beira do Rio Tietê, a 350 quilômetros da capital. Quando foi pular uma água empossada, Alberto se acidentou numa grande metálica, onde bateu a cabeça, provocando um corte no couro cabeludo. Pelo tamanho do ferimento avaliou que nem merecia uma sutura, mas por insistência da mulher foi à Santa Casa da cidade. Entrou pela única porta aberta, uma sala de espera pequena com um balcão sem ninguém para atender. Duas ou três pessoas, que acreditou fossem doentes, esperando por atendimento. Quebrou o silêncio, perguntando a um deles se era ali o local onde era feito atendimento; a resposta veio por um gesto de cabeça. Esperou um pouco mais e apareceu uma moça, em roupas comuns e sem qualquer identificação, que se colocou atrás do balcão. Não pronunciou palavras e, achando que ela não o havia visto, tomou a iniciativa de se colocar como alguém que procurava atendimento. A moça simplesmente respondeu para esperar que logo seria atendido. Era o ritmo interiorano de ser. Passados talvez quinze minutos, e para quem espera um minuto parece três, voltou a perguntar se o atendimento ia demorar. Ela responde que o médico plantonista tinha ido almoçar e que já voltava. Entendeu então o porquê da demora. Mais vinte minutos se passaram, agora com os olhos nos ponteiros do relógio de pulso. Entra uma senhora com uma criança no colo. A moça do balcão pede para ela se sentar e esperar. Percebia-se uma certa inquietação por parte da senhora que acabava de chegar, mas ela aquiesceu e sentou. Daí aconteceu o que segue.

Vivam a cena.

Minha mulher percebeu que a criança, um bebê de pouco mais de um ano de idade, não estava bem. Aproximou-se da criança, tocou a pele para avaliar o seu turgor, com a sua vivência de vinte anos de profissão. Comportando-se agora como se ela fosse a plantonista, falou com autoridade.

– Moça, põe essa criança para dentro, peça para a enfermagem ligar um soro ao meio, porque ela está muito desidratada e pode chocar.

A moça, assustada, fez o que lhe foi recomendado. Voltou um minuto depois e chamou minha mulher.

– A senhora é médica, não é, doutora? A enfermeira pediu se a senhora pode fazer a prescrição.

Helô, agora doutora, entrou e em dez minutos estava de volta. Voltei a perguntar pelo médico plantonista e a moça respondeu, sem qualquer constrangimento:

– O doutor costuma ir almoçar na sua casa e, como hoje é sábado, sempre demora um pouco mais. Fique tranquilo que ele já vai chegar.

A minha paciência tinha se esgotado e achei de perguntar:

– Como o doutor parece que ainda vai demorar, será que a minha mulher pode me suturar?

A moça entrou e logo nos chamou para entrar na sala de atendimento. Era uma sala simples, com uma maca e um foco de luz. Devia ser a sala de sutura. Sentei-me na maca e perguntei que tipo de fio de sutura tinha disponível. A atendente abriu uma marmita de alumínio e me disse que todo o material de sutura estava lá na caixinha: um porta-agulha de Mathieu, uma tesoura de Mayo, duas agulhas de sutura tipo cortante de cinco centímetros, espetadas em uma gaze com um ponto de ferrugem, fio de algodão branco enrolado em um pedaço de madeira do tamanho de uma caixa de fósforo. Material de sutura que me lembrou o tempo de internato, não no HC, que já usava fio de *nylon* agulhado, mas nos hospitais de periferia. Perguntei à minha mulher se ela conseguiria fazer a sutura com aquele material. Respondeu que sim, mas que não sabia usar o material de anestesia que tinha sido colocado à disposição. Uma seringa de Carpule, aquela usada por dentistas, que ela nunca tinha usado. Montei a seringa e dei em sua mão. A atendente já estava com um aparelho de barbear para fazer a tricotomia, eu agradeci e disse que não era necessário, que apenas fizesse desinfecção. Helô fez a sutura com alguma dificuldade, mas cumpriu a missão. Preenchi os documentos para cobrança do serviço prestado pela Santa Casa, agradeci a gentileza de permitir que um médico de fora do seu corpo clínico fizesse um atendimento e me despedi. O médico plantonista ainda não tinha voltado do almoço. Não foi uma surpresa ou decepção pelo que ocorreu, apenas experimentei a realidade da assistência médico-hospitalar em pequenos municípios, ainda que no estado mais rico do país. Descobri mais tarde que o médico plantonista era um colega ginecologista formado um ano antes de mim. Passados mais vinte anos deste episódio, quero crer que essa realidade tenha melhorado.

36. Administrador de saúde

Voltando um pouco no tempo, Alberto tinha concluído a residência em administração hospitalar, que formava a quarta turma, e, antes que ele pudesse reconsiderar o plano de viajar ao Pará para trabalhar como médico, no canteiro de obras da maior usina hidrelétrica do Norte do país, foi contratado para coordenador o Curso de Administração Hospitalar, a ser realizado no HC. Naquele ano de 1981 houve uma demanda maior de interessados no curso, e uma segunda turma foi organizada. Seria ministrado no HC, enquanto a primeira turma teria aula na Eaesp. Como o trabalho era em tempo parcial, concentrado no período noturno, era possível continuar com suas atividades de cirurgião na equipe de cirurgia de urgência da qual fazia parte, garantindo seu sustento. Nessa função, era parte das suas obrigações participar da reunião semanal que acontecia às sextas-feiras. Era uma reunião à semelhança do que acontecia em todo o HC, em cada departamento. Uma reunião para apresentação de casos, discussão de novas abordagens terapêuticas, experiências de outras instituições na especialidade, palestras de atualizações e outros temas de interesse. Já passava do meio do ano quando, numa reunião de sexta-feira, o convidado era Dr. Marcos, considerado o residente número zero da administração de saúde do HC. Ele voltava dos Estados Unidos, onde fora para um aperfeiçoamento, e faria uma palestra sobre sua experiência. Essa reunião foi marcada pelo relato de uma estranha doença que atacava o sistema imunológico de homens homossexuais. O primeiro relato publicado em um periódico do CDC, o centro de controle de doenças americano, descrevia cinco casos de pneumonia por *Pneumocystis carinii* em jovens, previamente saudáveis em Los Angeles, dois dos quais tinham morrido. Outros relatos semelhantes se seguiram em Nova Iorque, São Francisco e outras cidades. Era uma doença ainda desconhecida, nova e que parecia estar se espalhando por toda a América. Uma epidemia. A doença ainda não tinha nome nem se sabia qual era o agente causador. A discussão naquela reunião foi se havia possibilidade desta nova doença chegar ao Brasil e como os hospitais deveriam se preparar. Por dois anos não se ouviu, por aqui, qualquer coisa sobre esta doença. Só em 1983 o primeiro caso em São Paulo foi comunicado, e foi só nesse ano que o vírus do HIV foi identificado. Possivelmente fomos os primeiros administradores hospitalares a ouvir sobre esta doença, que matou mais de 100 mil pessoas nas duas décadas seguintes.

Apresentar-se como médico administrador hospitalar em determinados ambientes causava espanto. Para alguns médicos sanitaristas formados pela Faculdade de Saúde Pública era algo sem sentido. Uma discussão recorrente era se a administração de hospital e outros serviços de saúde deveria ser exercida por um médico ou por um administrador. Na Faculdade de Medicina também havia preconceito, em particular no Departamento de Medicina Preventiva. Mas isto iria mudar.

Em 1982, ano eleitoral, pela primeira vez, depois do golpe de 64, haveria eleição direta para governador do estado. Os candidatos eram Franco Montoro, Reinaldo de Barros, Lula, Jânio Quadros e Rogê Ferreira. Durante a campanha, Franco Montoro prometeu que os superintendentes do HC e do Hospital do Servidor Público Estadual seriam eleitos pelos funcionários. Eleito, Franco Montoro tinha posse marcada para março, mas já em fevereiro começou no HC um movimento para eleição do superintendente. A Associação dos Médicos, a Associação dos Servidores e o Centro Acadêmico Oswaldo Cruz organizavam a eleição. Os professores da Faculdade de Medicina eram contra a eleição, queriam ver mantida a indicação feita pelo Conselho Deliberativo do HC, formado por cinco professores titulares. Os organizadores anunciaram o regulamento da eleição e marcaram para início de março o dia do sufrágio. A discussão que se seguiu foi se o voto de cada eleitor teria o mesmo peso. Os médicos, por serem o que eram, naturalmente achavam que seu voto deveria contar mais. Os servidores das outras categorias profissionais não admitiam essa diferença. E os alunos? Para alguns, nem deveriam votar, porque não eram funcionários do hospital. Entretanto, incluir o aluno era importante, para dar legitimidade ao processo, a participação da faculdade de medicina, afinal, o hospital era extensão da sala de aula. Mas desde que seu voto não tivesse o mesmo peso do funcionário, defendiam alguns. No entanto, quando os candidatos se apresentaram, isto não teve a menor importância. Foram candidatos Prof. Guilherme, Dr. Rui e Dr. Olival. Com um franco favorito, não haveria como os votos de uma categoria influenciar no resultado. Com esmagadora maioria de votos, foi eleito Prof. Guilherme, titular do Departamento de Medicina Preventiva. Por ironia, esse departamento não tinha nem uma sala dentro do Hospital das Clínicas, como todos os outros departamentos da faculdade que funcionavam no HC. Se o eleito tinha total apoio de alunos, funcionários e médicos, entre alguns dos seus pares, titulares da Faculdade de Medicina, o apreço não tinha a mesma unanimidade. Não era quem desejavam para superintender o HC. Esse desagrado podia ser resumido pela preconceituosa construção do seguinte comentário, que, se não foi dito, foi assim repercutido nos corredores da instituição: "Além de baiano, é preto e comunista".

A eleição foi uma festa cívica, com comemoração na sede da Associação dos Servidores. Em meio ao entusiasmo do momento, alguém se lembra que era interessante elaborar um pequeno currículo do eleito para apresentá-lo, até porque a maioria dos servidores não médicos não o conheciam. Assim foi, começando pelo local de nascimento. Era baiano, todos sabiam, mas de onde?

– Ele é nascido em Mucugê – respondeu alguém da plateia.

Era Dr. Herval, médico funcionário do Inamps, que estava prestigiando aquele acontecimento democrático.

– Como é que você sabe disso? – perguntam.

– Porque eu também sou de Mucugê – respondeu.

– Com certeza, só um cara de Mucugê podia saber que Dr. Guilherme era de Mucugê – murmurou alguém.

Decidido que o currículo do professor seria feito pelo Departamento de Preventiva, o próximo passo era como fazer chegar o nome do eleito ao governador. Pelo regulamento do HC a escolha do superintendente cabia ao Conselho Deliberativo (CD). Este indicava três nomes e o governador nomeava um deles. A comissão eleitoral decidiu então pedir ao CD a inclusão do nome do eleito na lista a ser encaminhada ao governador. O presidente do Conselho ignorou o pedido e encaminhou ao governador uma lista que não incluía o nome do eleito. O que aconteceu era óbvio. Para o Conselho a eleição não tinha qualquer valor. Indignada com essa atitude, a comissão eleitoral foi procurar o secretário da Saúde, Dr. João, pediatra e funcionário do HC, em sua casa. O secretário garantiu a nomeação do eleito e comunicou que iria propor ao governador que a lista tríplice fosse devolvida ao Conselho, e uma nova lista fosse enviada. No dia seguinte o clima de impasse tomou conta do HC. A lista tríplice tinha sido devolvida com uma mensagem sub-reptícia de que o nome do Dr. Guilherme deveria estar na nova lista. Os professores do CD pediram uma audiência ao governador, enquanto a comissão eleitoral, intermediada por dois docentes, pediu nova reunião com o secretário João, com o objetivo de articular uma forma de garantir o nome do eleito na nova lista tríplice. A audiência pedida pelo CD ao governador não fora agendada, e a reunião dos servidores com o secretário foi marcada à noite, no apartamento de um dos docentes. De noite, enquanto se discutia qual seria a melhor estratégia de convencimento para dobrar a resistência do CD, o interfone tocou e o dono da casa foi informado que o diretor da Faculdade de Medicina, acompanhado de outros professores, tinha chegado para uma conversa urgente com o secretário. Era o presidente do CD, que havia estado na casa do secretário, onde foi informado de que ele estava na casa do docente. O secretário ponderou que não poderia deixar de recebê-lo, mas que não poderia fazê-lo na presença de tanta gente, que o presidente do CD considerava subversiva, e que ele nem deveria saber que estavam reunidos naquele momento. O dono da casa então providenciou sua biblioteca para servir de esconderijo, enquanto o secretário conversava com os professores do CD. Orelhas coladas na porta que dava para a sala de estar, mas a conversa não era audível. Ficaram escondidos cerca de uma hora, quando o dono da casa abriu a porta da biblioteca e o secretário da Saúde esperava o grupo na sala. Sorrindo, disse que estava otimista. A conversa tinha sido tensa, mas cordial. Os professores não se comprometeram em incluir o nome do eleito na lista tríplice, mas iriam avaliar melhor a situação. O grupo de médicos e servidores da comissão eleitoral deixou a casa do secretário otimista. No dia seguinte fomos informados pelo secretário João de que o palácio tinha recebido uma nova lista tríplice. A expectativa cresceu. Notícias desencontradas pelos corredores davam conta ora de que a lista incluía o nome do Dr. Guilherme, ora de que a nova lista nem tinha sido enviada. O dia findou e nenhuma notícia. Naquela noite uma nova reunião foi realizada pelas associações para articular uma greve, caso o nome do eleito não fosse indicado. No dia seguinte, o Diário Oficial publicava a nomeação do novo superintendente do HC: Guilherme Rodrigues da Silva. O governador Montoro tinha cumprido a promessa de campanha. O mais importante para as associações era que o nome do eleito tinha sido aceito pelo todo poderoso CD.

Vivam a cena.

É noite de domingo, nosso personagem está em casa.

O telefone toca, minha mulher atende e me chama. É o Dr. Guilherme que quer falar comigo. Vai direto ao assunto.

– Você é o único que conheço bem, e que trabalha para a atual gestão na superintendência. Preciso montar a equipe de assessores para a nova gestão. Preciso da sua ajuda.

Fico muito feliz porque possivelmente serei mantido no meu emprego na superintendência. Eu sou um assistente técnico que serve na Divisão de Clínica Radiológica, nomeado pelo superintendente que está saindo. Na mudança do superintendente, todos os assessores diretos, em cargos de confiança, são dispensados e substituídos. Na minha conversa me alongo em explicar o que faz cada assistente, quem são as pessoas e quem pode ser aproveitado na sua gestão, lógico, puxando a brasa para a sardinha dos amigos. Conto ao professor como estão estruturadas as divisões administrativas, a descrição de cada um dos diretores, mas que o mais importante é a leitura atenta do Regulamento do HC, onde está descrito todo o *modus operandi* do hospital. Ele me diz que já tem um regulamento à mão. Comprometo-me a ajudá-lo. Fim da cena.

No início da semana aconteceu a posse do superintendente e cada um dos seus auxiliares foi sendo nomeado por portaria, e no mesmo ato saía a exoneração do ocupante daquele cargo. A equipe mais próxima foi formada por gente jovem, que incluía Alberto, todos egressos do programa de administração hospitalar, conhecidos depois como os moleques do Guilherme. Tinha se iniciado a gestão do superintendente mais popular do HC, eleito pela comunidade de trabalhadores da instituição e pelos alunos da medicina.

Era verão. Chegando para trabalhar às 7 da manhã, chega a informação de que o sistema de ar condicionado do Prédio dos Ambulatórios (Pamb) tinha quebrado durante a noite. O prédio é uma construção de cerca de 70 mil metros quadrados, projetado para funcionar o tempo todo sob refrigeração. A porta de entrada ainda não tinha sido aberta, porque os porteiros acharam que não haveria como atender aquelas 5 mil pessoas que todos os dias se apresentavam no prédio para atendimento. O superintendente foi chamado e Alberto o acompanhava. Era o primeiro grande problema a enfrentar, e estava curioso em saber como o superintendente iria fazê-lo. A chegada da dupla se fez pelo quinto andar, de onde se podia ver a praça de distribuição do quarto andar. O prédio tinha o centro vazado como uma galeria de *shopping center*, do quinto ao oitavo andar. A praça estava lotada, cerca de mil servidores estavam aguardando a reunião. Os funcionários fizeram ver ao superintendente que era impossível trabalhar naquelas condições. Os consultórios eram salas com quatro paredes, sem ventilação natural, e mesmo o salão de espera no centro do conjunto de consultórios não tinha janelas, apenas uma porta que dava para essa área vazada. A situação ficou tensa quando a liderança dos servidores ameaçou cruzar os braços se fossem obrigados a trabalhar naquele ambiente insalubre. Diziam que à tarde, sob sol intenso, a temperatura ambiente chegaria a 35º centígrados. A engenharia de manutenção estimava que o conserto demoraria uma semana ou mais. Diante da situação, Dr. Guilherme solenemente disse que concordava em suspender o atendimento ao público, por falta de condições de trabalho. Que não iria sacrificar os trabalhadores. E que assumiria a responsabilidade pela suspensão do atendimento e pelas suas consequências. Entretanto, pediu para que cada um que estava ali presente olhasse por dez segundo para trás, para o rosto daqueles que aguardavam por detrás dos vidros da entrada, ainda fechada. “Eles serão os grandes prejudicados da decisão que estamos tomando", concluiu o superintendente. A entrada tinha cinquenta metros de largura, com portas envidraçadas, através da qual se via uma multidão na rua que olhava para dentro do prédio, angustiada para saber o que acontecia, alguns deles esperando por uma consulta há mais de seis meses. Todos se viraram como se fosse uma ordem unida. Seguiu-se um silêncio intenso. Talvez por 30 segundos. Sem palavras ou comentários, os servidores foram se dispersando, cada qual caminhando para o seu posto de trabalho. Sem que houvesse qualquer ordem, os porteiros abriram as portas e os doentes que aguardavam entraram e cada qual se dirigiu para a sua unidade de atendimento. O atendimento foi iniciado. Nunca tinha presenciado nada parecido. O argumento foi a chave do convencimento, provara o superintendente.

Durante duas semanas, o atendimento no Pamb foi um sufoco, literalmente. Foram adquiridas centenas de ventiladores e, para que o ar pudesse circular, todas as portas foram mantidas abertas, inclusive dos consultórios. O equipamento de ar condicionado era importado, de um tipo especial, e não havia peça de reposição no Brasil, o que inviabilizou o reparo imediato. Até aquele incidente, o prédio climatizado proporcionava conforto no verão e no inverno, a modernidade elogiada, mas o emprego de certas tecnologias exige sistemas redundantes para evitar que a operação se inviabilize quando falhas ocorrem.

Duas semanas de sacrifício de trabalhadores e doentes. Finalmente a peça quebrada foi conseguida e o sistema de ar condicionado voltou a funcionar. Tudo em paz.

37. Oposição

Uma gestão, para ter sucesso, precisa neutralizar forças opositoras. Ainda que alguns professores fizessem oposição sistemática, a gestão do superintendente eleito funcionava. A administração de materiais, ou seja, a compra, o armazenamento e a distribuição de equipamentos e toda gama de consumíveis, para que o hospital funcione, é responsabilidade da superintendência. É um poderoso instrumento de cooptação, e o Dr. Guilherme sabia usar muito bem o poder do convencimento. Um dia, um desses professores que fazia oposição procurou Alberto reclamando que pedira, fazia três meses, para comprar uma ração especial para os camundongos de idêntica linhagem do seu laboratório. O estoque estava para terminar, e estava muito preocupado porque com a falta os experimentos poderiam ser perdidos. Encaminhou-o ao assistente que cuidava de compras. Ele sabia que existia um processo em andamento, mas não sabia exatamente em que estágio se encontrava. Verificado no sistema de controle de processos onde poderia estar aquele processo, descobriu-se que estava com o superintendente para a aprovação final já fazia algum tempo. Sugeriu ao professor reclamante que fosse conversar com o superintendente, que de pronto o atendeu. Alberto foi chamado então pelo superintendente, que, com o reclamante ainda na sala, repreendeu-o dizendo que o processo não estava com ele, que o sistema de controle de processos deveria estar enganado e que aquela compra era prioritária e determinou o imediato atendimento do professor que reclamava. Alberto ficou irritado, mas não retrucou.

– Sim, senhor – respondeu.

Quanto o reclamante se retirou, chamou o colega que informara que o processo estava com o superintendente, para dividir a bronca.

O assessor insistiu que o sistema não podia estar errado e que tinha checado com as secretárias a posição daquele processo. Para dar andamento à compra precisavam do processo. Os dois entraram na sala do superintendente.

– Podemos procurar o processo?

–Fiquem à vontade – respondeu enquanto assinava alguns documentos.

Na pilha de processos que repousava sobre a mesa, encontraram o que procuravam. Sem demonstrar qualquer constrangimento ou sinal de surpresa, o superintendente, sorrindo, comentou:

– Deixa aí descansando mais um pouco, ele merece ficar preocupado, na semana que vem eu assino. Na sexta tem reunião da Congregação.

Era sorrindo que o superintendente enfrentava seus pares mais conservadores na congregação da faculdade de medicina. Sempre que havia uma crise, gostava de lembrar de um deles, vítima de uma "barriga" da revista *Veja*, que virou piada e motivo de muitos risos nos corredores do HC. Foi em abril, a matéria tinha como chamada o título "Fruto da Carne – Engenharia genética funde animal e vegetal". Cientistas alemães da Universidade de Hamburgo tinham conseguido fundir células de boi e de tomate, originando uma planta que produzia um fruto parecido com tomate, mas que tinha cinquenta por cento de proteína de boi, muito mais nutritiva. A revista consultara um cientista para comentar a proeza: a criação do "boimate" tinha alterado o curso da lei natural, que impede a reprodução de indivíduos de espécies diferentes, disse o professor e pesquisador consultado, apresentado como engenheiro genético da USP, que ainda completou: "Esta subversão é estimulante para todo pesquisador". Essa matéria reproduzida pela revista era na realidade uma pegadinha da revista inglesa *New Scientist*, que tradicionalmente apresentava na sua edição de primeiro de abril, dia internacional da mentira, uma matéria fictícia para divertir os cientistas, que posteriormente era desmentida, desculpando-se pela brincadeira.

38. Agonia

Era janeiro de 1984. O movimento pelas "Diretas já" estava nas ruas. Curitiba tinha feito uma grande passeata. No aniversário da cidade de São Paulo o movimento se preparava para uma grande manifestação. O governo do estado fez a convocação através dos seus órgãos, que incluíam o HC. Parecia desfile cívico, o próprio superintendente convocou os funcionários a participar da passeata que começaria na Praça da Sé em direção ao Vale do Anhangabaú. Foi lindo, mas não adiantou. A eleição para presidência da república foi indireta, mas o eleito foi Tancredo Neves, candidato da oposição. No dia anterior da sua posse fora operado por um quadro de abdome agudo, e, pelo que se noticiou, a recuperação seria rápida. Em 24 horas substituiria o vice empossado, diziam. Mas não foi o que aconteceu. Seguiram-se complicações e uma equipe do HC tinha se incorporado à junta médica que cuidava do presidente eleito, que a esta altura não era uma junta, mas uma assembleia de médicos.

Era próximo de seis horas da manhã do dia 26 de março, quando o telefone tocou. Era Dr. Henrique pedindo para que se preparasse o heliponto do Prédio dos Ambulatórios para o presidente Tancredo descer. O homem ia ser transferido para o InCor e o avião presidencial estava para decolar de Brasília rumo ao Aeroporto de Congonhas. Alberto foi para o hospital, tomou as providências de preparar o heliponto e aguardou o novo contato, que aconteceria quando o avião presidencial aterrissasse em Congonhas. Depois de duas horas, e sem notícias, ligou o rádio e ouviu um repórter anunciar que o paciente estava sendo transportado para o InCor em uma ambulância. Foi checar a informação e já tinha uma multidão na porta do hospital, que era possível ver da janela da sua sala. Logo a ambulância chegou. Começavam os 26 dias de agonia em rede nacional, tendo agora o HC como cenário. Logo nos primeiros dias se percebeu que a avenida

Dr. Enéas era pequena para tantos cinegrafistas e repórteres. O Centro de Convenções Rebouças foi aberto para acomodar a imprensa. Jornalistas do mundo todo estavam lá acampados. Reencontrou um colega de colégio que tinha se tornado repórter. Outro que queria uma fonte que tivesse acesso ao quarto do doente. A cada comunicado oficial sobre o estado de saúde do paciente, a cada procedimento médico realizado, os jornalistas queriam médicos que pudessem traduzir o comunicado. O que era laparotomia exploradora, como se fazia uma cintilografia, o que era íleo paralítico, como era feita a diálise etc. etc. O doente complicava a cada dia, e a cada dia um novo especialista era convocado para ajudar a traduzir o comunicado oficial. Nunca se vira um doente complicar tanto e ter tanta gente dando palpite. Nos bastidores se comentava que paciente que tem muitos médicos não tem nenhum. Que, se vão operar todos os dias, o melhor era colocar um zíper. Que o doente tinha recebido tanto sangue que nenhuma hemácia era do próprio. Enquanto isso o pessoal da engenharia hospitalar era convocado todos os dias para adaptar as acomodações para a família do importante doente e as visitas ilustres que desfilavam pelo InCor. Ora era colocar um biombo para dividir a área de estar. Montar uma cozinha na enfermaria para um chefe preparar as refeições da primeira dama. Adaptações para sala disso e sala daquilo. Meio andar do InCor ficou interditado para servir o PR, como se o Palácio da Alvorada tivesse se mudado para cá. O HC funcionou durante esse período como se tivesse um único doente para cuidar. Se um médico que assistia o doente requisitava um instrumento ou um equipamento que não existia no InCor, providenciava-se a imediata transferência dele, de onde estivesse. Alguém da equipe médica sugeria uma nova abordagem terapêutica, e como num passe de mágica a coisa aparecia. Se era um medicamento ou um equipamento que ainda não estava disponível no mercado brasileiro, imediatamente a importação era feita, abreviando todos os passos burocráticos e em 24 horas chegava ao aeroporto. A medicina do HC estava *up to date* ao praticado em Nova Iorque. Mas a evolução do doente ia de mal a pior. Como tentativa derradeira para preservar o cérebro, o doente foi colocado em hipotermia a 31 graus. Além da ventilação mecânica, estava em diálise e em nutrição parenteral. O fígado dava sinais de falência. A pressão do sangue só pulsava com auxílio de drogas. O pulmão já não trocava os gases. Alguém precisava constatar o óbvio, ou seja, o óbito. Nenhum dos médicos que assistia o doente ousou fazê-lo. Chamaram então um médico americano, Dr. Warren, que no dia 20 de abril, depois de examinar o doente, deu o veredito: "Nada que se possa fazer, não há possibilidade de retorno". Foi muito doloroso e triste.

Em meio à tristeza, aquela consultoria contratada de um médico americano era constrangedora para os médicos do HC. Uma piada. Os comentários nos corredores daquele dia era de que só um americano, muito preparado, com larga experiência poderia ajudar naquele diagnóstico difícil. O doente estava em midríase, em coma, alimentado por nutrição parenteral, em ventilação mecânica, pressão do sangue mantida com drogas, em diálise, com exames alterados e em hipotermia. O médico americano chegou.

Imaginem a cena como contada pelos corredores.

– Então vocês querem saber como está este doente? Primeiro quero saber se este doente está consciente. Doutor?

– Não!

– Ele respira?

– Não!

– Pressão arterial normal?

– Não!

– Ele come e bebe?

– Não!

– Faz xixi?

– Não!

– Faz cocô?

– Não!

O americano coloca o dorso da mão no doente como quem quer sentir a temperatura corporal e diz.

– E ele está frio.

Faz uma pausa para pensar e sentencia.

– Está morto.

Não há mais dúvida. No dia seguinte, 21 de abril, a morte de Tancredo é anunciada, no mesmo dia em que morreu o inconfidente mineiro. Fim da cena fictícia.

Para a preparação do corpo para as exéquias o departamento de anatomia patológica entrou em prontidão. A pedido da Secretaria da Cultura, uma primeira tarefa foi providenciar uma máscara mortuária e moldes das mãos do falecido. Nunca ninguém no HC tinha feito isso. Para essa tarefa foram convocados o escultor Nicolas e o dentista Gino, para fazer os moldes. Esse trabalho foi feito no subsolo do InCor na presença do Dr. Tales, que em seguida se encarregaria de realizar o embalsamamento do corpo. Não havia quem dominasse a técnica, o último embalsamamento tinha sido feito há mais de vinte anos. Convocaram técnicos aposentados do departamento para o serviço. Dr. Tales contou que para a conservação foi utilizada uma solução de formaldeído e outras substâncias que poderiam produzir vapores combustíveis, explosivo. Foi então orientado para que o caixão não ficasse fechado por muito tempo, para que os gases formados pudessem ser liberados. Durante o cortejo do InCor para o Aeroporto de Congonhas, a viagem demorou mais que o previsto em função da multidão que queria fazer as últimas homenagens. O patologista que acompanhava o translado pela televisão ouviu um estampido do carro blindado que transportava o caixão. Achou que o caixão tinha explodido com o acúmulo dos gases. Respirou aliviado quando viu que uma fumaça negra saía do escapamento do blindado; era o motor que tinha engasgado e provocado a pequena explosão. O cortejo seguiu e o corpo foi embarcado.

Foi algum tempo depois da perda que representou a morte do primeiro presidente não militar eleito por eleição indireta que surgiram notícias no HC de mortes provocadas pela doença misteriosa da qual havia três anos tínhamos ouvido falar em reunião que acontecia às sextas-feiras do programa de residência em administração hospitalar e saúde. A doença ganhava as manchetes dos jornais sem perspectiva de cura, cercada de preconceitos. Verbalizada como peste *gay* até entre médicos, atingia pessoas da classe mais alta que tinham viajado para os Estados Unidos. Vários casos foram internados na dermatologia com doença na pele, o sarcoma de Kaposi, relacionado com a imunodeficiência. A doença, alguns anos depois, matou alguns médicos, colegas próximos. Muito triste.

39. Reforma

Passado o drama Tancredo, o superintendente encarregou Alberto de iniciar conversas com os diretores das divisões médicas do Instituto Central para subsidiar o projeto de reforma do prédio, o mais antigo do complexo hospitalar. Era um prédio de dez andares construído nos anos 1950 do século passado constituído por três alas ligadas por um corredor central, onde se concentrava o suporte administrativo. Na ala do meio funcionava o ambulatório de cada especialidade e nas alas laterais funcionavam as enfermarias. A que ficava à esquerda de quem entrava no prédio chamava-se ala Rebouças (lado da avenida Rebouças) e a que ficava à direita ala Teodoro (lado da Rua Teodoro Sampaio). Em cada uma dessas alas, dividida pelo corredor central já mencionado, havia a enfermaria Norte e a enfermaria Sul. Na concepção arquitetônica dos anos 1950, a enfermaria era dividida em quartos masculinos e femininos e cada quarto acomodava até dez camas. Os banheiros com chuveiros e privadas, com seis boxes cada, eram colocados um na enfermaria Norte e outro na Sul, normalmente um para os doentes masculinos e outro para as doentes femininas. Algumas enfermarias não permitiam essa divisão, então o uso era compartilhado, o que criava algum constrangimento, até porque os boxes não tinham portas por razão de segurança, apenas uma cortina de plástico, quando tinha. Diziam, para justificar, que doente não tinha sexo, tinha doença. A reforma era uma necessidade, mesmo porque começava uma preocupação em relação à infecção hospitalar. O tema foi muito debatido durante o calvário vivido por Tancredo, que teve recorrentes infecções, que certamente contribuíram para sua morte. Mas, para consumo externo, a morte foi devida a falência de múltiplos órgãos. É possível que essa expressão tenha se tornado usual a partir de então.

A reforma deveria seguir a nova norma, ou seja, quartos menores para acomodar doentes. Mas reduzir o tamanho dos quartos e colocar banheiros em cada quarto teria como reflexo uma redução na capacidade de internação do hospital. A solução era ocupar a ala do meio, antes usada como ambulatório, e transformá-la em enfermaria. Os ambulatórios das clínicas tinham se mudado para o Prédio dos Ambulatórios, e esse espaço estava sem uso. Entretanto, transferir leitos alocados nas alas Rebouças e Teodoro para a ala do meio não seria uma tarefa trivial. Cada enfermaria tinha como dono um ou dois professores, cujo prestígio se dava pela quantidade de leitos que tinham sob sua responsabilidade. O prestígio do professor era aquilatado pelos metros quadrados que possuía na sua clínica, que havia conquistado por concurso, e por toda a carga histórica e tradição que aquele espaço representava. Algumas clínicas ainda ostentavam na entrada das alas portas emolduradas com vidro e letras jateadas com a identificação da clínica em português arcaico ou as iniciais, como acontecia com a enfermaria do terceiro andar, que ostentava um "CDS", que diziam significar Clínica de Dermatologia e Sifilografia. Propor que a sua clínica se reacomodasse na ala do meio exigia uma negociação, mesmo porque qualquer outra clínica poderia ser mudada, para que as condições do hospital melhorassem, mas desde que não fosse a sua clínica. Numa dessas negociações, era necessário tentar convencer um professor que dividia sua clínica na ala Teodoro com outro que um dos dois tinha que ceder, para que o espaço pudesse ser reformado. Mostrar a ele uma planta baixa com a indicação do espaço que seria disponibilizado no corredor central, em substituição ao espaço que seria perdido na ala.

Vivam a cena.

O professor se levanta, puxando-me pelo braço. Diz que não concorda e me leva até o corredor central em direção ao espaço que tinha lhe sido indicado. Fico feliz porque acho que dobrei o professor. Ele olha o lugar, franze a testa e diz que o outro professor pode ser colocado não ali onde eu havia indicado, mas um pouco mais à frente. Eu pergunto quanto mais à frente. Ele então diz:

– Está vendo aquela porta, depois dela tem outra porta e outra mais, depois o corredor. Ponha ele depois do corredor.

Ouço incrédulo.

– Mas depois daquele corredor, o hospital acaba, fica fora do prédio.

Ele então completa:

– É justamente fora do prédio que eu quero que você o coloque, fora do hospital.

Sabia que alguns professores não se davam e que eram adversários dentro da congregação, mas não sabia que a desavença chegasse a tanto. Encerro a negociação, agradeço a gentileza da reunião e vou pensar em outra solução. Fim da cena.

Em outro momento dessas conversas sobre reforma do Instituto Central com um professor, antes ainda do meio-dia, hora em que a maior parte dos chefes das clínicas deixava o hospital, perguntou como gostaria que fosse reformulada a sua área didático-administrativa. Disse que era muito importante que se colocasse ao menos mais dois banheiros privativos, um para ele, com a porta se abrindo para sua sala, e outro para os outros docentes, com a porta abrindo para o corredor. Respondeu que isso era possível, desde que ele concordasse em sacrificar uma sala, uma vez que no plano original só havia previsto dois banheiros para uso coletivo. O professor concordou com a perda para ter o seu banheiro, mas ponderou e, como a reforma ainda ia demorar, pediu que instalasse uma pia dentro da sua sala. Não tinha por que discordar. Decidiu imediatamente fazer o que pedia, até porque isso já tinha sido providenciado para outros professores. Uma pia exigia apenas um ponto de água e um ponto de esgoto, em uma semana poderia ser feito.

Vivam a cena.

O professor indica onde quer que a pia seja instalada e em que altura deve ficar. O professor não é muito alto, um metro e sessenta talvez, e com a mão direita indica que a borda da pia deveria ficar um palmo abaixo da cintura. Acho baixo demais e retruco:

– Nessa altura o senhor vai ter dor nas costas, está muito baixa.

Ele responde:

– Mas é assim que eu quero.

Não é hora para discutir, encerro a visita porque tenho marcada uma conversa com outro professor em outro andar mais abaixo. Desço e vou ao encontro deste professor, a quem devo uma resposta a uma consulta que me fizera. Esse professor é falante, divertido e muito alto. A secretária me pede para esperar na antessala, porque ele está atendendo um residente. Demora um pouco, o professor abre a porta, despede-se do residente e me cumprimenta. Pede para entrar, nem me oferece assento, continua de pé e continua buscando papéis em sua mesa e coisas no armário.

– Desculpe, Alberto, mas estou atrasado, vai falando que estou ouvindo.

– Trouxe informações sobre aquele assunto que envolve... – vou informando o professor.

Faz-me mais uma pergunta, enquanto coloca os papéis na sua pasta, retira o avental branco, que coloca no guarda-roupa, e retira deste um paletó, que vai vestindo.

– Você pode me esperar na antessala? Vamos completar a conversa andando para a saída, mas antes eu preciso fazer algo urgente e só.

Saio da sua sala e a porta se fecha atrás de mim. Na antessala, enquanto o aguardo, ouço o barulho da água que sai da torneira da pia, que tem na sua sala. A torneira fica aberta um tempo um pouco maior do que o necessário para lavar as mãos. A ficha cai. Ele está usando a pia como mictório. Entendo então o porquê da altura em que a pia deveria ficar na sala daquele professor que atendera minutos antes. Fim da cena.

Enquanto a reforma era discutida com cada clínica, uma empresa especializada foi contratada para planejar a renovação das instalações hidráulicas, elétricas, gases medicinais e de telefonia. As instalações hidráulicas não suportavam mais reparos. Quando se substituía um cano de água em um lugar, outro se rompia, porque os canos antigos, feitos de ferro, tinham a luz estreitada por ferrugem e a substituição de um trecho causava desequilíbrio na pressão hidrostática. Os canos de esgoto, também de ferro, estavam completamente corroídos por dentro, e qualquer processo de desentupimento causava ruptura. Era urgente a substituição. Mas como iniciar a construção dos *shafts* (abertura vertical reservado para dutos hidráulicos e elétricos preparados durante a construção de um prédio) que não existiam, e com o hospital funcionando? Reclamações não faltaram, vazamentos tampouco.

Vivam a cena.

É de manhã. Mal chego no hospital, sou chamado por um professor, que, segundo a secretária, está muito bravo. Chego, bato a sua porta e já vai descarregando a ira acumulada.

– Veja esse serviço – apontando para cima.

Olho para o teto, o forro tinha desabado e um cano de água ainda pinga, e o chão está molhado. A sala dele fica ao lado de um dos *shafts* que está sendo construído. A marreta tinha quebrado o cano de água, que não deveria existir naquele ponto. Não deveria, mas existe. Digo-lhe que providenciarei outra sala enquanto a obra perdurar. A resposta é negativa. Peço, então, que me dê um dia para fazer os reparos, o professor sabe que as coisas não acontecem tão rápido como se quer. Novamente a resposta é não. Pergunto então o que eu posso fazer. Está irado, muito irado.

– Vou embora agora, e amanhã às sete da manhã quero essa sala reparada, pintada e limpa – diz de forma terminativa.

– E se não for possível?

– Você me dá uma compensação, um ar-condicionado.

Feito o acordo, ponho o pessoal para trabalhar e a sala é entregue dentro do prazo. Não dou o ar-condicionado. Depois da pia na sala, ar-condicionado é o objeto de desejo mais cobiçado pelos professores.

40. Andar adicional

Como já mencionado, o prestígio do professor era medido em metros quadrados, e, quando foi iniciada a discussão para a reforma do décimo andar, onde ficava instalada a obstetrícia, um problema adicional apareceu. O berçário, que era território do Departamento de Pediatria, não cabia no décimo andar. O andar era menor, a ala central tinha apenas a ala sul. A obstetrícia concentrava cada vez mais gravidez de risco e, como consequência, o berçário também tinha um número maior de recém-nascidos de baixo peso e com afecções associadas. A discussão prosseguiu no sentido de acomodar o berçário em outro andar. Os pediatras resistiram à ideia, até que alguém fez uma proposta de acrescentar um andar na ala do meio. A ala norte que faltava. O projeto original do Instituto Central tinha, na face norte da ala do meio, a que serve de entrada frontal ao prédio, apenas uma edificação do quinto ao oitavo andar. No final dos anos 1980, tinha sido acrescentado um nono andar para acomodar o centro cirúrgico do Departamento de Otorrinolaringologia e Oftalmologia. Acrescentar mais um andar parecia interessante, o problema era saber se a estrutura iria suportar mais esta sobrecarga. Chamados os engenheiros para opinar, ainda que no ar pairasse um certo desconforto, a resposta foi categórica:

– Sempre existe uma solução técnica, se esta for a decisão, vamos achar um meio de fazer – argumentou o engenheiro.

Definido que acrescentar um andar adicional era a solução para a falta de espaço para acomodar o berçário do décimo andar, também chamado de "B10", dado que existia um outro berçário, chamado "B5", que ficava originalmente no quinto andar, o projeto de reforma avançou. A construtora foi autorizada a fazer o que era necessário fazer. Passado algum tempo, já como diretor do Instituto Central, trabalhava na sala que ficava na entrada do quinto andar, logo na primeira porta à esquerda da entrada daquele instituto, um som de martelar contra a parede se ouve. No início um som abafado, distante, que incomodava pouco, mas persistente. Nada demais, apenas a reforma em andamento, pensou. No dia seguinte o som cresceu em volume, ficou mais próximo e já era possível sentir uma vibração no ar a cada martelada. Alberto ficou incomodado, mas não reclamou. No outro dia, chegou um pouco mais tarde à sala porque antes passara pela superintendência para uma reunião. Do Prédio da Administração, cruzou a rua, entrou pelo segundo andar, subiu pela escada um andar, andou pelo corredor de ligação até a escadaria central para acessar o quinto andar. Quando venceu o último degrau escutou o som familiar do martelar. Apressou o passo e sentiu o som crescendo à medida que se aproximava da sua sala. O barulho vinha de dentro da sua sala? Não acreditou. Quando chegou na porta da antessala, a secretária o advertiu que a sala estava interditada. Nem perguntou o que estava havendo, abriu a porta e entrou na sala. Dois homens, cada qual com um martelo e um ponteiro, estavam golpeando a parede. Perguntou o que estavam fazendo. Responderam que estavam verificando a posição das pilastras. Para quê? Com ordem de quem estavam fazendo aquilo? Pedi para a secretária ligar para a Engenharia Hospitalar e falar com a arquiteta Margarida. A arquiteta esclareceu que a construtora estava fazendo a avaliação da estrutura para acrescentar o décimo andar. Pilastra por pilastra, andar por andar, tinha que ser exposto para verificar a posição e espessura da mesma. Que coisa mais trabalhosa, pensou. Depois de uma hora a sala foi liberada e depois de uma rápida limpeza voltou a ocupá-la. A rotina voltou, mas durante mais dois dias ouviu o persistente martelar na parede.

Uma semana depois escutou operários conversando debaixo da sua janela logo pela manhã. Curioso, foi ver o que faziam. Com um equipamento, que sabia servir para sondagem do solo, escavavam um buraco junto à quina do prédio, bem próximo a sua janela. No dia seguinte o mesmo buraco sendo escavado, mal cabia um homem, que descia por um sarilho armado, com um enxadão de cabo curto. Para quê? No quarto dia de trabalho, que imaginou difícil para aqueles operários, vencido pela curiosidade, ligou para a Engenharia Hospitalar. Estavam verificando se as fundações daquela porção do prédio eram suficientemente robustas e a que profundidade tinham sidos ancoradas. Quando ouviu isso, um frio na barriga subiu pelo tórax e pescoço. E isso ia ser feito em todas as estacas. E, se necessário, na base de cada estaca seria feita uma sapata de concreto. Respirou fundo e teve consciência da enorme e inconsequente decisão que tinha apoiado tomar. Se soubesse que construir um novo berçário no décimo andar resultaria em tamanha obra estrutural, talvez nunca tivesse chamado os engenheiros para buscarem uma solução técnica. Como disseram na ocasião, sempre existe uma solução, a questão é sempre a que custo essa solução técnica será dada. Nunca perguntou quanto custou essa obra, não que faltasse curiosidade, mas por vergonha. Certamente foi o berçário com o metro quadrado construído mais caro do mundo. Seu consolo foi acreditar no que dizia um professor da GV, que o administrador existe para tomar decisão, certa ou errada. Não decidir é o pior erro.

41. Professor toma posse

Os professores titulares das disciplinas da Faculdade de Medicina sempre foram, por força do regulamento, os diretores das divisões médicas correspondentes no HC. Assim, os diretores são imexíveis, embora subordinados ao superintendente, do ponto de vista administrativo formal. Só no papel, porque do ponto de vista técnico têm grande autonomia e estão vinculados à Diretoria Clínica, cujo diretor é escolhido entre os professores do CD, órgão diretivo máximo da instituição. O HC tem, portanto, uma estrutura de governança complexa, e que funciona surpreendentemente bem. De um lado, a Faculdade de Medicina, cujo diretor é o presidente nato do CD, e, do outro, o superintendente, que é nomeado pelo governador do estado, responsável legal por todos os atos administrativos necessários ao cumprimento dos objetivos institucionais, que são a assistência, o ensino e a pesquisa. A superintendência da autarquia é a responsável pela gestão de recursos humanos, a gestão de suprimento e a gestão e manutenção da estrutura. O superintendente, entretanto, não tem poder para substituir o diretor de uma divisão médica, função exercida por professor titular, que é funcionário da universidade, autarquia distinta. A substituição só ocorre por morte ou aposentadoria, dificilmente voluntária, quase sempre compulsória, quando se atinge a idade-limite. Como todo cargo de mando, o exercício do poder, mesmo acadêmico, se de um lado promove o desenvolvimento de pessoas, por outro, pode com o tempo desgastar as relações interpessoais. Normalmente a sucessão é planejada, embora um concurso para professor titular possa reservar surpresas. Alberto, como aluno, residente e depois como funcionário do hospital, teve oportunidade de testemunhar várias substituições de professores.

Aquele dia era de comemoração. Ia acontecer uma destas substituições. Como diretor do Instituto Central, foi convidado para a cerimônia de posse do novo professor em sessão solene na congregação da faculdade de medicina, com pompa e circunstância. O professor que se aposentava fez a saudação com citações elogiosas ao seu sucessor, como o filho que teria preparado para sucedê-lo. O discurso do novo professor foi no mesmo tom, recheado de palavras de gratidão e carinho pela formação acadêmica que recebera. Ficou até comovido.

Não havia passado nem uma semana, e a secretária da clínica entrou na sua sala aos prantos porque tinha sido demitida pelo novo professor. Consolou-a e lhe disse isso era normal e que encontraria um outro lugar para acomodá-la, até porque havia uma recomendação do antigo professor nesse sentido. Ela era viúva de um diretor muito querido que atuou durante muitos anos na instituição. Passadas mais duas semanas, desta vez era o professor que se aposentara que entrou na sua sala, chateado. Veio desabafar e se queixar da ingratidão do pupilo que o sucedera. Tinha perdido a sala que se outorgara para continuar frequentando a clínica, como professor emérito, que pretendia ser e se achava merecedor. Pelo apreço que lhe tinha, ficou chocado com o que aconteceu, até porque achava que isso não aconteceria depois dos discursos que ouvira na posse. Ficou alguns minutos com ele, se lamentando, e Alberto completamente mudo. Muito magoado, despediu-se, indicando a instituição onde estava trabalhando, e que se precisasse estaria à disposição. Deve ter sido um golpe doloroso. Mais duas ou três semanas se passaram e, no fim de uma manhã, um médico com quem tinha amizade bateu à sua porta. Estava lá para se antecipar ao professor, que certamente viria se queixar dele. Contou-lhe que tinha tido um bate-boca com o professor porque ele havia determinado que ele deveria voltar a ser escalado no pronto-socorro para dar plantão, coisa que não fazia há muitos anos. Era, sem dúvida, um castigo inominável. Uma grande sacanagem que deveria resultar em pedido de demissão, já que sua vida estava organizada sem o plantão. E imaginou que o professor vinha para pedir a sua cabeça porque se ofendera com a denominação que dera para aquilo que ele estava fazendo. Ficou surpreso porque sabia que eram amigos e colegas de escola e residência. Meia hora depois, como previra o colega, o professor entrou na sala, contando que fora ofendido e que queria a imediata demissão por justa causa por ofensa à honra do superior hierárquico. Como era de praxe, por se tratar de demanda de um professor, consultou o superintendente, que o orientou a falar com o professor aposentado, aquele que perdera a sala. Ligou para ele, e este o atendeu como se já soubesse o que tinha ocorrido. Pediu-lhe para que não demitisse o médico, que ele era um bom quadro e que gostaria muito de aproveitá-lo na instituição que estava dirigindo. Como a instituição era do estado, falaria com o superintendente para que o médico fosse transferido com ônus para a origem. Nesse tipo de transferência a origem arca com o cargo e salário. A transferência se concretizou, o ex-professor ficou satisfeito e o professor ofendido descontente. Alberto acabava de ganhar um inimigo.

42. Nata da sociedade

Os professores da FMUSP sempre foram figuras proeminentes da sociedade paulista, oriundos de famílias tradicionais quatrocentonas. A casa de Arnaldo era recheada de sobrenomes como Almeida Prado, Cardoso de Almeida, Magalhães e Toledo, a nata da sociedade. Era um sábado, dia que normalmente é folga para os servidores administrativos; excepcionalmente naquele dia Alberto foi trabalhar bem cedo, para limpar o que sobrara da semana, quando a rotina da Diretoria Executiva ficava mais pesada. Começou a separar os papéis que estavam espalhados sobre a mesa, quando um velho professor adentra a sala com um "bom dia e que bom que você está aqui". Professor Antônio, era professor emérito aposentado, continuava como pesquisador e tinha um laboratório instalado no prédio. Tinha esquecido a chave e pediu então para que localizasse alguém da zeladoria que pudesse providenciar a abertura da sala. Havia um setor encarregado de guardar cópia da chave de todas as salas do prédio, até porque a limpeza feita após o expediente requeria a abertura das salas. Ligou para o setor e lhe responderam que o responsável estava em ronda, e que à localização da chave daquela sala especificamente só ele tinha acesso (era sala de um professor). Enquanto esperava localizar o responsável da zeladoria naquele sábado, o professor puxou conversa, o que surpreendeu Alberto. Ele era normalmente calado, um pouco ranzinza, mas aquela manhã parecia estar com muito bom humor. Contou um pouco da sua trajetória como professor e que para ingressar na carreira a seleção era muito rigorosa, não só através de mérito acadêmico, mas com a avaliação de outros atributos. Comentou que os tempos tinham mudado, e agora até filho de imigrante podia ser professor desta escola, ponderou. Primeiro vieram os italianos, e citou alguns professores com esta origem. Depois vieram os árabes, e citou outros nomes de origem libanesa. Agora tem até um judeu – era uma referência ao professor que tinha sido empossado fazia pouco. Agora só falta japonês ser professor, já que diretor executivo já temos você, disse sorrindo. A chave da sala chegou e ele se despediu agradecendo. Não tardou muito para a profecia se concretizar, um professor de origem japonesa tinha assumido na pediatria.

Essa história fez Alberto se lembrar de outro episódio envolvendo docentes, um de origem judaica e outro de origem árabe. A alta direção médica tinha convocado uma reunião e Alberto estava presente como representante da Superintendência. Para essa reunião tinham sido convocados dois chefes da Clínica Médica. Enquanto se esperava o professor que convocara a reunião chegar, os dois, sentados lado a lado, conversavam animadamente. Naquele dia os jornais estampavam manchetes sobre o recrudescimento do conflito palestino-israelense. O professor chegou, tomou assento na cabeceira e malcriadamente comentou:

– Ei! Vocês deveriam estar sentados longe um do outro! Não são inimigos?

O chefe de origem árabe, que também tinha seu lado grosso, então respondeu:

– Você devia ficar calado, porque vocês armênios não sabem até hoje se são mais árabes ou mais judeus.

A reunião teve início sem mais comentários.

43. Superbonder

Foi durante este período de intensas conversas que, passando pelo corredor do pronto-socorro, Alberto entra em uma roda onde alguns auxiliares e atendentes contavam suas histórias, que era comum nas tardes, quando a demanda de doentes diminuía, histórias que diziam terem sido vividas, mas contadas em versões fantasiosas, exageradas e inventadas. A história era de amantes que foram flagrados em adultério. O marido traído, em represália, teria besuntado a mão da adúltera com a cola Superbonder, cuja popularidade crescia como a cola que grudava qualquer coisa, e mandara segurar o membro do outro, que tanto lhe agradava. "Segura isso para nunca mais soltar", teria bravejado. Tentaram várias maneiras de se soltar, usaram água, álcool, querosene, removedor, gasolina e nada. Chegaram ao pronto-socorro juntos, literalmente unidos, vestidos normalmente na parte de cima e abaixo da cintura envoltos em um lençol. Pela delicadeza da situação, a cirurgia não era solução. Os médicos, não tendo encontrado meios de desfazer o grude, optaram por interná-los e esperar que com o tempo, e a descamação natural da pele, a união fosse desfeita. Alberto ouviu a história com certo interesse porque na época um pesquisador usava o cianoacrilato, a supercola, como cola cirúrgica para unir vasos muito finos nos camundongos que usava nas suas pesquisas, e sabia da sua eficiência. Deixou a roda, que continuava animada com histórias engraçadas, e foi para a superintendência. Passava pelo corredor, uma porta aberta, e o assessor de imprensa Flávio o chamou e perguntou se tinha alguma novidade. Respondeu que não havia novidade, mas que tinha acabado de vir do pronto-socorro, onde ouvira uma história engraçada. Contou então a ele o que ouvira, com um pouco mais de realismo para torná-la mais engraçada. Uma pessoa que estava na sala, de quem Alberto nem havia se dado conta, perguntou se isso tinha acontecido no pronto-socorro. Respondeu que não, até porque não acreditava que a história fosse verdadeira, mas deixou uma pontinha de dúvida, dizendo que deveria ter acontecido em outro hospital. A pessoa que estava na sala era uma repórter do *Estadão*, que achou a história curiosa e, convencida de que ela era real, achou de ir até o pronto-socorro checar. No dia seguinte ela publicou no jornal a história como havia sido contada, citando a fonte e que o fato tinha acontecido no HC. A partir da publicação, o que era apenas uma estória contada nos corredores se transformou em fato acontecido. O hospital, já foi dito, é um ambiente propício para uma fofoca ganhar narrativa realística com lugar, nome e juras de que era tudo verdade.

Agora na superintendência, nosso personagem se vê às voltas com a notícia. O telefone não parava de tocar com outros repórteres querendo confirmação ou pedindo entrevista. Estava na sala das secretárias atendendo a um repórter de um jornal sensacionalista que queria mais informações sobre o casal colado, quando a secretária lhe passou outro telefonema, dizendo que era um senador querendo saber sobre o estado de saúde de um correligionário internado. Esse era um caso VIP que Alberto monitorava e, como ele aguardava a ligação do senador, pediu licença para o repórter e atendeu o senador, deixando o telefone que tinha o repórter aberto sobre a mesa. O senador queria saber se o doente estava bem acomodado e, como na época a única enfermaria que tinha apartamentos era a MI, a clínica de moléstias infecciosas, respondeu que ele estava no quarto andar e que estava acompanhado da sua senhora. Informou que estava muito bem depois da cirurgia e que logo receberia alta. O senador queria sigilo da situação de saúde do amigo; ele então esclareceu que era norma do hospital não fazer qualquer divulgação pública sobre a saúde de qualquer doente, e que ficasse tranquilo quanto a isso. O senador agradeceu, despediu-se e Alberto desligou o telefone para atender o repórter que esperava na outra linha. Pôs o telefone no ouvido para retomar a conversa com o repórter, quando o repórter lhe disse que tudo que precisava saber já tinha sabido e que agradecia pelas informações. Não entendeu, mas desligou o telefone. No dia seguinte um outro jornal publicou a história do casal grudado com a cola, só que acrescido de que o casal estava internado no quarto andar, que tinha sido submetido a cirurgia e que logo teria alta. O repórter tinha ouvido a conversa com o senador e deduzira que tudo que ouvira se referia ao casal colado. Imagine um repórter louco para saber detalhes do caso só ouvindo uma parte da fala. Casal, internado com a senhora, no quarto andar, operada e que o hospital não faria divulgação pública.

A história tinha ganhado volume, e nesse dia recebeu uma intimação da delegacia de polícia para esclarecimento do caso que tinha sido publicado. Ligou para o delegado para se explicar e teve que ouvir que o caso, como estava publicado nos jornais, configurava uma agressão corporal grave e que não tinha sido registrado no plantão policial que ficava no pronto-socorro. E que o hospital não poderia esconder um crime. Respondeu que tudo o que estava publicado não era verdade e que era uma piada que corria nos corredores do hospital. Então o delegado lhe disse que um inquérito fora aberto, e que o hospital tinha que provar que tudo aquilo não tinha acontecido. Como não havia um nome com o qual se pudesse verificar a passagem no pronto-socorro ou na internação, mandou verificar em todos os registros do centro cirúrgico das duas últimas semanas se havia algum procedimento que envolvia o pênis e a mão. Não tendo encontrado, mandou ao delegado uma declaração do Serviço de Arquivo Médico e Estatística de que, após exaustivo exame, não se encontrou qualquer registro de procedimento que se aproximasse do evento em questão. O delegado arquivou o caso, mas Alberto ficou curioso em saber como essa história havia sido plantada no hospital. Começou sua investigação pelo pronto-socorro, com aqueles atendentes da roda de papo furado. Indicaram que a história começara no oitavo andar. Do oitavo indicaram o terceiro como fonte, até que chegou na circulante da radiologia. Ela contou que ouvira a história de um médico, na sala de procedimento, e que achou que era verdade, pela forma como tinha sido contada. Descobriu que fora um médico que ouvira a história em outro hospital, e que a achara curiosa o suficiente para ser plantada. Durante um procedimento, como era comum, contou a história para outro médico como se tivesse acontecido no pronto-socorro do HC. Alberto ficou sem saber se o que ouvira do Dr. Batista era verdade, até porque ele era um grande gozador e um grande contador de histórias.

44. Nasa

Foi durante a gestão do Dr. Guilherme que o Prédio dos Ambulatórios foi posto a funcionar, incluindo o novo centro cirúrgico localizado no nono andar com 36 salas, embora o prédio já estivesse concluído há pelo menos seis anos. O HC não recebia recursos de investimento há muito tempo e estava muito defasado tecnologicamente. Alguns recursos para a renovação do parque foram conseguidos através de dois protocolos internacionais, um americano e outro do governo francês. Acontece que esses recursos estavam destinados à compra de equipamentos médicos americanos e franceses e o Prédio dos Ambulatórios precisava de mobiliários e instrumentais que deveriam ser adquiridos no mercado nacional. Havia recursos orçamentários que permitiam comprar só parte das coisas necessárias para inauguração do centro cirúrgico. Faltava dinheiro. O ambulatório já tinha sido mudado, com todos os móveis velhos levados do Instituto Central, mas o centro cirúrgico era enorme e precisava de mobiliário novo. Alguém lembrou ao superintendente que havia recurso na Fundação e que poderia ser gasto para equipar o centro cirúrgico. Desde 1983 uma parte do faturamento do InCor ficava à disposição da superintendência. O InCor tinha um faturamento diferenciado com o Inamps, separado do seu orçamento, enquanto o restante do complexo HC recebia pelos serviços prestados, uma subvenção através do Convênio Padrão MEC-MPAS, que repassava um valor fixo por atendimento, independente da complexidade, que representava muito pouco, e era incorporado ao orçamento da autarquia sob controle da Secretaria da Fazenda. O modelo de sustentação financeira através da fundação de apoio tinha críticos, mas era um dinheiro que servia exatamente para suprir as necessidades do HC naquilo para que o orçamento era insuficiente. O superintendente, reticente, ficou de pensar na alternativa. No dia seguinte autorizou a compra do mobiliário que faltava para o centro cirúrgico ser inaugurado com recursos da Fundação. A partir de então o superintendente reconheceu que o modelo da fundação de apoio não era de todo ruim. Nos anos seguintes, estender o modelo para o restante do complexo HC passou a ser pauta entre os professores. Utilizar a Fundação ou criar outra fundação foi a discussão que se seguiu. Em 1986 foi criada a FFM e em 1988 um convênio com o governo do estado é assinado, para, nos moldes da Fundação, permitir o faturamento dos serviços prestados aos SUDS (que antecedeu o SUS em São Paulo) pela FFM. O HC ganhara um novo instrumento de gestão e começou um novo capítulo na história da instituição.

Se o HC saiu da penúria de equipamentos graças às fundações de apoio, a realidade de uma determinada área da faculdade de medicina era um excepcional centro de inovação tecnológica.

Vivam a cena.

Agora é começo da tarde de um dia de semana normal. Eu estou na direção do ICHC, quando o telefone toca. É o professor-diretor da faculdade que quer conversar comigo. Respondo prontamente que atravessarei a rua e em poucos minutos estarei na sua sala. Diz-me que espere, que mandará o carro dele me buscar. Quinze minutos depois o porteiro me chama dizendo que tinha um motorista num carro esporte vermelho esperando para me levar à faculdade. Pela primeira vez entro num carro esporte, nem a marca sei, o carro de altura bate na minha cintura. O motorista me leva à sala de trabalho do professor, no terceiro andar, e não à sala do diretor. Peço licença ao professor, que me espera atrás de um aquário marinho com anêmonas e várias espécies de peixes. Fico encantado com aquele inusitado objeto de decoração em uma sala de trabalho. Devo fazer uma cara de deslumbramento tal que, de pronto, o professor se levanta da sua cadeira para explicar o nome de cada criatura que orna a sua sala, e como é feita a manutenção do aquário. Em seguida me oferece um café numa máquina italiana de café espresso, que eu só tinha visto em filme. Eu conhecia de passagem o laboratório de hepatologia, apelidado de Nasa quando era residente, onde havia uma sala de cirurgia bem equipada (melhor que muitas salas existentes no hospital), uma sala de radiologia vascular igualmente bem equipada e um laboratório. Era um centro de pesquisa experimental para tratamento de doenças do fígado, onde se fazia perfusão hepática em fígado de porco, transplante experimental e até alguns exames em doentes que só eram feitos neste centro. O professor quer me sugerir algumas alterações na planta da sua unidade de Cirurgia Experimental que será construída no ICHC, que está incluída na grande reforma que eu estou encarregado de coordenar. Depois de ouvidas as mudanças que está sugerindo na planta, alerta-me que está preparando a retomada do transplante de fígado no HC. O primeiro transplante de fígado tinha sido feito em 1968 e mais dois em anos subsequentes, mas os doentes não resistiram mais que alguns dias. Dezessete anos tinham se passado do primeiro transplante, mas desta vez o professor garante o sucesso, visto estar a equipe bem treinada e a imunossupressão por ciclosporina estar disponível.

– Quero que você saiba que esse transplante será feito no InCor, e não no ICHC – diz.

Ouço a decisão sem surpresa, porque o Centro Cirúrgico de lá está mais bem equipado do que o novo centro cirúrgico no Prédio dos Ambulatórios. E de alguma forma é bom, porque o impacto que possa acontecer não será no instituto que eu dirijo. A cirurgia terá uma duração estimada em 20 a 24 horas. Explica-me ainda que complexas medidas anti-infecciosas serão tomadas e que haverá um consumo de sangue, derivados, medicamentos, roupas fora do habitual, mas que tudo já está combinado com as áreas e preparado. Fico preocupado se tudo está mesmo preparado. Qual será o impacto deste pioneirismo? Quando acontecerá tal evento? Depende de uma oferta de órgão, um doador compatível com o doente receptor.

Um tempo se passa, acho que é uma segunda-feira, chegando na minha sala, sou avisado que há um transplante de fígado correndo. É setembro de 1985. Logo depois do almoço a enfermeira-chefe do Centro Cirúrgico do ICHC me liga.

– Doutor, a programação da tarde do centro cirúrgico será toda suspensa por falta de roupa – comunica.

Mas como isto pode acontecer? O transplante está sendo feito no InCor, e como isto afeta o ICHC? O transplante está correndo há pouco mais de doze horas. A explicação é que o InCor tinha requisitado todo o estoque de roupas, porque a equipe de transplante estava trocando todos os paramentos (campos, roupas, máscaras, gorros, luvas) a cada duas horas e, como a equipe em campo era formada por cerca de quinze pessoas, isso significava que àquela altura tinham sido consumidas noventa mudas de paramentos. Se a cirurgia, como previsto, durar mais doze horas, o consumo será de mais noventa mudas. E dura cerca de vinte horas. Este é apenas um dos problemas, sem falar no consumo de banco de sangue.

O transplante foi um sucesso e a doente sobreviveu por treze meses. A partir daí seguiram outros transplantes, à razão de três a quatro por ano, com resultados cada vez melhores. Como administrador, tinha vivido um momento histórico, a retomada dos transplantes de fígado, agora como solução viável. Cirurgia das mais complexas, operacional e logisticamente complicada e excepcionalmente custosa. Mas é assim que a medicina avança.

45. Estágio no Japão

Depois de ter servido na gestão do Dr. Guilherme, Alberto retornou ao seu trabalho na gestão do programa de assistência médico-hospitalar na companhia estatal, mas com tempo livre, já que na estatal ele trabalhava meio período. Um dia, seu pai o chamou para conversar. Queria que fosse atender um pedido de um amigo que presidia uma entidade de assistência social da colônia nipo-brasileira de São Paulo. A entidade planejava construir um hospital e precisavam de um consultor em administração hospitalar. Aceitou a tarefa. Um ano tinha se passado, obra em ritmo acelerado. O consulado do Japão convidou a comissão pró-construção do hospital para um jantar de apresentação do projeto, já que parte da obra era financiado pelo governo japonês. Alberto foi incluído na comitiva. Terminado o jantar, o vice-cônsul encarregado da JICA (Agência Japonesa de Cooperação Internacional) chamou-o num canto para uma conversa. Fez uma série de perguntas sobre sua pessoa e sobre sua família e parecia conferir a sua fluência na língua japonesa. Discorreu em seguida que, como descendente de japonês, deveria conhecer as suas raízes e apropriar-se da cultura, dos valores e da alma nipônica. Com isso acreditava que, como japonês-brasileiro, Alberto poderia melhor contribuir com o país. Interpretou isso como sermão diplomático, para alguém que deveria honrar a origem. Por fim perguntou-lhe se conhecia o Japão. Com a negativa, ofereceu uma viagem de estudos de um mês, desde que pudesse embarcar em duas semanas, aproveitando uma bolsa que tinha prazo para ser utilizada. Seu japonês foi considerado suficiente. Passaria três semanas no hospital da província de Nara, de onde seu pai era oriundo, e uma semana em Tóquio , em uma repartição do Ministério da Saúde. Aceitou sem pestanejar. No dia 6 de novembro à noite, embarcou no voo 830 da Varig rumo ao aeroporto de Narita. Depois da escala em Los Angeles pela manhã, sol batendo na janela, ele estava sentado nas primeiras filas quando ouviu apupos vindos do fundo do avião. Gente protestando. Uma certa algazarra e uma voz forte de mulher, quase uma bronca, repreendendo os passageiros que fumavam. Levantou-se e foi conferir o que estava acontecendo; caminhou em direção ao fundo da aeronave pensando quem seria essa maluca que estava impedindo as pessoas de fumar num voo de doze horas. Uma senhora loira, que devia ter idade próxima à sua, mostrava um cartaz aos passageiros, pregando o fim do tabagismo e que o hábito ia provocar um câncer de pulmão em todos eles. Mais perto, reconheceu a ativista. Era Dra. Vera, uma colega da faculdade formada um ano antes. Ela demorou um pouco a reconhecê-lo quando se apresentou. Lembrou-a de que ela costumava fumar sentada no tronco do centro acadêmico com outras colegas. Sim, ela era fumante nos tempos de estudante. Ex-fumantes são os mais ferrenhos antitabagistas, deduziu. Ela estava a caminho de um congresso de pneumologia e não perdeu a oportunidade de fazer campanha contra o fumo durante a viagem. Era uma ativista pela erradicação do tabagismo que naquele momento parecia uma quixotesca pregação aos ventos. Chegando em Narita, trataram de rachar um taxi até os respectivos hotéis e combinaram de se encontrarem, em uma hora, na porta principal da estação de Shinjuku, na avenida que o taxista havia acabado de indicar. A ideia era seguir a recomendação de baterem pernas até a noite e ir dormir só depois de jantar, para ajustar o *jet lag*. Embora estivessem morrendo de sono, porque pelo relógio biológico dos viajantes eram três horas da madrugada, resolveram ir conhecer a região de Ginza. Na estação de Shinjuku seguiram a indicação para Ginza Line (pelo nome deduziram que seria o trem que deveriam pegar). Depois de andar por dez minutos, subindo e descendo, chegaram em um conjunto de catracas. Do lado esquerdo havia bilheterias eletrônicas, do lado direito uma cabine com um senhor uniformizado que parecia ser um bilheteiro. Como não sabiam como fazer para comprar o bilhete nas máquinas eletrônicas, foi ao guichê da cabine. Alberto gastou seu parco japonês e perguntou como poderiam comprar bilhetes para Ginza. O sujeito, sem franzir a testa nem proferir palavra, simplesmente indicou com a mão espalmada as máquinas eletrônicas, não tirando os olhos da amiga loira. Explicou ao senhor, que achava que era bilheteiro, que não sabia usá-las. Rispidamente ele disse que era só ler as instruções, olhando para a loira. Respondeu que infelizmente não sabia ler. Aí o senhor uniformizado ficou confuso, porque não existem analfabetos entre japoneses. Apressou-se em dizer-lhe que viera do estrangeiro. Como do estrangeiro, com essa cara de japonês e falando japonês, deve ter se perguntado. Verbalizou uma expressão em japonês, algo como se Alberto estivesse querendo tirar uma da cara dele, e olhando para a loira. Nessa hora, como a conversa tinha ficado áspera, Dra. Vera resolveu intervir. Em inglês, pediu instruções para chegar a Ginza. O cara não deve ter entendido nada, mas associou as coisas e perguntou se a senhora estrangeira, a loira, estava na companhia dele. Antes que completasse que sim, que tinham vindo do mesmo país, o Brasil, saiu apressado para o fundo da cabine, separou alguns papéis e trouxe para ela o mapa da cidade, instruções para usar o metrô e folhetos com as principais atrações da cidade, tudo em inglês. Gentilmente mostrou as instruções de como comprar o bilhete. Atender a loira era a prioridade, enquanto Alberto foi deixado de lado. O suposto bilheteiro não falava inglês e instruiu a colega com gestos e ela então conseguiu os bilhetes. Daquele momento em diante, sempre que precisavam de informação, ela se adiantava em perguntar e ele se passava por acompanhante mudo, economizando o seu japonês e poupando-se de ser maltratado. Loiras no Japão se destacam. Todos os olhares se voltam para elas. Cabelos claros contrastam com o padrão negro do cabelo oriental.

Voltando ao hotel depois do passeio pelo centro de Tóquio, ao solicitar a chave do quarto, o recepcionista entregou-lhe um recado, em japonês. Pediu para traduzir e entendeu que deveria despachar até as 22 horas sua bagagem para um hotel em Nara, cujo endereço estava em uma etiqueta pronta para ser fixada na mala. Analfabeto, não tinha ideia do que estava escrito, mas, como o recado pareceu legítimo, não questionou e obedeceu. Quando desceu com a mala para o saguão do hotel no horário indicado, outras dezenas de malas estavam enfileiradas esperando serem identificadas e despachadas. Descobriu que assim é que os japoneses viajavam: a bagagem vai na frente para o próximo destino. Ficou apenas com uma bolsa a tiracolo e preocupado se esse esquema iria funcionar, se a mala chegaria ao destino.

Vivam a cena.

É manhã de segunda-feira. Saio cedo do hotel e me apresento no escritório da JICA, que fica próximo. Recebo as instruções para o cumprimento do estágio que está programado e recebo em espécie uma bolada de dinheiro. É a bolsa que deve cobrir todas as despesas dali para a frente que eu devo pagar: passagens, estadia, alimentação. Eu posso escolher como gastar e, se sobrar é meu e, se faltar, é problema meu. Compreendo que pagar com dinheiro vivo tudo que se consome é o jeito japonês de ser. Todas as instruções passadas, tem uma hora para pegar o trem para Osaka. Para facilitar, explicam que o bilhete de ida no trem-bala já tinha sido comprado antecipadamente e descontado da bolsa. Orientam-me como fazer para embarcar na estação central de Tóquio. Comunicam ainda que uma pessoa tinha sido encarregada de me buscar na plataforma da estação Shin-Osaka. Para facilitar a identificação, pedem-me que, ao descer do vagão pela porta dianteira (cada vagão tem duas portas), fique com a bolsa a tiracolo azul, do lado direito. Deveria perguntar como era a pessoa que iria me buscar, como identificá-la. Inibido, não pergunto. Chego por metrô, que aprendi no dia anterior como fazer, com meia hora de antecedência, na estação do trem-bala. Preocupado em não me perder, sigo pelos longos corredores a indicação pelo desenho indicativo do trem seguido da palavra *Shinkansen*, em alfabeto romano, como dizem por lá, não em japonês. Pelo bilhete identifico o número da plataforma e, subindo uma escada, percebo as placas indicando o número do vagão. Indicam ainda na plataforma a posição onde a porta dianteira e traseira se abrem. Confiro no bilhete e descubro que fica bem à frente de onde estou. Ando uns cinquenta metros e chego na placa que indica o número do vagão. Agora era só esperar e embarcar, penso. Faltam ainda uns vinte minutos para o horário, quando um trem encosta na plataforma. Para o primeiro funcionário uniformizado que passa, mostro o bilhete e pergunto se é este o trem em que devo embarcar, num tímido japonês. O funcionário simplesmente, com o dedo indicador, mostra-me um painel eletrônico no alto à frente que marca o destino e o horário de partida. Não é o que está no bilhete. Em um minuto o trem parte e, ansioso por embarcar sem perceber o tempo passar, outro trem encosta na plataforma. Preparo-me para embarcar enquanto olho para o painel. Não é ainda aquele, faltam ainda dez minutos para o horário marcado no bilhete. Descubro que de Tóquio, na mesma linha, parte um trem para o mesmo destino a cada oito minutos. Uma coisa inimaginável para padrões brasileiros. Finalmente embarco e tomo assento. Na parte superior do vagão há um painel móvel que indica primeiro em japonês e depois em inglês a próxima parada. Aparece de quando em quando no painel que este trem é expresso e, portanto, só para em algumas estações do trajeto. Eu devo ir para Osaka, mas a estação indicada para descer é Shin-Osaka. Será a mesma coisa? O que significa *Shin*? Busco na minha memória cerebral alguma pista, que nesta altura está um pouco lenta. Ocorre-me que pode ser "nova" ou Nova-Osaka, ou seja, nova estação. Verifico no mapa que me deram na estação de Shinjuku e é isso. Mas a minha descoberta não me tranquiliza por completo. Sendo este um trem expresso, ele deve ultrapassar o outro trem, que partira minutos antes de Tóquio, em alguma estação à frente. A uma velocidade de 240 quilômetros por hora, fico imaginando o estreito ajuste que tem que ser feito para a ultrapassagem. Escuto então um aviso do condutor, pelo alto-falante, que o trem vai reduzir a velocidade porque o trem à nossa frente atrasou cinquenta segundos para atender ao desembarque de um deficiente e que a ultrapassagem ocorrerá com 65 segundos de atraso, mas que essa diferença será compensada no próximo trecho. Completa ainda com um pedido de desculpas por eventuais desconfortos que este incidente pode ter causado aos passageiros. É de uma correção e polidez que me impressionam. Alguns minutos depois, o trem passa pelo outro, encostado na plataforma da estação, a 150 quilômetros por hora, com aquele ruído de forte deslocamento de ar. Rápido o bastante que não se enxerga o rosto das pessoas através da janela do outro trem, apenas a imagem riscada gravando a nossa retina. Em três horas e pouco chegamos a Shin-Osaka. Quando desço pela porta dianteira, do outro lado da grade um homem me acena com um papel sulfite em tubo, como quem tem absoluta certeza de que sou quem ele espera. Apresento-me e, intrigado, pergunto como tinha certeza de que era eu quem esperava. Responde-me como a coisa mais lógica do mundo: pelo horário do trem, pelo número do vagão, pela porta por onde saí e pela bolsa a tiracolo. E pela sua foto, diz mostrando-me o sulfite aberto. É uma imagem em fax, ampliada da minha foto do visto, que lhe tinha sido enviada do escritório de Tóquio, e em baixo escrito que eu estaria portando uma bolsa a tiracolo azul. Embora já exista, o fax ainda não se popularizou no Brasil e para mim isto é uma maravilha tecnológica, ainda mais com aquela qualidade de imagem, certamente tinha sido passado pela manhã quando estivera no escritório. No bilhete que tinham me dado está escrito o nome do trem, o horário, o vagão, o assento. Entendo por que aquele bilhete tinha sido comprado por antecipação.

No táxi a caminho de Nara, o meu acompanhante inicia uma animada conversa sobre o que eu devo esperar da minha viagem de estudos e mostra conhecer meu currículo, mas ele está intrigado com uma visita que está agendada. Estamos a caminho de um encontro protocolar com o governador da província de Nara, o que não é comum. Ele quer saber qual é a razão dessa deferência, já que eu sou um bolsista, e nada há que indique eu ser um agente de governo, ou um VIP. Explico-lhe que, há alguns anos, o governador, então deputado, fez uma visita oficial ao Brasil e foi recebido pelo meu pai, então presidente da Associação dos Imigrantes da Província de Nara, que funcionava como representação do governo provincial no Brasil. Desde então trocavam cartas, e meu pai comunicou a minha ida a Nara. Meu pai tinha me alertado que este encontro poderia acontecer. A visita dura exatos quinze minutos, com direito a foto e aperto de mãos. Meu acompanhante comenta na saída que ficara surpreso com a calorosa acolhida, pouco habitual no jeito japonês de ser. Penso comigo que, se isso que aconteceu foi caloroso, imagina um encontro frio e formal como manda o protocolo. Passamos de táxi pelo hospital provincial onde devo estagiar, e ele me mostra a porta por onde deverei entrar para me apresentar ao diretor da instituição. Faz o trajeto do hospital até o hotel, indicando as ruas por onde deverei caminhar no dia seguinte. O meu guia é perfeito na sua função. Algo que me impressionou muito. Fim da cena.

Quando chegou ao hotel que lhe tinham indicado, a primeira coisa que informaram no "furonto" (do inglês *front*) era que a bagagem tinha chegado e já estava no quarto. Não é que essa coisa funciona, pensou. E que conforto viajar sem malas!

Seu programa de visita no hospital da Universidade de Nara já estava em curso, quando numa noite daquela primeira semana, já passava das nove horas da noite, quando a recepção do hotel comunicou que uma pessoa estava no saguão e queria muito um encontro com ele. Quem poderia ser? Os parentes estavam todos avisados e já tinha agendado cada encontro e nada havia para aquela noite. Deve ser algum engano, pensou. Desceu para o *hall* e um homem que aparentava uns oitenta anos, vestimenta simples, com dois *furoshiki* (típico embrulho japonês em tecido para transporte de coisas), um em cada mão. Um pequeno e outro maior que parecia cheio de peças longas. O homem abriu um sorriso ao vê-lo e logo foi se apresentando, com um respeitoso cumprimento japonês de baixar o tronco abaixo da linha da cintura. Pela altura da flexão que fez pôde perceber a demonstração da posição na hierarquia social em que ele queria que Alberto se colocasse. No Japão, quanto mais baixo fica a cabeça, mais baixo se coloca na hierarquia social. Alberto baixou seu tronco o quanto pôde, em resposta humilde, até em respeito à idade do visitante. Até aquele momento não havia ainda entendido nada. Ele certificou-se do nome da pessoa que tanto desejava ver e, em seguida, efusivamente, disse que Alberto se parecia muito com o seu avô paterno. Contou-lhe que lera no jornal a notícia do encontro que tivera com o governador da província e que quando viu a fotografia teve certeza de que era o neto do seu professor da escola primária onde estudara há mais de sententa anos e que depois, já moço, foi aprender com ele a fazer poesia e praticar a arte da caligrafia (*Shodö*). Viajara cerca de uma hora do subúrbio de Nara para vê-lo e contou-lhe da ansiedade de encontrar um descendente daquele que lhe ensinou as primeiras letras. Foi um encontro absolutamente inusitado e emotivo, com um grande peso cultural. Essa atitude confirmou o conceito que a escola primária tem no Japão como a instituição mais valorizada pela sociedade e a veneração à figura do professor primário. Ficou tocado quando ele disse que aquela era a oportunidade de fazer uma homenagem ao seu avô, através do encontro com seu neto, que era como se sua alma retornasse à sua terra natal. Abriu o embrulho pequeno e dentro três caquis *fuyu*, que disse que haviam sido colhidos no quintal da sua casa, planta velha o suficiente que servira de tema para vários poemas que escrevera. Abrindo o embrulho maior tirou cinco tabuletas feitas de madeira clara, tronco cortado em diagonal com todos os veios ressaltados por queima, com poemas escritos em pincel de harmoniosa estética da caligrafia japonesa, que não conseguia ler, mas que aprendera a apreciar. Pediu que levasse para seu pai e tios no Brasil, para que apreciassem a arte de um pupilo do mestre poeta e calígrafo que tinha sido o seu avô. Um encontro que lhe permitiu conhecer um pouco mais da alma nipônica.

No hospital universitário que ficava em Kashihara, cidade de cerca de 100 mil habitantes, grande e moderno, pôde conhecer todos os processos operacionais, passando pela assistência, logística e o administrativo-financeiro. Muito diferente do que se fazia no Brasil. O que chamou a atenção foi que a medicina japonesa tinha grande influência da medicina alemã do pré-guerra, tendo encontrado nos prontuários palavras escritas em alemão. Era nítido o *gap* tecnológico na área diagnóstica em comparação com o HC. Invejou o parque radiológico, de hemodinâmica, de endoscopia e o laboratório de análises clinicas todo automatizado. A farmácia do hospital atendia em dose unitária todos os internados e encaminhava toda a medicação do dia por um transporte robotizado que corria por trilhos fixados no teto. A dispensação dos remédios no ambulatório era preparada por um computador que instruía um dispensador de comprimidos, o qual ia embalando automaticamente os medicamentos numa fita plástica onde estava gravado o nome e dosagem do remédio. As fitas eram cortadas na quantidade da prescrição e colocados em um envelope com o nome de cada doente. As fórmulas líquidas, em pequenos sachês, eram também embaladas da mesma forma. Paralelamente a esta farmácia havia também uma farmácia de fórmulas manipuladas, ainda comum no Japão. Achou curioso que em meio a toda a modernidade alguns medicamentos fossem dados na boca do doente embrulhados em papel feito de gelatina de agar-agar (feito a partir de uma alga). Tradição centenária para ministrar remédios em pó.

Certo dia, um professor de cirurgia o procurou, quando soube que alguém que tinha trabalhado no HC estava em estágio no hospital. Era da hepatologia, e queria saber do professor Silvano, que sabia ter feito o primeiro transplante hepático, mas estava muito interessado com as pesquisas que desenvolvia para o transplante intervivos. Disse que invejava o que estava sendo feito no HC, porque, por questões religiosas, o transplante de órgãos a partir de cadáveres era impraticável no Japão. Sua esperança para o transplante hepático era conseguir órgão a partir do doador vivo, pesquisa que também desenvolvia naquele hospital, e acompanhava com interesse o que era desenvolvido na faculdade de medicina de São Paulo. Alberto ficou orgulhoso ao constatar a importância que um professor de cirurgia no Japão dava para o HC, onde se fez médico.

46. Religião

Depois de duas semanas no Japão, falando quase exclusivamente japonês, ele estava mais fluente na língua local. Achou curioso que algumas palavras guardadas na memória, mas sem uso, começaram a brotar espontaneamente. Uma manhã, na rua, encontrou uma moça vendendo uns vidrinhos de cerca duzentos mililitros com conteúdo branco. Perguntou em japonês se aquilo era *gyunyu*, leite de vaca em tradução literal. A moça riu.

– Que coisa mais antiga, tio – disse.

– Por que antiga? – perguntou

– Porque agora chamamos isso de *miruku* – respondeu a moça.

Como em toda parte do mundo, o inglês foi incorporado ao japonês falado, só que numa pronúncia peculiar. A palavra acima vem de *milk*. Como esta nova palavra, Alberto teve que incorporar ao seu vocabulário várias palavras novas para poder se comunicar e, assim, evitar ter que ouvir novamente risos do japonês que ele falava. No restaurante, em vez de pedir *gohan*, que é arroz em japonês, o povo lá usa *raisu*, do inglês *rice*. Bunda se diz *ri-pu*, do inglês *hip*, e não como aprendera, *shiri*, que passou a ser deselegante usar. Até para designar água usam *wataa*, de *water*, e não *mizu*. O japonês moderno é uma língua anglicizada, mas muito difícil de entender, em especial para brasileiros que aprenderam o japonês coloquial no lar com os pais, que migraram há mais de sessenta anos.

Paralelamente às visitas técnicas na área de administração da saúde, um primo, que residia perto do hospital onde ele estava estagiando, patrocinou-lhe visitas culturais nos fins de semana. Levou-o para conhecer lugares incríveis, fora do circuito turístico tradicional. Arqueologia era seu *hobby*. Nara é o berço do Japão e lá qualquer escavação pode resultar em achados da pré-história, razão pela qual seus moradores têm horror a reformar casas velhas. Qualquer construção nova que venha a necessitar de escavação para fincar alicerces pode resultar em interdição da obra, se forem encontrados cacos de cerâmica sob o solo. O governo requisita o terreno para estudos arqueológicos. Até os agricultores sofrem, porque têm seus terrenos invadidos por pesquisadores. O primo mostrou-lhe na planície coberta de arrozais montículos arredondados com cinquenta a cem metros de base e que, em pesquisas recentes, descobriu-se tratar-se de túmulos. Foi visitar um deles e, estranhamente, o esquife em pedra escavada que fora descoberto era grande para os padrões japoneses de estatura média. Os japoneses antigos eram maiores que os atuais? A tese do primo era de que o Japão fora dominado por estrangeiros vindo do continente, mais evoluídos, e que constituíam a elite daquele tempo. Uma outra coisa de que um visitante não consegue fugir é visitar templos, santuários, monastérios antigos. Depois de ter sido apresentado a monges e sacerdotes das mais diversas correntes religiosas, amigos desse primo, ficou curioso em saber qual era a religião que ele seguia, já que aparentava ser profundamente religioso. Respondeu que o japonês não tem uma religião, que adota todas as religiões e que acredita em muitos deuses, milhares. Ensinou-lhe que o japonês nasce xintoísta e morre budista. O nascimento é festejado pelo xintoísmo, enquanto no budismo a morte é que se festeja. Disse ainda que, num país que convive com terremoto, tsunami, tufão e vulcões, é natural que tenham tantos deuses para garantir proteção.

Em um sábado ensolarado, num desses passeios para conhecer um grande hospital privado, o primo levou-o a conhecer Tenri, cidade onde nasceu uma das muitas religiões neomonoteístas praticadas no Japão, o *tenrikyo*. É importante lembrar que há uma religião oficial, o xintoísmo, que é politeísta, talvez "militeísta", porque são milhares os deuses adorados. Tenri é uma cidade inteira, de 70 mil habitantes, que vive em função desta religião. Algo parecido com Aparecida do Norte. Turismo religioso é a principal atividade econômica. A principal construção no centro da cidade é um templo enorme construído em madeira no estilo tradicional japonês, com quatro lados iguais, cada qual voltado para um ponto cardeal, cujo centro é vazado e iluminado, local onde se acredita que a criadora da religião tenha recebido a revelação divina. Calculou que nestes salões, sem nenhum móvel, onde as pessoas se sentam no chão, deveriam caber mais de 5 mil devotos. Além de muitas pousadas, uma construção que chamou a atenção foi o hospital da cidade, que estava programado visitar. Em arquitetura típica, mas em alvenaria, com capacidade para 2 mil leitos. Pelo tamanho não deve ter sido construída para atender a população da cidade. Era um hospital para doentes de turismo médico. Unir reza com medicina é a receita perfeita para a cura de doenças, pensou. Visita agendada com o diretor geral, a primeira curiosidade foi que, para entrar no hospital, as pessoas são orientadas a tirar os sapatos e vestir chinelos, como se faz nas casas japonesas. Era hora de visita aos doentes e, assim, centenas de pessoas estavam tirando seus sapatos e trocando-os por chinelos. Tudo feito no mais absoluto silêncio e ordem. Preocupado em saber como acharia os seus sapatos na volta, percebeu que os sapatos eram colocados em um gaveteiro móvel com rodas e cada qual recebia um *ticket* com uma numeração que indicava a posição do sapato naquele carrinho e o horário em que deu entrada no hospital. Outra curiosidade foi que, do corredor, para entrar em qualquer área mais restrita, como UTI e Centro Cirúrgico, o chão da entrada era forrado com um tapete colante, e a sujeira que o chinelo eventualmente trazia ficava grudada no tapete. O hospital era privado, mas não havia um apartamento sequer. Todos eram internados em enfermarias coletivas de dez ou mais leitos, cada qual com cortinas de pano em volta das camas, o que garantia uma privacidade relativa. Havia ao lado de cada cama um criado-mudo especialmente desenhado, com tudo que o doente poderia precisar: espelho, barbeador elétrico, garrafa térmica elétrica, xícara de chá e tigelas de cerâmica. Os números que foram apresentados pela direção impressionavam pela produtividade. Na hora de ir embora, Alberto achou o seu sapato, em meio a tantos outros, sem qualquer dificuldade.

47. Convênio

Depois da viagem de estudos, muito proveitosa, Alberto voltou à sua rotina na gestão de plano de saúde, quando atendeu um telefonema de um doutor importante, professor emérito da faculdade de medicina. Com mais de oitenta anos ainda dava expediente no consultório privado. Ele era um médico credenciado bastante antigo, e achou estranho que ele próprio falava ao telefone. Solicitava uma reunião, e Alberto prontamente propôs agendar para o dia seguinte. Entretanto, disse que queria ser atendido imediatamente, como era do seu feitio, e que estaria no escritório da companhia em vinte minutos. Como o conhecia, o seu jeito impositivo lhe era familiar, e em respeito à sua biografia concordou em recebê-lo, até porque sabia que seu consultório ficava na Avenida Brasil e para o escritório na Paulista não demoraria nem isso. Chegou, como sempre, de branco e blazer azul-marinho com uma pasta de couro que parecia bem cheia. Cumprimentou-o, sentou-se à sua frente, abrindo a pasta cheia de papéis. Disse que tinha perdido a secretária que o servira por tantos anos e que não sabia o que fazer com aquela montanha de papel carbonado em quatro vias que ele encontrara na gaveta dela. Como tinha o timbre da companhia, achou que esta poderia desvendar o mistério. Eram guias para cobrança dos serviços prestados pela sua clínica aos empregados da companhia. Examinadas as datas, tinha coisa de seis meses passados. Disse que a vida toda, quem cuidou da cobrança do consultório foi a secretária, que ele nunca soube como o dinheiro era depositado em sua conta, mas que fazia algum tempo que sua conta bancária não recebia depósitos. Alberto verificou no extrato do credenciado que tinha à mão que o professor tinha recebido o último pagamento fazia quatro meses. Algumas guias estavam com o nome e assinatura do cliente, mas sem a discriminação dos serviços prestados. Disse-lhe que deveria preenchê-los a partir dos dados da ficha de atendimento.

Retrucou que estava sem secretária e que não ia contratar uma outra, porque o movimento do consultório tinha diminuído muito e não compensava ter uma secretária. "A secretária eletrônica que tenho basta", completou. Para encurtar a conversa, Alberto pegou aquele monte de papel, só os da companhia, porque havia papéis de outros convênios, e se encarregou de preencher os dados que faltavam e fazer o pagamento. Tinha como fazê-lo com o cruzamento com guias do hospital onde o professor atendia, grande parte da sua clientela. Ficou com pena. Médicos dependem tanto das suas secretárias que, quando elas se vão, parte do consultório vai com elas. Depois de alguns meses o consultório da Avenida Brasil tinha fechado.

O trabalho de secretaria para médicos é realmente importante. Algumas desfrutam de tal confiança que são encarregadas de fazer cobranças e pagamentos em nome dele. Numa ocasião, um docente da cirurgia ouviu de um colega da mesma especialidade que uma doente comum comentara que aquele colega dele cobrava muito caro pela cirurgia. Entre especialistas é comum o encaminhamento entre pares, doentes com peculiaridades específicas. Respondeu que não era verdade, que cobrava o mesmo que todos cobravam. Ficou intrigado e foi verificar. Chamou os clientes que tinham sido operados mais recentemente e perguntou a cada um deles se havia alguma queixa em relação ao valor que cobrara. Para sua surpresa todos tinham desembolsado o dobro do que normalmente cobrava. Pelo depoimento dos clientes, descobriu-se que a secretária cobrava os honorários em duplicata, dizendo que o professor era camarada e que os honorários poderiam ser pagos em dois cheques, e o segundo só seria descontado trinta dias depois.

A secretária perdeu o emprego, mas ficou mais rica. Já o professor não ficou menos rico, até porque a Receita Federal, à época, ainda não fazia o cruzamento de informações entre clientes e prestadores. Outra situação inusitada com a secretária de um cirurgião cardíaco famoso aconteceu. Como supervisor do setor de credenciamento, algumas vezes Alberto se envolvia com auditoria de contas médicas. Percebeu que alguns procedimentos iguais eram cobrados duas vezes em faturamentos de meses diferentes. Embora fosse evidente tratar-se de cobrança fraudulenta, educadamente mandou chamar o médico por carta para se explicar. Quem se apresentou foi a secretária de confiança do médico. Mostrou o problema e a secretária, percebendo que fora flagrada no malfeito, ato contínuo sacou o talão de cheque da bolsa e disse que a cobrança em dobro havia sido uma distração de outro funcionário e que o valor cobrado a mais seria devolvido imediatamente, e, com aquele cheque na mão, perguntou quanto era o valor. Estranhou a pronta reparação que ela queria fazer e ficou impressionado com a autonomia de que a secretária desfrutava. Explicou que o ressarcimento deveria ser feito formalmente em contas futuras, e que seria feita uma verificação retroagindo pelo menos um ano. Constatadas outras fraudes, comunicou ao médico, por carta, o desconto que seria feito em pagamentos futuros, o que deixaria o médico sem receber por uns três meses. Não ficou sabendo se a secretária tinha perdido o emprego. Achou que não, e o médico nem deve ter tomado conhecimento da carta, porque o comunicado com a concordância do ressarcimento que seria feito foi recebido, e não havia qualquer indício de desconforto na carta. Acho que o médico nem deve ter dado conta da falta de pagamento nos meses que se seguiram.

Durante o tempo que passou na operação da assistência médico-hospitalar da companhia, Alberto teve oportunidade de conhecer o funcionamento dos hospitais privados e serviços de saúde do interior do estado. A gestão dos contratos de prestação de serviços era responsabilidade da sua área. Era parte da rotina viajar para o interior na época em que se discutia o reajuste dos contratos, uma vez que a inflação era galopante e a incorporação de novas tecnologias constante. Um dia foi chamado para analisar o contrato com uma Santa Casa de uma cidade de médio porte nas barrancas do Rio Paraná. O maior faturamento se referia a partos. Quase um terço do faturamento se referia a diárias e taxas deste evento natural que incide sobre a população feminina. Analisou os dados populacionais e chegou à conclusão de que o número de partos era compatível com a quantidade de mulheres em idade fértil que compunha a carteira de beneficiários. O que chamou sua atenção foi a quantidade de exames de ultrassonografia gestacional que eram cobrados pela Santa Casa. O exame era uma novidade e poucos eram os hospitais que ofereciam o serviço, em especial no interior. Contou o número de partos realizados no período de doze meses e usou como divisor a quantidade de exames ultrassonográficos cobrados no mesmo período. O resultado foi onze exames por parto. Achou um exagero e logo pensou em fraude. Exames cobrados, mas não realizados. Foi então verificar os estratos de cada beneficiário e constatou que na amostra analisada tudo conferia. Foi então verificar se para cada exame realizado havia um pedido anexado. Sim, havia. Estava tudo correto, apenas uma superindicação do exame, pensou. E, como o serviço era da Santa Casa e os pedidos eram de consultórios privados dos médicos, não havia por que desconfiar de que médicos estivessem autoindicando o exame. Aproveitando uma viagem à região, pediu à direção da Santa Casa uma reunião com os obstetras para uma explicação. A Santa Casa prontamente providenciou a reunião. Durante as discussões, tudo indicava que os médicos apenas estavam atendendo aos pedidos das grávidas, que queriam documentar a gravidez. Afinal, era uma novidade. Como não houve condições para um acordo voluntário de restrição da demanda, comunicou que o exame passaria a ter uma autorização prévia e os exames limitados a uma determinada quantidade por gravidez, a não ser que houvesse justificativa. Esperando protesto da Santa Casa, porque ela estaria perdendo faturamento, perguntou se ela tinha alguma observação a fazer. O provedor disse que não, até porque o aparelho ficava na Santa Casa, mas pertencia aos médicos que estavam lá reunidos. Eles tinham se cotizado para comprar o equipamento e a Santa Casa recebia um aluguel pelo espaço cedido. Compreendi então por que havia tantos pedidos de exames. Os médicos tinham a prestação da máquina vencendo todo mês.

Foi nos anos 1980 que uma distribuidora de energia foi estadualizada. Um movimento inverso do que acontece hoje, uma empresa privada tornar-se estatal, mas foi o que aconteceu. A piada na época era de que o nome mais apropriado para a nova estatal seria Eletroluf, já que era mais uma das iniciativas do governador da época, que tinha inventado no ano anterior de prospectar petróleo na bacia do Rio Paraná. Por ordem desse governador, a companhia foi perfurar poços no interior do estado, que àquela altura estava fazendo água, literalmente. Os poços, no lugar de petróleo, só produziram água, à custa de centenas de milhões de dólares. Foi dinheiro jogado no fundo do poço, diziam. Agora a ordem era incluir todos os funcionários da nova estatal de distribuição de energia elétrica no plano de saúde que faria parte do conglomerado da companhia onde trabalhava. Se a inclusão dos funcionários da empresa de prospecção de petróleo foi fácil, posto que era formada por algumas dezenas de funcionários, já a nova estatal de distribuição tinha mais de 20 mil empregados, espalhados pela capital, Baixada Santista e Vale do Paraíba. Eram ao todo cerca de 60 mil beneficiários novos a serem atendidos. Não era uma operação muito simples, até porque haveria uma brusca mudança cultural: os empregados que até então eram atendidos nas suas necessidades de saúde pelo Inamps passariam a ser atendido por uma rede conveniada. O atendimento era feito em clínicas privadas, parte importante delas localizada nos Jardins, na capital paulista, bairro de gente abastada. O convênio era prestigiado entre prestadores contratados, porque em São Paulo a maioria dos empregados era formada por técnicos de nível superior, e os escritórios localizados na região da Avenida Paulista abrigavam a presidência e todas as diretorias da empresa.

Com o objetivo de preparar a rede e ampliar a oferta de serviços para essa nova população de beneficiários, credenciadores foram a campo. O processo tinha que ser ágil porque havia sido prometido que em um mês o acesso à rede credenciada seria liberado aos empregados da nova empresa. As dificuldades foram aparecendo, e Alberto foi chamado a intervir em alguns contratos. A esperança era de que uma conversa de médico para médico poderia quebrar resistências. Um credenciado resistia a ter seu contrato ampliado, e Alberto foi até a Avenida Rebouças conversar com o dono da clínica. Recebido no horário agendado, começou a conversa argumentando que achava estranho que o contratado não quisesse mais clientes, já que o número de beneficiários iria dobrar. Ele respondeu que queria, sim, mais clientes, mas de gente de nível, não de operários que subiam em postes. Achou que ele estava raciocinando com uma remuneração menor para essa nova clientela, prática comum entre as operadoras de planos de saúde. Expliquei que o programa assistencial era igual para todos, do presidente ao faxineiro, e que a remuneração pelos serviços prestados seria exatamente a mesma que ele recebia para atender engenheiros e diretores. O médico, então, disse que, se tinha observado a sua sala de espera, era só gente bem-apessoada, um luxo, e que não queria ver sua clínica invadida por operários em macacão, que não podia admitir que um cliente chegasse em caminhão de serviço para uma consulta, e que isto estragaria a sua clínica, afugentaria sua clientela mais tradicional. Ademais, que os empregados da Light eram muito feios, morenos demais, com barba e cabelo por fazer e mau educados. Alberto ouviu em silêncio, pediu desculpas pelo incômodo e se despediu agradecendo a gentileza da conversa. Voltando para a companhia, propôs o descredenciamento daquela clínica.

Não havia passado nem um mês que aos empregados da nova empresa tinha sido estendido o convênio de saúde. Um beneficiário veio fazer reclamação de uma maternidade. Quando a reclamação envolvia atendimento médico, era Alberto quem atendia. Diga-se de passagem, ele era o único médico que dava expediente meio período diariamente.

O reclamante entrou, era uma pessoa simplória. Achou que ele estava um tanto assustado com o ritual da reclamação. Antes de chegar a ele, era preenchida uma ficha com os dados do reclamante, o motivo da reclamação e a identificação do serviço credenciado. Cumprimentou-o e pediu que ficasse mais à vontade; perguntou sobre o seu trabalho, onde e o que fazia, até que lhe questionou qual era a reclamação que tinha a fazer e que contasse o que lhe tinha acontecido. Começou relatando que havia uma semana a mulher fora dar à luz numa maternidade na Avenida Paulista. Achou a maternidade muito bonita, mas o serviço péssimo, nem médico tinha. Alberto estranhou porque era uma maternidade conceituada, que conhecia bem.

Vivam a cena.

O reclamante agora conta que, quando a mulher começou a ter contrações, um pouco antes da hora prevista, foi para a maternidade que tinham indicado, e continua com o seguinte relato, com muitos detalhes.

– Cheguei lá e foram me fazendo um monte de perguntas, uma burocracia!

Conta que apresentou a carteirinha do convênio. Enquanto a recepcionista fazia o registro ela lhe perguntou qual era o médico que ia atender. Respondeu que era do convênio, e ela queria saber o nome dele. Respondeu que não sabia o nome do médico e aí a recepcionista lhe disse que sem o nome do médico não podia internar a sua mulher. Achou tudo aquilo um absurdo e ficou preocupado e inseguro. Achou estranho que ele tivesse que providenciar um médico. Afinal um hospital só é hospital porque tem médicos. Perguntou se o hospital não tinha um médico para atendê-la e a recepcionista nem respondeu e foi logo querendo saber se sua mulher tinha feito pré-natal. Respondeu que sim, que tinha feito no posto de saúde do bairro. A recepcionista perguntou se sua mulher tinha feito alguma consulta com um médico do convênio. A mulher do reclamante respondeu que sim, que por orientação da assistente social da empresa fez a última consulta, três semanas antes, com uma médica do convênio. Ela se lembrou que tinha uma receita na bolsa, da médica que a tinha atendido. Apresentou a receita e a recepcionista anotou o nome da médica na ficha. Perguntou em seguida se a médica, além da receita, não tinha escrito um encaminhamento para a maternidade. Sua mulher respondeu que não, apenas lhe disse que ela tinha que escolher uma maternidade entre duas opções. A escolha deveria ser informada na próxima consulta, que não houve porque seria no dia seguinte. Terminado o preenchimento da papelada, disse que sua mulher foi finalmente encaminhada para um quarto. Passado algum tempo, as contrações aumentando, uma enfermeira veio informar que tinham telefonado para a médica, e esta lhe disse que o nome da parturiente não constava entre os encaminhamentos feitos. Ademais não recebera qualquer aviso da grávida de que estava indo para a maternidade, como costumava combinar. Que estava ocupada em outra cirurgia e que tentaria encontrar um substituto para fazer o parto. O reclamante relata que ficou então mais nervoso, percebendo que algo estava errado, mas não sabia o que era.

A enfermeira examinou sua mulher, colocou um aparelho para ouvir os batimentos do coração do bebê e saiu do quarto. Passado algum tempo, a sua mulher se queixou que as contrações estavam mais fortes e, como esse era o segundo parto, disse a ele que achava que o bebê estava para nascer. Chamou a enfermeira, que fez um novo exame e disse que ainda ia demorar. Ela olhou para o aparelho que registrava o batimento do coração do bebê e saiu correndo pedir ajuda. Transferiram a mulher para sala de cesariana e pediram para ele ir ao vestiário trocar de roupa se quisesse acompanhar o parto. Nem sabia que o marido podia assistir ao parto, mas, como as coisas estavam complicadas e percebera a enfermeira nervosa, resolveu se trocar. O anestesista chegou, mas a obstetra não tinha chegado. Percebeu a enfermeira mais nervosa, quando o anestesista disse que ia fazer a anestesia, com o olho pregado no aparelho que registrava o coração do bebê. Percebeu que o bebê corria perigo. Tudo pronto para a cesariana, mas a obstetra não estava na sala. O anestesista chamou a enfermeira, examinou os batimentos do bebê e saiu correndo. Escutou ela dizendo que havia uma emergência e que precisava de um médico. Ela estava pedindo um favor?, pensou o reclamante. Será que não havia um médico de plantão? Alguns minutos depois, a enfermeira entrou com um médico e seu auxiliar. Parece que tinham terminado uma cesárea em outra sala e se prontificaram a atender a emergência. Trocaram os aventais e as luvas e operaram a sua mulher. Tiraram o bebê em dois minutos, estava roxo, mole. A enfermeira pegou-o e levou para um bercinho ao lado, enfiou um caninho no nariz e na boca e colocou uma máscara que achou que era oxigênio. O bebê demorou um pouco, mas abriu um berreiro, que deixou todos aliviados. Ele não sabia o que estava acontecendo, mas achou que o bebê ia morrer se a operação demorasse mais um pouco. Nem ficou sabendo o nome do médico que ajudou, e nem pôde lhe agradecer. Enquanto ele estava acompanhado o bebê já reanimado, o tempo passou e os médicos já tinham fechado o corte e tinham ido embora. Soube depois que a médica não chegara, nem um substituto. Achou aquilo tudo muito estranho, mas que tudo podia ser diferente se o hospital tivesse um plantonista, como era no hospital público que conhecia.

– Eu não fiquei chateado com ela, porque realmente não tínhamos combinado de ela fazer o parto. Fiquei chateado com vocês do convênio porque não me avisaram que tinha que levar o obstetra para a maternidade e indignado com o hospital, por não ter um médico de plantão para fazer o parto de quem vem sem médico. Que adianta um prédio bonito, um quarto maravilhoso, sem um médico para atender as emergências? – desabafa.

E continua reclamando:

– Convênio é cheio de burocracia. Bom é no hospital do Inamps, que tem sempre um médico para atender, seja para parto ou para acidente, e não fazem nenhuma pergunta além de pedir um documento.

Fim da cena.

Ouvindo esse relato, Alberto ficou tocado com o testemunho de alguém que realmente dá valor para o que importa, e não para os acessórios. A expectativa do cliente em relação ao primeiro atendimento no convênio, que tanto lhe recomendaram, foi frustrada. Para ele, o convênio não ofereceu a segurança que esperava fosse garantida em toda a rede credenciada. O parto, embora seja um evento natural, recomenda-se que seja feito em hospital, para eventuais situações emergenciais. Quando foi ter o primeiro filho tudo correu bem no hospital público que procurou e não teve que levar um médico, porque um médico se apresentou e lhe disse que ele ia conduzir o parto, dando-lhe segurança. E agora quase matam o bebê em uma maternidade privada considerada de ótimo nível, porque não tinha um médico de plantão, que considerava essencial e que deveria ser obrigatório. O reclamante tinha razão, o que acontecera não era admissível. Alberto agendou uma visita àquela maternidade e foi conversar com a direção do hospital, pedindo que pudesse conversar com a enfermeira que estava de plantão naquele dia. A enfermeira confirmou o que lhe tinha sido narrado. A direção justificou a falta de plantonista porque o normal naquela maternidade era que o parto fosse feito pelo médico indicado pela parturiente e que mais de oitenta por cento dos partos eram programados. E que um plantonista não era necessário. Ponderou que, mesmo assim, era de se esperar que a maternidade tivesse um plantonista. Algumas semanas depois recebeu um comunicado do hospital de que tinham contratado um plantonista.

48. Odontologia de massa

Nessa época Alberto trabalhava outro meio período em um ambulatório de uma entidade de serviço social voltada para os operários da construção. Liderava um grupo de quarenta dentistas e cinquenta médicos. A missão institucional era, com parcos recursos, atender os trabalhadores da construção, formada em sua maioria por jovens nordestinos. Operários recrutados na região do Brás, antiga estação Roosevelt da Central do Brasil, também conhecida por estação do Norte. Já não havia trem que vinha do Nordeste, mas a tradição de ser o ponto de encontro dos nordestinos recém-chegados, procurando emprego, continuava lá. Ainda era grande o fluxo de migrantes e o sonho desses era ser um dia metalúrgico no ABC paulista, mas para começar a vida na grande cidade o primeiro passo era ser servente de pedreiro. Quando chegou para trabalhar, a primeira coisa que lhe chamou a atenção foi o serviço de odontologia. Não era comum a oferta desse serviço pelas empresas. A odontologia era relegada a um segundo plano pelos convênios de saúde.

Logo de manhã formava-se uma fila colossal para o atendimento odontológico e, antes do meio dia, a fila desaparecia. Achou aquilo fantástico. Havia uma grande demanda e foi informado que o serviço era muito bem avaliado pelos usuários. Tinha também uma altíssima produtividade. Intrigado, foi ver como funcionava. Dr. Roberto, chefe da odontologia, tinha inventado um processo de atendimento que faria inveja a Henry Ford. Era mais ou menos assim: um dentista triador, bem treinado, em não mais de cinco minutos marcava numa ficha os dentes a extrair e os dentes a restaurar. Um segundo dentista só fazia a extração dos dentes de uma arcada, o outro só da outra arcada. E depois dois dentistas restauradores, um de uma arcada e outro de outra arcada. Enquanto isso, na sala de espera, auxiliares davam escovas de dente e pasta, ensinando que a escovação não servia para perfumar o hálito, mas para conservar os dentes. Eram advertidos de que enquanto não aprendessem a escovar os dentes não passariam para a reabilitação. Era o sonho de consumo dos operários desdentados, sair com uma prótese branquinha para exibir aos parentes quando voltassem para a terra natal. A estatística era estarrecedora. Não saberia dizer exatamente, mas algo como antes dos trinta anos as bocas tinham perdido perto de metade dos dentes. A reabilitação oral era também uma linha de montagem e uma padronização de procedimentos. Descobriu uma coisa interessante, que as próteses eram montadas com dentes postiços apenas com dois padrões de cores. O branco Kolynos e o amarelado natural. Quando perguntou o porquê, o chefe respondeu que tinha feito uma pesquisa entre os usuários e deu oitenta por cento de branco, ainda que os seus dentes naturais não tivessem essa tonalidade. Para serem notados, exibir próteses alvas era o que desejavam.

O serviço de odontologia era muito requisitado e, para atender a demanda com menor perda de tempo do empregado, havia um serviço odontológico móvel. Montado em uma Kombi com teto elevado, o tratamento podia ser feito no canteiro de obras. Era bom para o patrão, que ganhava tempo, e bom para o empregado, que não precisava gastar com condução. Mas para uma grande obra na Cidade Tiradentes não era uma boa solução. O conjunto habitacional estava em construção e esse bairro, que tinha nome de cidade, ficava no extremo da Zona Leste; a Kombi, um carro lento, levava uma hora e meia para chegar e outra hora e meia para voltar. Sobrava apenas uma hora para atendimento. A jornada do dentista era de quatro horas e contava a partir do seu embarque na sede da entidade e retorno para a mesma sede. Não era possível levar o serviço para lá. A construtora, que eram duas na realidade, insistiu no serviço e que havia muita gente para ser atendida, cerca de 3 mil operários. Não acreditando, foi então com o chefe da odontologia verificar se era possível instalar dois consultórios odontológicos e um consultório médico no canteiro de obra. Foi de metrô, recém-inaugurado. Trinta minutos até a estação Itaquera e de lá mais vinte minutos de carro, que a construtora colocou à disposição. Quando estavam chegando, contornado o último morro, avistou a obra do conjunto habitacional. Um assombro! Uma vastidão de casas todas iguaizinhas e um mar de apartamentos com quatro andares na parte mais central. As construções iam até onde a vista alcançava. Perguntou ao motorista qual era o tamanho desse empreendimento, e ele respondeu candidamente que a fazenda desapropriada tinha quinze quilômetros quadrados. Fez uma conta rápida: 3 × 5 dá 15, portanto a área ocupada podia ter três quilômetros de largura por cinco quilômetros de comprimento. Era realmente uma cidade. Tudo ia ser ocupados por moradias populares, menos as áreas já ocupadas por favelas. O projeto era para 200 mil moradores e já moravam 70 mil. Chegam no escritório da construtora, foram recebidos por alguém que se apresentou como engenheiro-residente. Achou curioso o nome e logo foi perguntando o que era o engenheiro-residente, se havia alguma similaridade com médico. Ele não morava na obra, mas era quase isso. Era o indivíduo permanente na obra, enquanto os outros vinham quando necessário. Como engenheiro mais jovem, ele carregava o piano para os outros engenheiros tocarem. Aí o engenheiro perguntou se eram eles que viriam sempre para fazer os atendimentos. Alberto respondeu que não, mas que viriam de quando em quando supervisionar.

– Mas não venham com os próprios carros – orientou. – Faça sempre como feito hoje, você me liga que eu mando buscar na estação com o carro da construtora – disse o engenheiro.

Antes que perguntasse o porquê, o engenheiro pediu para que voltassem para o carro. Sentou no banco do carona e pediu para Alberto e o dentista subirem para um passeio de apresentação. Orientou o motorista a fazer o trajeto de sempre e pediu que abaixassem o vidro e ficassem com o rosto à mostra. Foi explicando que este era um bairro dominado pela bandidagem e que a construtora tinha acordo com os chefes e todas as empresas que trabalhavam naquele lugar tinham acordos. O carro avançou devagar pela avenida, que acreditou que fosse a principal, até porque tinha duas vias e a cada casa, cuja frente tinha sido transformada em casa comercial, o carro diminuía a velocidade. O engenheiro explicou que cada uma dessas pessoas que estavam olhando para os ocupantes do carro eram olheiros. Sabiam que tinha gente nova no pedaço. Mas o engenheiro disse que já tinha avisado que faria uma apresentação. Cada médico e dentista novo que viesse trabalhar teria que passar por esta apresentação, avisou. Depois de andar uns trezentos metros, o carro deu meia-volta e retornou ao escritório. Curioso, Alberto perguntou qual era a parte do serviço social no acordo. O engenheiro respondeu que já tinha combinado que, além dos operários, iriam atender os casos médicos e odontológicos demandados pelos chefes na quantidade de um ou dois casos por semana. Perguntou se eles iriam cumprir esse limite. A resposta foi sim, que não se preocupassem com a quantidade. O engenheiro, então, mostrou um prédio ainda não terminado, perto do escritório, que tinha preparado dois apartamentos que tinham dois quartos, sala, banheiro e cozinha para instalar os consultórios.

Depois de tudo instalado, o atendimento foi iniciado e durante dois anos não se teve notícia de qualquer incidente. Sabia que em algumas regiões periféricas não havia governo constituído presente e era preciso fazer acordo com o "governo local", mas não sabia que era tão escancarado. Conheceu na cidade de São Paulo uma São Paulo que não imaginava existir.

49. Novos equipamentos

Dr. Roberto, colega ginecologista, era um felizardo que começou cedo o seu consultório particular em região nobre da cidade. Com poucos anos de formado tinha uma clientela fiel e bem aquinhoada. Gostava de contar causos e fatos que aconteciam no seu consultório sempre com muito humor. Coisas triviais como mulheres que se apresentam depiladas e outras que não retiram nem os pelos das axilas. Algumas se machucavam com a lâmina e chegavam ao consultório sangrando. Sobre pelos contou uma boa, numa roda de conversa fiada. Estava a cliente deitada de frente para ele, para fazer o exame das mamas, e, muito envergonhada, cobriu o rosto com um lenço que usava no pescoço. Palpou uma mama, depois a outra e nada encontrou de anormal, mas examinando visualmente a aréola percebeu um fio de cabelo longo da mesma cor do seu cabelo. Como começava a ficar calvo, achou que o fio tinha caído da sua cabeça. Num movimento rápido pinçou com o indicador e o polegar o cabelo caído para lançar fora. "Ai!!", a cliente gritou de dor. Era um pelo de estimação que tinha sido deixado para crescer para se saber até onde. A paciente ficou envergonhada, mas mais envergonhado ficou o médico. Nesta mesma roda de conversa, um outro ginecologista contou uma história ainda mais cabeluda. Uma cliente que tinha sido operada há mais de dez meses marcou uma consulta. No consultório, contou que da cirurgia estava tudo bem, que não sentia nenhuma dor, mas que tinha uma coisa para lhe devolver. No dia da consulta, abriu a bolsa e retirou um pequeno envelope que entregou ao médico dizendo:

– Isto deve ser do senhor, espero que não tenha sentido falta.

O colega abriu o envelope e dentro uma compressa cirúrgica pequena.

– Doutor, está lavada, alvejada e passada.

– Onde foi que a senhora achou isto? – indagou o médico.

Contou que há três dias eliminou com as fezes, com alguma dificuldade, algo estranho. Examinou no vaso sanitário e percebeu que o objeto estranho era de tecido. Resolveu resgatar o objeto achando que fosse uma prótese ou tela usada na cirurgia e que tinha se soltado. O colega explicou à doente que era uma compressa que se usa em cirurgia, que é desprezada depois, mas não fazia ideia do que tinha acontecido para ser evacuada. Esquecer compressa ou outros objetos dentro do doente durante uma cirurgia é algo que acontece. Cirurgião que disser que nunca teve um incidente do tipo ou está mentindo ou não opera com tanta frequência como diz. Geralmente uma compressa esquecida na cavidade abdominal acaba por provocar uma inflamação, quando não causa uma infecção, o que obriga a retirar o corpo estranho por outra operação. Quando se opera o intestino, uma compressa pode ser esquecida dentro do tubo intestinal, mas nesse caso a evacuação dela acontece em pós-operatório imediato, não dez meses depois. Além do que, ginecologista nunca abre intestino. Então, o que poderia ter acontecido neste caso? O colega solicitou o prontuário e na ficha do centro cirúrgico havia sido anotada a falta de uma compressa na contagem que se faz no final, mas a falta não foi comunicada. Uma compressa esquecida na cavidade é tratada pelo organismo como um corpo estranho. A reação natural é o organismo isolar aquele objeto com células especializadas que trabalham para expulsá-lo ao exterior, quando possível. Se está próximo à pele o caminho natural é fazê-lo através da cobertura tegumentar, da pele, na forma de um granuloma ou abscesso. No caso presente a compressa poderia estar colada ao intestino grosso, e sua luz é o caminho mais próximo para o exterior. O organismo, depois de encapsular o corpo estranho, lentamente o vai empurrando para dentro do intestino, ao mesmo tempo em que o tecido do intestino é reparado com novas células, de forma tão justa que não haja qualquer pertuito entre a cavidade e o intestino, que é então recomposto. O excepcional neste caso é não ter havido um processo inflamatório mais intenso ou infecção durante este longo processo natural de eliminação de um corpo estranho. Pela excepcionalidade do ocorrido o colega apresentou o caso em uma reunião, e para sua surpresa pelo menos um dos presentes confessou ter vivido coisa parecida e que guardara o fato em segredo. Médicos, quando se reúnem para contar casos, geralmente só contam o que é bom e o que deu certo. Os erros a gente esconde, como diria o ministro Ricúpero. Há quem diga que a frase correta é: os erros a gente enterra.

Piadas prontas envolvendo médicos é que não faltam, e nem há por que contá-las aqui. Entretanto, uma que ilustra bem o juízo que fazem deles próprios e digna de deixar registrada, embora possa ser piada velha para muitos, é a seguinte:

– Você sabe como se esconde uma nota de cem dólares de um anestesista?

– Não!

– É só largar em qualquer canto da sala de cirurgia, porque ele nunca vai estar lá quando precisa.

– E de um ortopedista? É só colocar dentro de um livro de medicina, porque ele nunca vai abrir.

– E de um pediatra? Nem precisa esconder, porque ele não sabe o que é. Nunca viu uma.

– E de um cirurgião plástico? Nem tente esconder, porque ele sempre vai achar.

Piadas à parte, as novidades tecnológicas surgiam a cada momento. Em meados dos anos 1980, Eduardo, um colega urologista, chamou Alberto para ver uma nova tecnologia para tratar pedras nos rins. A litotripsia percutânea, pela qual, através de um orifício, se introduzia um cateter que era levado até o rim, através do qual se bombardeava diretamente o cálculo com algum tipo de energia para fragmentá-lo. Podia ser ultrassom ou laser. Depois os fragmentos menores eram retirados. Achou maravilhosa como solução terapêutica, pois com isso se evitava uma cirurgia de grande porte, repleta de complicações, fístulas urinárias e até perda do rim. O colega fez um grande investimento para ter o equipamento. Achou que tinha feito um investimento duradouro. Não se passaram nem dois anos e um outro colega urologista, Márcio, o convidou a conhecer um novo equipamento para tratar as pedras, conhecido por LECO (litotripsia extracorpórea por ondas de choque). Estava instalado em um hospital perto do Ibirapuera. Era uma banheira em forma de pera que devia medir 2,5 metros por 1,5 metro, com uma lâmina de água de quarenta centímetros de altura. O doente era deitado nessa banheira e recebia a distância uma série de "pancadas" geradas por um equipamento eletro-hidráulico. Esse gerador produzia ondas de choque (energia mecânica) que, se propagando pela água, atravessavam o tecido mole do corpo, mas quando encontravam uma superfície dura, na medida que a energia não era dissipada, ela se fragmentava. Lembram-se do rolimã e da serra de gesso? Os fragmentos, então, eram eliminados pela via urinária. Este novo tratamento dispensava o orifício e o cateter. O tratamento por esse aparelho custava cerca de 5 mil dólares americanos. Mais alguns anos se passaram, o equipamento foi aperfeiçoado, eliminada a banheira, foi acoplada a um aparelho de raio X para melhorar a mira das ondas de choque, que agora eram produzidas dentro de uma bolha de água feita em invólucro plástico, encostada contra o corpo do doente. Hoje uma litotripsia custa no mercado brasileiro cerca de quinhentos dólares americanos. Este processo evolutivo do tratamento da nefrolitíase, como se chama tecnicamente a formação de pedra nos rins, aconteceu em cerca de dez anos. Mas não foi só de sucesso que esta revolução tecnológica aconteceu. Nos anos 1990 surgiu um aparelho, o Prostaton, que prometia a abolição da cirurgia da hiperplasia da próstata, o adenoma, uma condição que afeta quase um quarto dos homens depois dos cinquenta anos. Era uma espécie de sonda que tinha na ponta um aquecedor de micro-ondas, que, introduzido pela uretra, pelo calor "cozinharia" o tecido em excesso e alargaria assim o diâmetro da uretra prostática. Não se provou eficaz, o aparelho foi abandonado e a prostatetomia endoscópica continuou sendo o padrão para esse tratamento. Essa revolução tecnológica não aconteceu apenas na urologia, mas todas as especialidades experimentaram a incorporação de novos equipamentos e técnicas.

Desta forma a medicina vem evoluindo e, nesse processo de modernização, os doentes quase sempre são beneficiados, mas para os médicos há ganhos e perdas. Para os cirurgiões o impacto foi substancial, que pode ser avaliado por essa conversa que teria acontecido no lavabo do Centro Cirúrgico do HC. Lá existe um grande lavabo onde, pela manhã, quando a programação cirúrgica tem início, três ou quatro cirurgiões se juntam para se lavar. Um urologista estava se lavando quando um gastroenterologista chegou.

– E aí, operando muito? Depois que inventaram a máquina de quebrar pedra, acabaram com as suas cirurgias de cálculo renal, não foi?

O urologista retrucou:

– Para você, depois que inventaram a cimetidina, gastrectomia deixou de ser o seu ganha-pão.

– Pior – comentou o outro –, agora que descobriram que úlcera duodenal é doença infecciosa, os doentes procuram infectologistas para se tratar.

Nisso chegou o cirurgião vascular e o urologista provocou:

– Esse aí anda roubando meu doente dizendo que impotência pode ser corrigida com cirurgia vascular.

O cirurgião-vascular reagiu:

– E eu estou perdendo doentes para os radiologistas, que agora inventaram de passar *stent* em tudo que é entupimento, até em aorta.

Se há uma especialidade que experimentou, nesses últimos trinta anos, uma revolução tecnológica espetacular foi a radiologia. Até o seu nome foi substituído para diagnóstico por imagem, pois a especialidade faz uso de outros meios diferentes da radiação para obter imagens. Radiologia vem de *radium*, elemento químico de número 88 da Tabela Periódica. A radiação produzida pelos raios catódicos era o único fenômeno físico utilizado para produzir imagens do interior do nosso corpo; depois, dois outros fenômenos passaram a ser explorados para isso: o ultrassom e a ressonância magnética. Graças à evolução dos computadores e sua capacidade de armazenamento de dados, a imagem de raio X, que era apresentada em um filme fotográfico em um único plano, hoje é capturada digitalmente e reconstruída em três dimensões. Tudo isso feito em alta velocidade de processamento dos dados por um equipamento chamado computador, responsável pela revolução tecnológica intensamente vivida em todos os aspectos da vida moderna. Essa alta capacidade de processamento foi também aplicada no tratamento das imagens produzidas pelo ultrassom e pela ressonância magnética, permitindo a produção de imagens de órgãos internos com altíssima fidelidade. Permitiu também a imagem em 3D.

A tomografia associada à cintilografia, uma outra técnica que utiliza a radioatividade das substâncias, realiza o exame conhecido por PET-CT ou tomografia por emissão de pósitrons, associado à tomografia computorizada. Esse arsenal diagnóstico disponibilizado pela tecnologia deu à medicina grande precisão e especificidade, mas trouxe com ele grande elevação nos custos da assistência.

Na área de diagnóstico laboratorial também houve grande incorporação tecnológica, que evoluiu da bioquímica, ou seja, da análise química dos elementos que se diluem nos fluidos humanos, para a biologia molecular, ou seja, da análise do conteúdo celular e as suas relações com o RNA e o DNA. Hoje podemos saber qual o agente microbiano que provoca uma doença pela recuperação da sua cadeia de DNA ou RNA. A análise laboratorial, diferentemente da imagem, propiciou redução nos custos com a automatização propiciada pelo computador. Aquilo que era feito um a um por um ser humano agora é feito pela máquina aos milhares por hora.

Na área de medicamentos, nos anos 1980, existiam cerca de 3.500 medicamentos registrados e outro tanto de medicamentos copiados. O Brasil não reconhecia patente de medicamentos e os laboratórios nacionais viviam da produção de similares cuja qualidade não era verificada e que tinham preços bem abaixo dos originais produzidos pelos laboratórios estrangeiros. A indústria estrangeira aqui instalada autodenominava seus laboratórios de "éticos" para diferenciar daqueles que produziam as cópias conhecidas por "bombas". As farmácias faziam o que era conhecido por "empurroterapia", em que o balconista recebia incentivo da indústria para vender determinada marca de medicamento. Esse incentivo era na forma de desconto que não era feita na nota fiscal, entregando-se uma quantidade maior do que constava no pedido. Era a chamada "dúzia de 24 unidades". O desconto no preço de atacado era, portanto, de cinquenta por cento. Esse cenário foi completamente transformado. Existem na atualidade cerca de 40 mil medicamentos registrados, e, com o reconhecimento da patente, aqueles medicamentos cuja patente vence são produzidos como genéricos, que são cópias devidamente testadas. Existem, só de antimicrobianos registrados no Brasil, cerca de 150 drogas. A grande revolução no setor farmacêutico foi a mudança da pesquisa para a busca de novas drogas da química para medicamentos biológicos. A grande diferença é a utilização de células vivas para sintetização das novas moléculas que têm efeito sobre as doenças. Os medicamentos convencionais são compostos de moléculas simples com dezenas de átomos, enquanto os medicamentos biológicos tem estruturas complexas, composta por milhares de átomos.

A medicina vem evoluindo no sentido de buscar medicamentos que atuem de forma seletiva e individualizada. Os anticorpos monoclonais, ainda em pequeno número, prometem a próxima revolução tecnológica.

50. Novo emprego

Certo dia, nosso personagem recebeu um telefonema em casa, e uma senhora se apresentou dizendo que representava uma empresa de *head hunter* e que o seu nome tinha sido indicado pela FGV, como um potencial candidato a um cargo de liderança. Como sempre, seguiu a regra de nunca rejeitar sondagens de oportunidades, embora não fizesse ideia do que vinha a ser um *head hunter*, mas, como entendera que se tratava de se candidatar a um emprego, resolveu responder afirmativamente ao convite para estar em um escritório na Avenida Faria Lima para uma entrevista. Curioso em saber o que fazia um "caçador de cabeça", ligou para o professor da FGV que lhe foi dado como referência, que confirmou ser uma empresa de recrutamento que se utilizava do cadastro de ex-alunos. Foi para a entrevista no lugar e hora marcados e o fizeram esperar numa sala reservada por vinte minutos, quando foi chamado. O entrevistador já tinha seu currículo e fez perguntas que nada tinham a ver com a profissão, conversa que durou uns trinta minutos. Terminada a entrevista, perguntou para que hospital estavam recrutando, e a resposta foi que não poderiam revelar e que eu aguardasse um telefonema em casa, que dentro de três dias entrariam em contato. Quanto segredo, pensou. Será que é mesmo para ser um executivo, ou seria para um agente secreto? No dia seguinte uma nova ligação aconteceu, orientando para se apresentar a uma nova entrevista, agora em um hospital no Pacaembu. Agora interessado no emprego, colocou o seu único terno, o que comprara na formatura, para se apresentar na entrevista. Por incrível que possa parecer o terno ainda servia. Foi contratado como superintendente-médico, uma posição abaixo do superintendente-geral do hospital. Largou seu emprego na estatal e no ambulatório do serviço social. O HS, descobriu então, era uma instituição ligada à comunidade anglo-americana de São Paulo, fundado no final do século XIX. Era uma sociedade sem fins lucrativos e o seu conselho de administração era formado por dirigentes das empresas inglesas e americanas sediadas em São Paulo. Conta a história que foi o segundo hospital da cidade de São Paulo, sendo que apenas um existia antes dele, a Santa Casa de Misericórdia. Nasceu pela vontade de um imigrante originário de Macau, colônia portuguesa na China, que adoeceu e foi internado na Santa Casa, onde era obrigado pelas freiras todos os dias a rezar a Ave Maria. Como ele não era católico, achou aquilo uma humilhação e, antes de morrer, deixou como legado recursos para a Igreja Presbiteriana, para que se construísse um hospital sem discriminação religiosa. Os recursos, entretanto, foram confiscados pelo Estado, uma vez que o sujeito não tinha herdeiros. A comunidade anglo-americana, inspirada nesta história, resolveu construir o hospital. Importaram enfermeiras da Inglaterra e médicos dos Estados Unidos. Um deles de nome Lauriston, irmão ou parente próximo do diretor do Mackenzie College. Essa história ele ouviu, não fazia nem uma semana que estava empregado, de uma enfermeira antiga, talvez Doroti, que já contava ter mais de setenta anos de idade, e que fez questão de agendar uma conversa com Alberto quando soube que havia sido contratado um novo superintendente-médico. Mostrou-lhe fotos do hospital de quando foi inaugurado, tendo ao fundo o vale do riacho Pacaembu. Falou das enfermeiras vindas da Inglaterra e dos médicos que lá trabalharam, e recomendou procurar um deles que ainda estava na ativa, o Dr. Anis, formado na 22ª turma da medicina, 37 anos antes de Alberto. Ouviu dele histórias médicas dos anos 1940. Essa conversa que teve com Doroti parecia ter sido uma missão que ela estava cumprindo, ou seja, a de transmitir e preservar a história, as tradições e o espírito dos profissionais que construíram aquele hospital, o primeiro hospital de uma comunidade de imigrantes da cidade de São Paulo.

Mal tinha se adaptado ao novo emprego, o hospital começou a perder receita. Dia a dia a ocupação caía de forma preocupante. O principal plano de saúde que utilizava o hospital havia perdido uma importante quantidade de contratos e, por consequência, vidas seguradas. O hospital que colocara todos os ovos em uma única cesta viu esta se romper. Era preciso buscar urgente outros planos de saúde.

Em meio a esta situação o superintendente geral saiu de férias e Alberto era seu substituto. Receoso por estar temporariamente à frente da gestão, preparava planos para buscar clientes. Recebeu a visita, logo pela manhã, do presidente do conselho de administração. Entrou e sem rodeios comunicou que o superintendente-geral não retornaria mais, tinha sido demitido. Interinamente ele ia responder pela gestão do hospital até que um novo superintendente assumisse. O novo dirigente já tinha sido contratado na Inglaterra e demoraria algumas semanas para a mudança. Um executivo de grande empresa que se aposentara.

As semanas passaram e agora o novo superintendente-geral tinha assumido. Logo pela manhã, no seu primeiro dia na função, Alberto foi chamado para estar com ele. Bateu à porta, que estava entreaberta, e ouviu um sonoro "entre", num sotaque meio espanhol e meio inglês. Antes da Inglaterra tinha trabalhado na Argentina, diziam que tinha nascido lá.

Vivam a cena.

Agora estava de frente para a fera. Diziam que ele era terrível e já tinha passagem pelo hospital como conselheiro. Antes que me apresentasse, levantou-se, pegou-me pelo braço e disse que queria passar uma visita em todas as áreas do hospital. E começou me alertando.

– Sobre você já sei tudo que preciso saber. Agora você vai saber quem sou eu, enquanto me mostra o hospital. Vamos começar pela farmácia, ordenou. Gesticulando, não parou de falar sobre quem tinha sido como executivo de uma multinacional farmacêutica.

Chegando na farmácia, bombardeou o farmacêutico de perguntas, verificou números, conferiu estoques, datas de validade e sentenciou:

– Isso está muito ruim. Tem uma semana para arrumar e se não melhorar na próxima visita você será despedido!

Tive arrepios, mas a visita tinha que continuar. Na cozinha mandou chamar o cozinheiro. Como chefe de hotel, ele estava uniformizado de branco com aquele chapéu típico, a toque blanche.

– O que você vai servir no almoço dos médicos? – perguntou.

– Robalo grelhado, guarnecido com arroz à grega e aspargos.

O novo superintendente torceu o nariz, perguntou qual era o custo de cada refeição, o que o chefe não soube responder. Continuou com perguntas: por que peixe tão caro, onde ele tinha aprendido a cozinhar e se sabia administrar um restaurante. Na frente do chefe, comentou que o hospital não precisava de um bom cozinheiro, mas de bons médicos, e que numa crise financeira tinha que cortar gastos. Na saída, perguntou-me qual era o salário do cozinheiro. Respondi que não sabia, mas que imaginava que fosse alto. De pronto me disse qual era o seu salário, e ordenou que o dispensasse e que a partir de amanhã deveria substituir o robalo por merluza. Nesse tom passamos visita em todo o hospital, e em cada setor, mais críticas. Fiquei imaginando o inferno que ia ser estar subordinado a esse cara. Depois de terminada a visita, no caminho para nossas salas, no corredor, sozinhos, disse:

– Gostei do que vi. Não está tão ruim assim. Mas não podemos ser bonzinhos com empregados, precisamos manter a tensão para que não relaxem e produzam bem.

Tinha que aprender e me ajustar a um novo estilo de gestão do novo chefe. O escravagismo inglês combinado com a soberba argentina. Nada mais do que aquela definição clássica: argentino é um cara que fala espanhol com jeito italiano e pensa que é inglês.

Sobrevivi ao caçador anglo-argentino, e aprendi bastante. Foi substituído por um outro executivo de multinacional inglesa e ele passou a presidente do conselho de administração. Nas reuniões do conselho eu é que ficava encarregado de rascunhar a ata. Depois ela era revista pelo presidente e por ele redigida. Um dia, me chamou e pediu para corrigir o rascunho da ata. Corrigir o rascunho para quê? Achei que queria me ensinar a escrever. Para as decisões do conselho, de cunho consensual, eu costumava usar o pronome na primeira pessoa do plural. Disse-me que como aquela era uma decisão muito importante, deveria ser dele, o presidente, a decisão com o apoio dos outros, não como fizera, "nós decidimos", mas sim "o presidente decidiu com o apoio dos demais". Não vi problema em alterar o estilo, até porque era ele quem ia assinar a ata. Argumentei que o plural majestático era mais adequado, mais elegante. Ele então me perguntou se eu sabia de onde vinha o plural majestático. Respondi negativamente e ele então explicou que vinha da realeza britânica. Disse que nos proclamas reais, na Idade Média, o uso do plural nas determinações do rei, o "nós", era usado para indicar que aquela ordem vinha em nome de todos os súditos, isto é, o rei falava por todos e só ele podia fazer isso. O uso do plural na ata não se aplicava, porque a decisão tinha caráter pessoal, do presidente. Como súdito da rainha, não poderia usurpar o poder da sua majestade, que ele não tinha. Aprendera mais uma.

51. Japão e futebol

Depois de ter aprendido muito com o executivo inglês, passados seis meses, hospital em equilíbrio, no seu lugar um outro executivo na superintendência-geral. A crise estava superada. Mais tranquilo, agora em casa, Alberto teve uma grata surpresa. Um telefonema de um advogado, o Renato, que tinha, há quinze anos, ajuizado a reclamação trabalhista pedindo reconhecimento de vínculo trabalhista do médico-residente. Aquela ação, quase esquecida, contra o patrão HC.

Depois de vencidos, todos os recursos judiciais e alguns anos na fila de precatórios do Estado, finalmente a indenização devida tinha sido depositada. Para cada um, algo entre 20 e 30 mil dólares. Era um bom dinheiro. Marcado um encontro com o advogado naquela mesma noite, em um boteco nas Perdizes, próximo de onde ele morava. Ele queria que Alberto localizasse todos os colegas que estavam no seu grupo, que eram 39. Tinha pressa em entregar o dinheiro a cada um. Tinha alguns meses de vida. Estava com um câncer avançado. Ajudou-o a localizar cada colega, inclusive uma que vivia nos Estados Unidos. Ao advogado cabia vinte por cento do valor da ação, que somava alguns milhões de dólares. Não pôde desfrutar, mas parecia feliz por ver o seu trabalho concluído. Seu enterro aconteceu cinco meses depois.

Com o dinheiro pôde patrocinar uma viagem ao Japão, para Helô, companheira pediatra e dedicada a cuidar de crianças com a doença da moda, participando do X Congresso Internacional de aids em Yokohama. Lógico que Alberto foi junto para servir de acompanhante e intérprete. Durante o congresso, o marido cumpriu toda a programação social e cultural especialmente organizada para os acompanhantes, que em grande parte eram formados pelas esposas dos médicos participantes. O único homem a comparecer às demonstrações de *ikebana* (arranjo floral), cerimônia de chá (*chadö*), danças folclóricas (*odori*), degustação de *sake*, aula de culinária japonesa, audição de música tradicional japonesa.

Em uma das noites, durante o congresso, uma empresa farmacêutica brasileira ficou de promover um jantar em um restaurante em Tóquio. Alberto havia sido convidado, ainda em São Paulo, por uma representante da empresa, que deixou como contato o hotel onde se hospedaria, e a data e o local do jantar seriam confirmados durante o evento. Alberto, que não participava do congresso, tentou contato com a representante da empresa no hotel em que ela dissera que estaria hospedada. Passou o nome dela para a recepção do hotel e lhe informaram não haver hóspede com aquele nome. Tentou saber se entre os hóspedes brasileiros havia algum nome parecido, já que, quando vertidos para o japonês, nomes brasileiros podem mudar de pronúncia. Nada! A recepcionista, tentando ajudar, perguntou se ela estava só ou acompanhada. Aí foi que a ficha caiu. No Japão, quando um casal se hospeda, apenas o nome do marido consta da lista e a mulher é identificada como acompanhante. Deu então o nome do dono da empresa, que sabia que estaria no congresso. Bingo! A recepcionista confirmou que tinha aquele nome entre os hóspedes e que ele estava acompanhado da esposa. Não sabia, mas desconfiava que patrão e empregada estavam tendo um caso. Pediu para deixar um recado com o patrão, não com a representante. À noite o saguão do hotel foi o ponto de encontro para os participantes do jantar.

Quando todos os convidados chegaram, o promotor do jantar, o dono da farmacêutica, pediu para providenciar três taxis. Distribuídos nos carros, o primeiro motorista recebeu as instruções para ir ao restaurante determinado, com a representante do laboratório no banco do carona, e os outros dois carros o seguiram. Alberto estava no terceiro veículo com sua mulher e mais um colega, e no banco do carona o dono da empresa. Em meio ao trânsito de Ginza, o primeiro carro se desgarrou e os outros dois ficaram perdidos, e os motoristas sem saber para onde ir.

Vivam a cena.

Agora um táxi persegue outro no centro de Tóquio, a esmo. Sem saber para onde ir, o motorista do veículo à frente para em meio a uma avenida movimentada. O motorista vem falar com o motorista do carro onde estou. Pergunta se sabe onde ir. Diante da negativa, vai para um orelhão e liga para o hotel de onde tínhamos partido. Não conseguem a informação, mas resolve seguir em frente pelo cheiro. O motorista que dirige o carro onde estou começa a resmungar irritado. Em japonês, resmunga que acha que deve ser tal lugar, porque ouvira no hotel que era uma *steakhouse*. Vai até lá e não encontra o primeiro táxi. Começa a ficar nervoso e se pergunta como se comunicar com esses estrangeiros, que estão conversando em uma língua desconhecida. Em japonês, usa uma expressão que significa "gente desalmada, deseducada que toma um táxi sem saber para onde quer ir". Eu quieto, porque se falasse em japonês ele era capaz de me dar uma surra. Pergunto para o nosso anfitrião se ele não sabe o nome do restaurante. Põe a mão no bolso, tira um cartão de visita do dono do restaurante e mostra para o motorista. O motorista fica mais irritado ainda e resmunga que no cartão só consta um endereço de correio que só o carteiro consegue entender. Aviso a todos que o motorista está muito irritado e está se perguntando de onde teríamos vindo. O colega Artur, que estava ao meu lado, grita "Brasil". O motorista responde.

– Buradiru! Dico! Futoboru! (traduzindo: Brasil! Zico! Futebol!)

– Alcindo – arremata Artur.

– Arucindoro! Gooru (gol)! – exclama o motorista.

Ele é fanático por futebol e seu humor muda. Agora os passageiros que leva são gente boa, brasileiros. Volta a perguntar em japonês para o anfitrião o nome do restaurante e começa a falar o nome de todos os *steakhouses* que conhece em Tóquio, em especial os que atendem estrangeiros. Tudo em japonês e eu traduzindo. De repente um nome que é familiar ao anfitrião. Respondo em japonês que esse é o nome do restaurante. Em dois minutos o motorista encosta o carro. Tínhamos rodado cerca de quarenta minutos. Passa das 22 horas. No Japão os restaurantes fecham às 22 horas.

Descemos do carro e, na porta do restaurante, cansados de esperar, estão os outros convidados, que já tinham sido postos para fora e desistido do jantar. Olho para o alto e identifico o luminoso do hotel de onde tínhamos partido. Fica a menos de trezentos metros do restaurante.

O garçom comunica que o restaurante está fechando, até porque a carne, que é a especialidade da casa, tinha acabado. Conseguimos negociar nosso jantar no restaurante, substituindo a carne por frutos do mar. É uma delícia. Melhor que a encomenda. O futebol brasileiro salvou a noite. Fim da cena.

Depois do congresso fomos para Kioto passear, Artur e a esposa nos acompanharam. Ficamos sabendo que era feriado de Finados e a cidade estava em festa. No hotel, que era um dos prédios mais altos da cidade, ia acontecer o banquete de Finados, que seria servido na cobertura. De lá seria possível observar em 360 graus todas as fogueiras que seriam acesas nas montanhas que rodeiam a cidade. São enormes ideogramas feitos de lenha e que são acesos próximo das dez horas da noite e admirados dos pontos mais altos. No budismo, acreditam que almas penadas precisam de ajuda para deixar a terra. O fogo ilumina o caminho para que sejam elevadas aos céus. O preço do banquete era de duzentos dólares por cabeça. Achamos o jantar muito caro e resolvemos fazer nosso banquete indo ao supermercado na hora da xepa. *Sushis*, *sashimis* e todos os tipos de iguarias com cinquenta por cento de desconto. Compramos tudo que os olhos desejosos escolheram e, com algumas latas de *sake* e cerveja, fomos para o quarto fazer nossa festa particular de Finados. Depois que o jantar no terraço terminou, o acesso foi liberado e ainda pudemos admirar o espetáculo das fogueiras nas montanhas.

Quando retornávamos para os nossos quartos um grupo de homens bêbados nos acompanhou no elevador. Um deles se engraçou com a esposa do Artur, que era loira, e acabou por se convidar a entrar no quarto atrás dela. Contrariar bêbado pode ser perigoso e o tal queria continuar a farra no quarto do Artur. A gerência do hotel foi acionada e seguranças subiram para retirar o incômodo beberrão. Bebedeira para japonês é rotina, mas nas festas de Finados, com a benção dos mortos, é um exagero.

52. Escolhido superintendente

Naquele ano, no mês de dezembro, como era habitual, houve um jantar de confraternização de um grupo de médicos do HS, para o qual Alberto foi convidado. Foi num restaurante na Praça Vilaboim. Quando chegou estava em curso a seção de piadas, enquanto esperavam os amigos chegarem. Para não interromper o contador do momento, nem cumprimentou o grupo e se sentou. Ele contava sobre um incidente, um caso, da qual tinha sido observador, e cujo início havia perdido. Logo percebeu tratar-se de uma história que conhecia, quando mencionou que o rolimã tinha se partido. Em altos brados, alguns dos presentes duvidaram e fizeram troça. Mentiroso, truco, gritavam. Como já conhecia a história, interveio, e confirmou que também tinha ouvido esta história e que acreditava ser verdade, até porque conhecera o protagonista, o mecânico que dera a marretada. Mas, para ter certeza de que a história era a mesma, ele desafiou o contador a dizer se ele sabia por que aquele objeto frio e pesado tinha sido colocado naquele lugar. Era a dúvida que tinha ficado por anos. De pronto, o contador então revelou que estava de plantão no pronto-socorro, era residente de primeiro ano, e fora ele quem tirou a história do doente. Ele também ficara curioso em saber como aquele objeto tinha ido parar ali. O sujeito contou que ele se masturbava com o rolimã. Mas como? Que prazer tinha em introduzir o pênis num orifício sem qualquer semelhança táctil com o objeto do desejo masculino? Explicou que o rolimã velho e gasto girava com um certo jogo e em alta rotação criava uma vibração, e essa vibração na base do pênis produzia excitação e prazer. A explicação foi convincente e Alberto achou que tinha ganhado o dia por ver desvendada a dúvida que persistira por tanto tempo. Depois de anos conseguira uma explicação. Nunca duvidara da veracidade da história, mas agora tinha esclarecido o detalhe que faltava, e contado pelo residente que atendeu o caso, o Dr. Batista, o mesmo que plantara a história do Superbonder no HC. Será que essa história também não foi plantada?

Três anos tinham se passado como gestor naquele hospital. Em janeiro de 1995, Alberto saiu de férias com a família. Numa perua Besta, foram conhecer praias de Santa Catarina. Passando por Camboriú, resolveram ficar alguns dias. Conseguir hospedagem foi um problema, mas uma pousada que estava para ser inaugurada ofereceu a todos acomodar, desde que aceitassem as condições de coisa inacabada. Aceitável, por que não? Como estava fora do roteiro programado, ligou para a secretária no HS informando sua localização. Não havia celular ainda. A secretária então lhe disse que uma pessoa do HC o tinha procurado e que aguardava urgente retorno, mas não tinha deixado o seu telefone. Pediu que passasse o telefone da pousada onde estava para a pessoa do HC, quando voltasse a ligar. Voltando da praia, um recado na pousada pedia um retorno urgente para o diretor da faculdade de medicina. Estranhei, mas, como ainda não havia passado das quatro horas, liguei. Uma secretária atendeu e imediatamente passou a ligação para professor Marcelo, que conhecia. Depois dos cumprimentos, pediu que se apresentasse no dia seguinte às dez horas no Conselho Deliberativo do HC. O CD iria se reunir para entrevistar e escolher o novo superintendente para aquele quadriênio, e ele era um dos candidatos. O seu coração disparou. Pensou rápido como faria para estar em São Paulo no dia seguinte. Tinha dezoito horas para fazê-lo. Avião? Tinha que ir para Curitiba ou Florianópolis e não tinha o horário dos voos. Ligou para a rodoviária de Camboriú e obteve os horários de ônibus para São Paulo. Conseguiu passagem em ônibus-leito para as 20 horas. Deixou mulher e filhos na pousada, com a promessa de retornar logo depois da reunião, ainda no dia seguinte, para gozar as férias que ainda tinham alguns dias para serem completadas. Durante a viagem ficou imaginando como seria a entrevista. Estava há quatro anos afastado do HC, não sabia qual era a composição do CD e quem eram os outros candidatos que disputavam a superintendência. Pelo tom da conversa com o diretor da faculdade, achou que tinha boas chances, já que a indicação do seu nome tinha sido feita por ele. No CD a presidência cabia ao diretor da faculdade, e ele tinha um voto a mais, o de qualidade, se houvesse empate no colegiado formado por cinco professores titulares. Ser superintendente do HC estava nos seus planos profissionais, mas não tão cedo. A indicação para o cargo dependia ainda do governador eleito, que da lista tríplice indicada pelo CD poderia escolher qualquer um, embora fosse da tradição recair a escolha no primeiro nome da lista.

Vivam a cena.

Estou agora em São Paulo. Chego de madrugada e vou para casa. Depois de um banho e vestindo um terno, vou ao HC. Sou colocado em uma sala sozinho e espero ser chamado. Quando chega a minha hora, a secretária me coloca na sala de reunião. Olho para o grupo de professores, todos conhecidos, especulo com que votos posso contar. Cada professor me dirige perguntas, mas nada diferente do que esperava. Quando chega a vez do professor mais jovem, no lugar de me dirigir perguntas, diz-me que eu não tenho o seu voto, e que eu sabia por quê. Lembro-me do episódio que anos antes tinha acontecido, quando era diretor do ICHC. Sou dispensado em seguida, o professor Marcelo me acompanha até a porta e ao pé do ouvido me diz que meu nome estará na lista. Volto para Camboriú. Ainda tenho uma semana de férias.

Depois de passear por Vila Velha e pernoitar em Ponta Grossa, rodo quinhentos quilômetros em um dia para chegar a São Paulo. Tenho que retornar ao trabalho no dia seguinte. Procuro não pensar no processo de indicação do superintendente do HC e prefiro esperar com tranquilidade, porque a comunicação acontecerá, seja o resultado favorável ou não. Angustiar-se com um resultado para quê? Retornar ao meu trabalho no HS é o que tenho que fazer. Mal sento em meu gabinete de trabalho, meu chefe entra na sala e vai dizendo:

– Que história era essa de que vai nos deixar?

Ele tinha sabido pelo diretor da faculdade de medicina da minha indicação a superintendente do HC.

– O processo de escolha ainda está em andamento e a indicação ainda não foi anunciada – respondo. – Existe, sim, uma possibilidade – completo.

O meu chefe ri e me diz estar certo da minha indicação e que posso me preparar para o desligamento. Algum tempo depois o diretor da faculdade me liga comunicando a minha indicação. A minha cabeça começa a rodar a mil, e um misto de satisfação e medo invade meu coração. Segue-se um desfile de amigos médicos e funcionários para me cumprimentar.

Em casa, a minha mulher já sabe da indicação, porque ela trabalha no HC. O problema é que ela é presidente da Associação dos Médicos do HC. O superintendente ter por cônjuge a presidente de um órgão associativo de funcionários não vai ser bom. Ela resolve se demitir. O cargo tem natureza técnica, no entanto, a indicação é política, e penso ser importante escorar a posição, saber quais variáveis foram levadas em consideração para minha indicação, com que apoios posso contar para me manter. Ligo para o secretário de Saúde, que, segundo se acredita, é de indicação da cota pessoal do governador. Conversamos e fico sabendo que minha indicação tem o seu aval. Ligo também para uma pessoa conhecida que sei que tem uma relação próxima do governador. Tinha trabalhado como assessor parlamentar na Assembleia Legislativa e ajudara na campanha eleitoral do governador. É um aparentado da minha mulher. A conversa me dá elementos para acreditar que o governador não fora induzido ao erro de escolher um superintendente por mera formalidade, por uma lista vinda dos professores da faculdade de medicina. Essa pessoa recomenda que me aproxime da primeira dama. No dia 28 de janeiro o *Estadão* publica na sua página 12, dedicada à saúde, a manchete em letras de quinze milímetros: "Kanamura é o novo superintendente do HC", como se o nome estampado fosse de alguma celebridade midiática. A foto ilustrativa é de um serviço de diálise e abaixo a chamada em letras do mesmo tamanho: "Sai laudo de mortes durante hemodiálise". Qual é a intenção do jornal ao colocar na mesma página, com igual destaque, a notícia de mortes ocorrida num hospital da Zona Leste e a indicação do novo superintendente do HC? O HC sempre foi alvo de críticas da imprensa. Já terá começado o processo de fritura? No dia da posse, na semana seguinte, o mesmo jornal publica algo como "novo superintendente toma posse com uma dívida de 100 milhões de reais". Essa situação não era particular do HC, mas de todo o Estado. A vida não vai ser fácil.

53. Primeira-dama

Nas primeiras semanas da nova gestão, como os fornecedores do HC tinham cortado o crédito, até o pão de cada dia tinha que ser pago no ato da entrega. O padeiro passava pessoalmente na superintendência, pegava um cheque e depois ia entregar o pão no serviço de nutrição. Os credores fizeram fila na porta da superintendência e alguns não continham o choro, porque não recebiam há mais de cem dias e o crédito do banco estava no limite. Todas as obras interrompidas por falta de pagamento. Tudo precisou ser renegociado. O contato quase diário com a Secretaria da Fazenda e Planejamento para liberação de recursos sempre esbarrava no mantra: só com autorização do governador. O apoio do governador era fundamental para o HC sair do sufoco em que se encontrava. A diretora da unidade de reabilitação da Vergueiro resolveu inventar uma inauguração para homenagear Dona Lucy Montoro, esposa do primeiro governador eleito pelo voto direto. A primeira-dama aceitou o convite, e sua presença era o objetivo primeiro da inauguração. Em uma cerimônia simples, os discursos seguiram a ordem estabelecida pelo cerimonial. Um professor presente, desbocado, tomou a palavra e seu discurso descreveu a lamentável situação financeira do HC, para então pedir à primeira-dama sua ajuda, insinuando que isso poderia até ser feito à noite, na intimidade da ala residencial. Todos não disfarçaram o mal-estar que aquelas palavras tinham provocado. Quando chegou a vez da primeira-dama de falar, ela não teve dúvida em dar uma reprimenda no professor e que ela não estava lá para ser menina de recado. O tiro tinha saído pela culatra: a aproximação com a primeira-dama, que era a intenção, tinha sido um desastre. Era preciso reunir coragem para agendar novo encontro.

Algumas semanas depois, Dona Lila convidou Alberto para um café na ala residencial. Parecia ser uma deferência muito especial. Queria o apoio do HC para uma empresa promover assistência social médica. Era uma empresa americana de venda de produtos de limpeza em domicílio, que queria copatrocinar a vinda de médicos voluntários americanos para fazer um mutirão de cirurgia plástica em crianças. Para isso imaginou que o HC poderia emprestar seu Centro Cirúrgico por uma semana. Alberto, sem titubear, respondeu negativamente. Para a primeira-dama foi um choque. Como alguém podia se recusar a apoiar tamanha ação humanitária? Argumentou que a campanha poderia ser feita no interior, em cidades pequenas, onde a assistência é precária, não na cidade de São Paulo, no HC, um centro universitário que oferecia todo tipo de cirurgia plástica reparadora. A vinda de especialistas estrangeiros poderia, no mínimo, constranger os médicos do HC. Médicos estrangeiros, dentro de um programa de treinamento e troca de experiências, sempre foram bem-vindos, mas o que estava sendo proposto era ceder o hospital para a atuação de terceiros, para fazer algo que não estaria sendo feito. Ademais o exercício da medicina de estrangeiros no Brasil era regulamentado pelo CFM e o processo não seria nada simples. Alberto achou que tinha desagradado a interlocutora e o ofertante, mas fez prevalecer a sua posição. Tinha perdido mais uma oportunidade de se aproximar da primeira-dama, como lhe tinha sido recomendado.

Meses se passaram e na agenda do superintendente fora incluído um compromisso festivo no Hotel Transamérica. Era uma daquelas cerimônias de homenagens chatíssimas, às quais comparecer era um sacrifício. Mas, tendo o convite vindo do palácio, era conveniente comparecer. Quando o carro estacionou na porta do centro de convenções, a porta se abriu e havia uma recepcionista para conduzir autoridades, e Alberto foi tratado como tal. Levado para a sala VIP, apresentaram primeiro a prefeita da cidade de São Paulo, e depois Dona Lila, que o cumprimentou educadamente, com um "como vai, doutor?". Afastou-se um pouco para cumprimentar outras autoridades que estavam presentes e ficou ali esperando o início da cerimônia. Dona Lila conversava com a prefeita sobre seus projetos, explanando sobre o que fazia na Estação Especial da Lapa, uma antiga estação ferroviária desativada. O Fundo Social atendia crianças com deficiência nesse galpão. Curioso, aproximou-se das duas. Contava a primeira-dama que tinha até uma piscina na Estação, mas que as crianças não podiam utilizá-la porque a norma exigia exame médico e não tinha médico para fazer os exames. Um assessor do palácio que me conhecia, e que também ouvia a explanação, pediu licença à Dona Lila e, apontando para Alberto, disse-lhe que era a pessoa que poderia resolver o problema. Surpreso, não teve como fugir à pergunta de qual era exatamente o problema e que se tivesse ao seu alcance seria um prazer poder atender. Ela então explicou que precisava fazer exame médico para cerca de duzentas crianças que frequentavam a Estação, para que pudessem usar a piscina. Achando que seria fácil atender a necessidade com a ajuda de alguns colegas do HC, respondeu que poderia, sim, resolver o que era tido como problema e que numa manhã de sábado esses exames poderiam ser feitos, lá mesmo na estação. Dona Lila sorriu e disse que a diretora da Estação faria contato para marcar a data da empreitada, quando soou o sinal para que a cerimônia fosse iniciada.

Na mesma semana a diretora da Estação ligou para a superintendência e combinou-se para o sábado seguinte o exame das crianças. Fez contato com professor de Clínica Médica, Milton, a quem expôs o ocorrido e a encomenda de convocar alguns dos seus residentes para uma jornada extra na Estação Especial da Lapa.

Vivam a cena.

É sábado, sete horas da manhã. O professor Milton e quatro residentes me esperam na porta do Instituto Central. Cada qual com seu estetoscópio. Requisito alguns aparelhos de medir pressão, alguns com manguito para criança, e lá vamos nós entulhados na velha perua Besta, que eu tenho. Festivamente chegamos ao endereço. O porteiro do lugar logo quer saber quem somos, quando a diretora e outras três senhoras se acercam do veículo para autorizar nossa entrada. Estaciono o veículo, cumprimento as senhoras, apresento o professor e os residentes para o grupo de senhoras. A diretora, então, pergunta se havia outros médicos a caminho. Respondo que não, que eram esses que dariam conta de examinar duzentas crianças.

– Quem lhes disse que são duzentas crianças? – interroga a diretora.

– Era o número que me tinha sido informado pela primeira-dama – respondo.

Ela então aponta para a fila que se forma do lado de fora do prédio e que àquela hora já deve ter cerca de quinhentas pessoas. E não são crianças. Para nós, médicos, crianças têm idade até doze anos. Este grupo é formado por adolescentes e muitos adultos com deficiência de todos os tipos, inclusive mental. Percebo logo que houve uma comunicose (neologismo comum entre médicos, que utiliza o sufixo *ose*, o qual indica doença, anormalidade). O que eu entendera como missão não é o que a realidade apresenta. Mas não há como dispensar aquela multidão e remarcar os exames.

– E o número de pessoas ainda pode crescer ao longo do dia – informa a diretora.

A convocação tinha sido geral e pode chegar mais gente do que os inscritos nos programas desenvolvidos na Estação. É a força do apelo utilizado, de que só poderão usar a piscina quem fizer exame médico. Enquanto estudo como atender o imprevisto, mais um problema é trazido por um dos residentes, que me pergunta onde estão os consultórios. Não há salas. A Estação é um galpão, um depósito sem paredes. Há apenas mesas e cadeiras, por sorte em grande quantidade. Dona Lila ainda não chegou, certamente será para ela decepcionante se os exames não forem realizados. Converso com Milton e ele diz que pode arranjar mais dez a quinze colaboradores, entre residentes e internos.

– Pode mandar se reunir na porta do HC que eu mando buscar – digo.

Solicito transporte para o HC, entro em contato com a lavanderia para que me empreste uns duzentos lençóis e peço para um residente buscar cordas de varal e pregadores no supermercado mais próximo. A diretora da unidade preocupada, muito preocupada. Garanto que os exames serão realizados, mas com algum atraso, até que chegue o material solicitado. Mais dez residentes e internos chegam, junto com o material solicitado. Esticamos cordas pelo galpão e, com os lençóis presos com pregadores de roupas, fazemos o fechamento de quadriláteros cercados por mesas e cadeiras. Cerca de quinze "consultórios" são improvisados, com cercadinhos de lençóis. Os adolescentes que serão examinados são divididos em grupos e orientados sobre como devem realizar o exame, e, qualquer dúvida, que chamem a mim ou o professor Milton. Logo no início dos trabalhos um médico que examina um cadeirante me chama. Sua pressão arterial, PA, está 24 por 18. Olho para o examinando e percebo que o seu braço é da grossura da minha coxa e o manguito quase insuficiente para dar toda a volta em torno do braço. Para os cadeirantes com hipertrofia dos braços, medir a PA no braço é impraticável. Peço que mandem do HC manguitos adequados. Mais um chamado e é detectado um sopro cardíaco. Um outro problema é comunicado por uma residente. Ela não consegue interrogar a adolescente porque ela é surda. Reunimos todos os deficientes auditivos em um canto e perguntamos entre eles se há alguém com alguma capacidade de comunicação. Dois deles se apresentam e servem de tradutores para os médicos. Os deficientes visuais também constituem um grupo que precisa de apoio especial. Paralisia cerebral acaba por constituir outro grupo a ser examinado de forma especial. No fim da manhã Dona Lila chega. Conversa animadamente com os examinandos e, feliz, vem ao meu encontro. Pergunta-me se tudo corre bem e eu lhe informo que, apesar de algumas dificuldades, o trabalho está andando. Comento que tínhamos vindo para examinar cerca de duzentos crianças e, para nossa surpresa, não eram duzentas, e não eram crianças, mas adolescentes e alguns adultos. Certamente mais de quinhentos, porque até este momento já examinamos 160 pessoas. Ela então responde que são suas crianças não pela idade, mas porque se comportam como tal, todas carentes de cuidados e de carinho. Os adultos com idade mental de crianças. E, quanto à quantidade, diz-me que nunca soube quantas crianças frequentavam a Estação e que imagina que duzentos era um número razoável, já que no dia a dia era a quantidade de atendimentos que observava. O que ela não sabia é que cada adolescente vem somente uma ou duas vezes por semana, o que resulta em, no mínimo, três vezes o número de matriculados.

Sem tempo para almoço, são providenciados sanduíches na padaria próxima. Semi alimentados, mas motivados, os residentes e internos se empenham para que todos que lá estão sejam examinados. Passa das 19 horas quando conseguimos atender o último jovem resistente, porque muitos deles não resistiram à espera. Ao fim da jornada, cerca de cinquenta jovens tinham alterações ao exame físico e foram então orientados a procurar o ambulatório do HC para exames especializados. Foi um dia exaustivo, mas, quando perguntado aos participantes como tinha sido, todos foram unânimes em apontar a experiência como muito proveitosa e que nunca tinham imaginado examinar tantos deficientes num único dia. Na segunda-feira seguinte pela manhã Dona Lila me liga agradecendo pelo sábado feliz que tinha tido. Comento da grandeza do trabalho feito na Estação, mas que a piscina que vi está muito malcuidada e precisa de alguns reparos. A piscina oferece até alguns riscos. Responde que também acha, mas que não tem dinheiro para o conserto. Fim da cena.

54. Piscina reformada

A Engenharia do HC foi convocada para fazer uma visita à Estação e avaliar a situação da piscina e se alguma coisa podia ser feita. A resposta foi de que precisava de uma reforma completa, o que demandaria muito recurso, que não existia naquele momento de penúria. Alberto já tinha desistido de fazer algo, quando recebeu a visita do engenheiro da empreiteira que cuidava da obra do HC. Disse que ficou sabendo da reforma que a piscina da Estação estava requerendo e foi examiná-la. Conheceu a obra social que lá era realizada e, sensibilizado, conversou na diretoria da empresa. Tinha conseguido a reforma da piscina como doação ao Fundo Social e que fosse feita a comunicação da oferta para Dona Lila. No mesmo dia falou com a primeira-dama, que ficou muito feliz e tornou a agradecer o trabalho realizado no sábado anterior com os residentes.

Algumas semanas depois chegou um convite do Fundo Social para a inauguração da piscina reformada da Estação. A empreiteira cumprira a promessa. No dia marcado Alberto foi ao evento com alguns minutos de antecedência, como de costume. Logo que chegou, percebeu que o dia seria mais festivo do que imaginara, porque já havia identificado a presença de quatro secretários de Estado. O secretário da Administração lá estava, e aproveitou o momento para conversar sobre um requerimento que havia feito a ele poucos dias atrás. Pedia sua autorização para contratação de médicos para o pronto-socorro, já concursados. Era urgente a reposição desse pessoal porque as equipes estavam desfalcadas e em alguns dias da semana havia falhas de cobertura, e que não era alcançado pelo decreto que suspendia a contratação de pessoal, já que o próprio decreto ressalvava os casos de urgente necessidade. Tentou convencer o secretário da situação, do risco que representava ter a escala de plantão incompleta, mas a negativa era sua resposta e que não poderia abrir exceção. Insistia no apelo, quando o mestre de cerimônias anunciou ao microfone a chegada do governador e da primeira-dama. A conversa infrutífera com o secretário tinha sido interrompida. O governador atravessou em meio aos convidados, que eram bastante numerosos, cumprimentando cada um que se aproximava. O mestre de cerimônia então começou a convidar as autoridades presentes para comporem junto com o governador a mesa de abertura. Como não havia mesa as autoridades ficaram num tablado com dez centímetros de altura. A chamada começou com os secretários, que eram oito, secretários-adjuntos que representavam os titulares, comando da Polícia Militar, deputados. No tablado pequeno para tantas autoridades deveria ter umas 25 pessoas. Depois de nomeadas pelo cerimonial outras personalidades presentes, o mestre de cerimônia anuncia a palavra do primeiro orador. Percebeu-se Dona Lila falando ao ouvido do governador, e, antes que o orador começasse seu discurso, o governador pediu um momento, em voz alta, para o mestre de cerimônias, e este respondeu com um "pois não, governador".

Em silêncio o governador desceu do tablado, caminhou em direção ao público presente e veio na direção do Alberto. Sem dizer palavra, segurou o superintendente pelo braço, que foi então levado para o tablado e colocado ao lado da primeira-dama, que lhe deu um beijo no rosto. Sem graça, Alberto estava agora junto ao governador, que ordenou que a cerimônia continuasse. O mestre de cerimônia pediu então que alguém providenciasse a ficha de apresentação do novo componente que tinha sido colocado no tablado. Nesses eventos as fichas são preparadas na chegada pelas recepcionistas do cerimonial, mas a ficha de Alberto não fora confeccionada. Logo apareceu alguém da Secretaria da Saúde que cochichou no ouvido do mestre o nome e o cargo, e, como de costume, o sobrenome foi lido errado, com sílabas trocadas. Aquele sorriso amarelo deve ter sido observado, mas continuou impávido no lugar que tinha sido colocado. Murmúrios indicavam que algumas pessoas que estavam no tablado queriam saber quem era o guindado pelo governador. O nome apenas não significava muito. A cerimônia prosseguiu com cerca de dez discursos até que chegou a vez de Dona Lila, que explicou qual tinha sido o papel do superintendente para aquele acontecimento. A cerimônia foi encerrada com o discurso do governador. Depois dos cumprimentos de praxe, quando Alberto descia do tablado, sentiu que alguém o puxava pelo braço. Era o secretário de Administração, que, sorrindo, disse que iria examinar com carinho o seu pedido para a contratação de médicos para o HC, agora que sabia do prestígio que tinha junto ao governador. A partir daquele dia Dona Lila passou a tratar Alberto pelo seu primeiro nome e sem o doutor.

Na posição de superintendente, era importante também ter contatos dentro da Assembleia Legislativa. Fez algumas visitas e conheceu até um deputado que era irmão de um docente da gastrenterologia. Esse contato foi muito curioso, porque jamais imaginou que eles fossem irmãos, já que cada um era conhecido por um sobrenome diferente. Um usava Cerqueira e o outro Campos. Um era careca e o outro usava peruca. Talvez sem a peruca se parecessem mais. Alguns dias depois o irmão médico comentou com Alberto que o deputado havia feito contato informando-o do encontro, colocando-se à disposição do HC. Político sempre faz chegar o recado de que é influente.

Importante também era ter uma relação com a imprensa no mínimo cordial. Ter jornalistas como contato é fácil, porque todos eles querem ter fontes. Conhecer pessoalmente os diretores ou o dono do jornal, o *publisher*, é um sonho de qualquer dirigente de instituição pública. Quando se tornou superintendente, Luís começou a frequentar a superintendência. Ele se aproximou porque sua mulher trabalhava com a mulher de Alberto. Um dia Luís chegou na superintendência sem aviso, como fazia sempre, para conversar qualquer coisa. Encontrou o superintendente no corredor e foi dizendo que ele tinha que conhecer o Otávio Frias, dono da Folha. Argumentava que era superintendente do maior hospital da América do Sul e certamente ele, Frias, gostaria de conhecê-lo. Alberto não respondeu, até porque sabia que isso não passava de provocação. Continuou a argumentar que Frias tinha um almoço semanal com uma personalidade e que seria interessante ser convidado para tal. Então, para testá-lo, duvidando ser possível, disse que sim, seria muito interessante almoçar com o dono do jornal. Imediatamente Luís ordenou à secretária da superintendência que ligasse para a Folha. A secretária perguntou para qual telefone. Luís disse para ligar para qualquer um. É só dizer que o superintendente do HC quer falar com o Dr. Otávio Frias. Depois de algumas transferências, a secretária do Dr. Frias estava ao telefone. Luís, então, pegou o telefone e se apresentou como assessor, que não era, e num tom de intimidade disse que o Otavinho havia mostrado interesse em uma conversa com o novo superintendente do HC. Não sei o que a secretária da Folha disse, mas em seguida Luís desligou o telefone e disse que o almoço ia ser agendado, e que ela retornaria ainda naquele dia com a data. Alberto pergunta a Luís se ele conhecia o Otavinho, se tinha estado com ele. Luís respondeu que não e que ele tinha inventado essa história do interesse de Otavinho. Só sabia que o filho era muito influente junto ao pai e que Otavinho era a senha. Ficou estarrecido com a cara de pau, mas era uma grande oportunidade, sem dúvida, de se apresentar a um grande jornal.

No dia agendado foram para o almoço com o superintendente Luís, Gordo e Nelson. Foram colocados na antessala da diretoria, e logo Otavinho entrou. Figura simpática, de poucas palavras, se disse honrado com a visita e que o pai não tardaria. De fato, Dr. Frias logo chegou acompanhado de três pessoas jovens. Bonachão, jeito de chefe, abriu um largo sorriso e conduziu os convidados para a sala de almoço, com a porta da sala sendo aberta por um garçom uniformizado. Apresentou os três que o acompanhavam como os editorialistas do jornal e que a conversa seria informal, onde tudo poderia ser dito, que seria absolutamente *in off*, ou seja, nada que fosse ali dito seria publicado. Ainda assim Alberto ficou preocupado porque os três jornalistas se mantiveram em silêncio e compenetrados, parecendo anotar na sua mente o que era dito. O velho Frias fazia perguntas e parecia se divertir com os comentários sobre as mazelas na saúde; falamos de hospitais, de secretários e de recursos da saúde. Otavinho acompanhava a conversa com um sorriso. Até que, lá pelas tantas, perguntou ao Gordo quem tinha sido o melhor ministro da Saúde nos últimos tempos, na sua opinião. Foi Fulano. Por quê?, perguntou Dr. Frias. Porque não fez nada, não sabia de nada e por isso não atrapalhou. Dr. Otávio riu muito e perguntou se ele repetiria a afirmação em uma reportagem. Gordo respondeu que sim e no dia seguinte a Folha mandou um repórter na sua sala para fazer uma matéria sobre a saúde do país.

55. Transplante em VIP

Era uma quinta-feira, chegando ao HC pela manhã, uma das funcionárias da secretaria da superintendência informa que um acidente tinha matado um doente importante na Unidade de Transplante de Fígado. Era sabido que o professor Florestan estava para receber um transplante – esse doente importante seria o professor? Alberto pede mais detalhes do que havia acontecido e chega a confirmação de que o doente que tinha sido declarado morto há pouco era o professor Florestan. A primeira versão ao seu ouvido foi de que o doente transplantado morrera depois de duas paradas cardíacas que teriam sido provocadas por embolia gasosa. O doente contava com 75 anos de idade e a rigor nem era um candidato a transplante de fígado pelos protocolos em vigor. Intrigado com o fato de a primeira informação ter chegado como tendo sido um acidente, era preciso saber que acidente havia acontecido para que ocorresse a embolia. O paciente estava em hemodiálise com um equipamento conhecido por "hemolenta", que, por falta de vigilância, tinha bombeado ar pela veia de acesso – era o que parecia ter acontecido. Naquele momento a história pareceu plausível e houve preocupação com a repercussão daquela morte, por se tratar de uma personalidade, embora se soubesse que, em um transplante de fígado em doente naquela idade, o prognóstico era reservado, com menores chances de sucesso. Alberto continuou na sua rotina, quando, no fim da manhã, a secretária comunicou que havia um jornalista querendo falar com ele e que parecia muito nervoso. Preparou-se para receber um repórter que queria noticiar a morte da ilustre personalidade e que parecia ser uma fatalidade pós-operatória. Pediu para a secretária que o acomodasse na sala de reunião, já esperando que houvesse fotógrafo ou cinegrafista.

Quando entrou na sala de reunião, quem o esperava era Junior, da Globo, e sozinho. Apresentou os pêsames pela morte do pai, mas percebeu que ele não estava lá para fazer uma reportagem. Logo foi dizendo que estava em caráter pessoal e que o que tinha acontecido com seu pai era um absurdo, um erro médico. Queria que a administração do hospital tomasse providências para punir os responsáveis, mesmo porque não concordara com a indicação do transplante porque sabia que mataria o doente. Alberto ficou surpreso com sua atitude e, não conhecendo os detalhes do que havia acontecido, apresentou desculpas e lhe disse que iria investigar o que tinha acontecido. Junior disse que queria que soubessem que o que tinha acontecido não foi normal e que a indicação do transplante não fora correta. Agradeceu pela audiência e deixou a sala. Agora um pouco assustado, porque o filho do falecido sabia de coisas que desconhecia, pediu à direção do Instituto Central mais informações. Enquanto esperava, o responsável pela unidade de transplante de fígado bateu à porta para falar com o superintendente. O professor já estava ciente da posição do Junior e defendeu o transplante como alternativa única para salvar o paciente e que a parada cardíaca só havia acontecido porque o equipamento de diálise girou em falso, sem sangue, injetando ar na veia do doente. Alberto questionou se o cadáver tinha sido autopsiado. O professor garantiu que não era o caso porque estava clara a causa da morte e, tratando-se de ilustre paciente, a Declaração de Óbito já tinha sido assinado e entregue à família. Ao longo do dia as especulações em torno do óbito se avolumaram. Houve quem dissesse que o doente já havia sofrido uma parada antes do acidente com o dialisador, que o doente já estava muito mal, que o residente de plantão foi quem deu a versão de injeção de ar pelo sistema de diálise, e que era improvável uma embolia gasosa, que a enfermeira que deveria estar acompanhando a diálise se ausentara e por isso o equipamento não foi interrompido a tempo.

Junior continuava a buscar elementos para sua tese de que a cirurgia tinha sido mal indicada. O professor do transplante voltou a procurar o superintendente à tarde. Não concordara com os termos da Declaração de Óbito, que, como era comum nestes casos, declarava como decorrência da falência de múltiplos órgãos. Temia que o caso se transformasse em assunto policial. Agora concordava que o cadáver deveria ter sido submetido à autopsia pelo SVO (Serviço de

Verificação de Óbito), mas não foi. Se houver uma denúncia ou indícios de erro, o cadáver deveria ser autopsiado pelo IML. O jurídico do HC foi consultado quanto ao melhor encaminhamento a ser dado. O procurador ligou para o delegado, que lhe informou que na delegacia já havia repórteres questionando sobre o evento e que estava a um passo de instalar um inquérito. Concluiu-se que o melhor era fazer uma autópsia. O problema era que o velório já estava em curso, com a presença do presidente da República e da primeira-dama, que tinham sido alunos do professor falecido. Interromper o velório era impossível. Alguém disse que o pior era que o féretro sairia para o Crematório da Vila Prudente às 16 horas. Se a cremação acontecesse, tudo acabado. Impedir a cremação seria o único caminho. Foi quando se lembrou de um programa de TV, conduzido por Goulart de Andrade, o *Comando da Madrugada*, onde foi apresentada uma reportagem sobre como funcionava o Crematório da Vila Alpina. Os cadáveres eram guardados para serem juntados em certa quantidade mínima para serem cremados, por uma questão de economia, uma vez que o processo de cremação consumia muita energia. Ligou então para o crematório e o responsável lhe informou que certamente o forno não seria ligado antes da terça-feira. Comunicou, então, ainda durante o velório, o Junior da decisão de proceder à autopsia, com a qual ele concordou prontamente. Foi esclarecido que a cerimônia não seria interrompida e que o corpo seria retirado de madrugada no crematório. Novamente em contato com o delegado de polícia, expôs o que combinara com a família, que concordara com a autópsia. O inquérito policial então foi aberto.

No dia seguinte todos os jornais estamparam em manchete o funeral do professor Florestan, com a ressalva de que o cadáver fora resgatado do crematório para ser submetido a autópsia, para verificar a causa da morte. Com este cenário, o superintendente do HC achou por bem nomear uma Comissão Sindicante, com o objetivo de esclarecer as circunstâncias do evento adverso grave, ocorrido durante um tratamento. A Comissão foi formada por um professor da casa e quatro elementos de fora da instituição, todos também professores.

A Comissão se reuniu durante um mês e meio e ouviu todas as pessoas envolvidas com o evento, direta ou indiretamente. As reuniões foram realizadas de portas abertas, e durante o período o HC viveu a expectativa de um tribunal de júri. Nos corredores os depoimentos eram reproduzidos com novas roupagens e em ambiente propício a fofocas, e versões diferentes do que havia acontecido surgiram. Algumas fantasiosas. Para a administração um tempo difícil, tenso. A Comissão concluiu que a morte ocorreu por falha humana, que houve erro técnico no uso do aparelho de hemodiálise e que a declaração de óbito não correspondia à realidade dos fatos.

Paralelamente corria o inquérito policial que acabou por indiciar o residente e a enfermeira que cuidavam do doente naquela noite. O residente foi absolvido, mas a enfermeira sofreu uma condenação na primeira instância, depois revertida.

Este episódio foi talvez o que mais produziu cabelos brancos no superintendente.

56. Despedida de professor

Professor da faculdade de medicina, quando entronizado em sessão solene na sala da congregação, é vestido com beca, sobre os ombros uma túnica de veludo verde, a murça, e o capelo, um chapéu também de veludo verde. Verde da esmeralda, a pedra que cura e dá saúde. É uma cerimônia com o peso da tradição e da importância do ato, com familiares presentes e até políticos. Já quando vai se aposentar, o professor recebe as homenagens em vestes comuns sem pompa e circunstância, como já relatado. O superintendente é normalmente convidado para a despedida de um professor. A cerimônia é concorrida, em especial quando o professor é querido. Para alguns pela justa homenagem que querem prestar e para outros para testemunhar a saída de alguém que não foi muito simpático durante o seu reinado. Para outros ainda é ter certeza que uma vaga de professor se abre, vislumbrando um concurso próximo. O discurso feito pelo seu par mais antigo no departamento, normalmente, é recheado de elogios merecidos e outros talvez menos. O homenageado, professor de Clínica Médica, conhecido pela sua ranzinzice, que estava sentado ao lado do superintendente, resmungou para ele ouvir:

– Tudo falso, ele sempre me quis ver pelas costas.

O discurso seguiu com o tradicional convite para que, ainda que aposentado, ele viesse de quando em quando dar sua contribuição nas reuniões da clínica. E o homenageado reagiu, outra vez falando baixo, mas suficiente para ser ouvido:

Eu juro que a partir de amanhã não ponho mais os pés aqui. Rei morto, rei posto.

Depois do discurso de homenagem, o mestre de cerimônia deu a palavra ao professor que se aposentava. Este nem se levantou, e falou:

– Nada a declarar.

A cerimônia então foi dada por encerrada. Embora ele não fosse o professor mais simpático, Alberto gostava dele, pela franqueza e pela clareza de ideias. Considerou aquela despedida a mais amarga que presenciou. De certa forma triste, porque alguém que se dedicou tanto tempo para a formação de outros médicos deixava a função mais nobre do seu desiderato, sem nada declarar e, ao que parecia, magoado.

Algum tempo depois, estávamos em outubro, quando se comemora o dia do médico, no dia 18. Três dias antes o amigo Gordo ligou para pedir um favor. Substituí-lo como palestrante em um evento em Salvador, organizado por uma pessoa muito querida dele e que era o diretor do hospital. Não podendo deixar de atender o amigo, embarcou para Salvador no dia 18 no primeiro voo que saía de Congonhas, para chegar antes das dez horas, horário do evento. O voo atrasou e chegou quinze minutos atrasado. O evento já tinha começado, com a formação da mesa de abertura. Foi então colocado no lugar reservado já durante a fala do primeiro orador. Terminada a fala, foi apresentado pelo mestre de cerimônias. Seguiu o segundo, o terceiro e o quarto orador, e o último orador tomou a palavra.

Vivam a cena.

Preocupado com a palestra que farei a seguir, reviso meu texto e não presto muita atenção no nome anunciado, que é o secretário de Saúde. Quando o orador começa a fazer críticas ao HC de São Paulo, por ter uma "segunda porta" para atendimento de doentes pagantes, a atenção é despertada. Diz que isso é inadmissível para um hospital público e que o superintendente é responsável por ter iniciado tal prática no HC e que isso jamais aconteceria na Bahia. Pergunto então ao meu vizinho na mesa o nome do orador, e fico sabendo que é Zezito. Terminada a fala do secretário, embora não esteja no programa, peço ao presidente da mesa o direito de resposta, já que fui citado.

– Secretário, queira me desculpar e corrigi-lo. Embora defenda o modelo, não me cabe o mérito pela iniciativa da segunda porta, prática essa que acontece há muitos anos e que começou no InCor.

O secretário então pontua que o InCor é diferente, é da Fundação Zerbini.

– Diferente por quê? Porque atende gente importante como deputados e senadores?

A plateia cai na gargalhada e eu fico sem entender por quê. O meu vizinho de mesa então me diz baixinho que o secretário é irmão do senador Tonico, que há pouco foi internado no InCor para tratamento. Entendo, então, a reação da plateia.

– O InCor é, sim, uma dependência do HC, e eu sou o superintendente desse instituto também, onde deputados e senadores são atendidos como clientes pagantes, através de convênio.

A mesa então é desfeita e o evento programado tem sequência.

Quando a sessão termina, a organização do evento convida todos para um almoço, o secretário faz questão de sentar-se ao meu lado e me diz que não sabia que o InCor é parte do HC. Achava que o instituto era de uma fundação. Explico então que a Fundação Zerbini é uma fundação de apoio vinculada ao InCor e que o restante do complexo havia criado outra fundação à semelhança da Zerbini, a Fundação Faculdade de Medicina e, através dela, é feito o atendimento dos doentes pagantes. Esclareço o mal-entendido e a conversa com o secretário segue muito animada. Ao se despedir me diz que ficou feliz em me conhecer. Fim da cena.

Como superintendente do maior hospital de ensino do país, Alberto era conselheiro do Fundo de Incentivo ao Desenvolvimento do Ensino e Pesquisa (Fideps) do Ministério da Educação e, como tal, comparecia a reuniões mensais em Brasília. Era comum nessas ocasiões estar com reitores das universidades federais e secretários de saúde. Certa feita o secretário Zezito, que estava presente, se acercou para conversar. Animado, contou que no próximo congresso brasileiro da sua especialidade faria uma homenagem a um professor da faculdade de medicina e ao seu antecessor que se aposentara, amigo de longa data, e que esperava fazer a reconciliação entre os dois, já que estavam brigados há muito tempo. Perguntei-lhe se ele sabia por que estavam brigados, ele disse que sim, e até citou o nome do colega que tinha sido pivô da briga, cuja demissão fora negada. Soube depois que as homenagens aconteceram, como havia sido programado, que os dois apertaram as mãos, mas não teve confirmação de que a reconciliação acontecera. Difícil imaginar que tenha acontecido.

A existência da segunda porta no HC era polêmica e o Ministério Público Estadual moveu uma ação contra sua manutenção. O atendimento de doentes dos convênios privados estava sob questionamento.

Abdicar dessa receita extra, ainda que pequena, não era desejável e era importante para a sustentação do próprio modelo de fundação de apoio, que viabilizava áreas importante do HC. O secretário da Saúde de então era ferrenho adversário da segunda porta, mas um ex-secretário era um ardoroso defensor. Num clima de Fla-Flu, houve até debate na televisão no Pinga Fogo. O superintendente debruçou sobre o assunto e, com a procuradoria da autarquia, preparou a defesa, com base na autonomia do hospital universitário. A ação do MP não prosperou e a segunda porta foi mantida.

57. Desastre

Viajar pela TAM a Brasília era uma rotina. Era com o Fokker 100 que viajava ao menos uma vez ao mês. Era um dia como outro qualquer quando o HC foi informado de que um avião tinha caído sobre casas no bairro do Jabaquara. O hospital se preparou para a catástrofe, mas logo depois a notícia era de que não havia feridos para serem removidos. Era um avião do mesmo tipo que decolava para o Rio de Janeiro, e, mal tinha deixado a pista, caiu e se incendiou. Todos os ocupantes morreram e mais alguns moradores.

O desastre não trouxe feridos para o HC, como era comum quando aconteciam tragédias, como foi com o incêndio do Andraus e do Joelma. O trânsito, no entanto, ficou caótico nas redondezas. Os mortos foram trazidos todos para o IML que fica na mesma rua do HC. No dia seguinte, logo pela manhã, Alberto atendeu um telefonema. Era Dr. Daniel, do Instituto Médico Legal, pedindo ajuda. Eram tantos os cadáveres que seu estoque de filmes de raio X tinha se esgotado e precisava desse material para continuar o trabalho de identificação dos corpos. Pelo estado dos cadáveres, comparar a radiografia da arcada dentária com o arquivo dos dentistas que cuidaram das vítimas era o meio mais prático de identificação. Precisava também de um local para acomodar os familiares que esperavam a liberação dos corpos ou traziam documentos dos mortos. Filmes de raio X foram enviados e o anfiteatro do Instituto da Criança, que fica em frente do IML, serviu para acomodar os familiares. Dr. Daniel contou que o trabalho de identificação demoraria semanas, e que os cadáveres estavam espalhados pelo prédio, sem lugar na geladeira para armazená-los. Alberto ficou imaginando o caos instalado, que deveria ser parecido com o pronto-socorro, só que no lugar de doentes eram corpos inertes. Dr. Daniel convidou-o para conhecer a situação *in loco*. Foi estarrecedor o que viu. Grande parte dos corpos estavam carbonizados na posição sentada, ocupando todos os espaços do instituto, salas de trabalho, corredores, escadas. Em uma sala, um amontoado de pedaços de corpos misturados a metais e plásticos queimados. Logo providenciaram um caminhão frigorífico que ficou estacionado em frente do IML para guardar os corpos que aguardavam identificação. Foi uma imagem inesquecível.

Na semana seguinte foi para o aeroporto de Congonhas para viajar a Brasília. À sua frente, no balcão, um passageiro discutia com a atendente. Não tinha um documento idôneo para apresentar. Tinha um crachá funcional, mas a atendente não o aceitava como prova de identidade. Até aquele acidente, a apresentação de documento de identidade não era obrigatória. O homem não se conformava porque tinha viajado uma semana antes e não lhe tinham exigido qualquer documento para embarcar. A exigência passou a ser obrigatória porque entre os passageiros do avião acidentado havia mortos reclamados pela família, mas que não constavam da lista de passageiros. O homem não pôde viajar e saiu da fila reclamando em voz alta que só faltava agora exigirem radiografia da arcada dentária para embarcar.

Esse contratempo vivenciado fez lembrar um outro episódio curioso acontecido um tempo antes. Dr. Sergio tinha uma viagem marcada para um evento no Sul do país, mas, por uma emergência em família, na véspera do dia da viagem repassou o encargo para um colega de trabalho, Dr. Artur, que era um sujeito supercorreto e que não admitia o popular jeitinho. A passagem já tinha sido emitida ao Dr. Sergio e não havia como substituí-lo. Chegando ao aeroporto, Artur foi ao balcão da companhia para tentar a substituição do bilhete. Explicou a situação e que ele não era o Sergio, mas Artur. A agente do balcão disse que não era necessário, que ele poderia embarcar com aquele bilhete. Artur, inconformado, insistiu na troca. A agente, que tinha mais o que fazer, pediu para que ele aguardasse do lado, que quando fosse chamar os passageiros da lista de espera ela resolveria o problema dele. Esperou que todos os outros embarcassem e, quando a lista de espera começou a ser lida, a moça chamou o primeiro nome da lista, o senhor Sergio. Artur lembrou a moça que esse era o nome do passageiro que ele ia substituir. A moça fez cara de desentendida e chamou novamente pelo senhor Sergio. Artur levantou a mão para novamente tentar explicar a sua situação e, antes que pronunciasse qualquer palavra, a moça se adiantou em dizer: "O senhor é o Sérgio, não é, senhor Artur? O senhor pode embarcar", puxando-o pela mão para que se apressasse. Artur embarcou empurrado.

Em falando de desastre em avião, um colega, o Zeca, era um ímã para atrair para si incidentes desastrados. Em uma mesa de bar, com vinte amigos bebendo, se o garçom tropeçasse com uma bandeja de copos de cerveja em uma ponta da mesa, o único copo vazio, catapultado pelo peso dos outros, vai parar no peito do Zeca, que está sentado na outra ponta da mesa. Sua esposa, a Lu, tem uma coleção de histórias que comprovam essa capacidade atrativa fora do comum. Aliás, este grupo de amigos formados por casais de médicos se reúne regularmente para beber e contar proezas há muitos anos, e daria um outro livro reunir em prosa o que se passa nesses encontros. Mas vamos para uma dessas histórias, que é muito hilária.

O casal embarca num avião para uma viagem. Todos os passageiros já estão acomodados em seus assentos com os cintos afivelados. Aguardam a partida, quando um desastrado retardatário entra pela porta carregando várias sacolas, que denuncia que fazia compras no *free shop* antes do embarque. A aeromoça apressa o passageiro a acomodar as sacolas no compartimento de bagagem e um som de bater de garrafas se escuta. O homem carregava vinhos e, pelo ruído, parece que tinham se quebrado quando foi acomodado. Tenta verificar o estrago, mas a comissária obriga-o a sentar porque o avião está para decolar. Quando o avião toma impulso para descolar da pista, um novo ruído se ouve. Os cacos do vidro estão se acomodando no bagageiro. O avião começa a subida e uma gota de vinho aparece na borda inferior do compartimento de bagagem e começa a escorrer pela borda em direção ao fundo da aeronave. Zeca estava acomodado quatro fileiras atrás do passageiro enófilo. A inclinação aumenta e as gotas, que agora são várias, aumentam a sua velocidade.

– Lu, está escorrendo. As garrafas quebraram – exclama Zeca.

Fica frio, Zé, não vai chegar aqui.

O avião ganha velocidade e aumenta a inclinação.

– Lu, Lu. Olha. Vai cair. Vai cair.

– Cair o que, Zé? Deixa de bobagem!

E as gotas caem certeiros sobre a careca do Dr. Zeca, quatro metros distante do passageiro que embarcou com as garrafas de vinho.

Lu solta uma gargalhada incontida. A viagem continua.

58. Presos em greve de fome

O Instituto Central tinha sido reinaugurado. Depois de mais de dez anos, as obras de reforma do prédio estavam concluídas. O projeto, que tinha sido iniciado quando Alberto era assessor da superintendência e iniciada quando era diretor do Instituto, foi completado quando superintendente. As atividades assistenciais nunca foram interrompidas durante as obras. O tempo decorrido parece excepcional, mas é assim que acontece porque obras públicas são interrompidas várias vezes.

Obras em hospital são uma constante. Desde que se formou, Alberto não se lembra de ter trabalhado em algum lugar que não estivesse em obra. Até operou em centro cirúrgico em obra.

No HC a unidade que mais sofreu com reformas, certamente, foi o pronto-socorro. Essa unidade é como um hospital dentro do hospital. É o lugar que sofre com o impacto da demanda, que se modifica com as transformações sociais e epidemiológicas e com as mudanças da prática médica. Funciona também como "quarto de despejo", onde tudo que está demais, que ninguém quer, é despejado para que alguém lhe dê destino ou solução.

Era final de novembro do último ano de gestão. Alberto recebeu uma comunicação da Secretaria de Administração Penitenciária que o HC iria receber sete presos do Carandiru, para serem internados. Eram os sequestradores do empresário Abilio Diniz, que estavam em greve de fome. Estavam debilitados e precisavam ser tratados, e a penitenciária não tinha os meios para fazê-lo. Recusar era impossível. O pronto-socorro então foi avisado para receber esses presos.

Atender presos doentes era rotineiro no HC, mas sete de uma vez era uma excepcionalidade. Presos doentes podem ser tratados porque querem ser tratados. Mas esses não tinham doença e não queriam ser tratados. E lá fora a imprensa torcendo por notícias. Separá-los certamente geraria manchete de que não estavam garantindo os direitos humanos. Foram colocados todos juntos numa enfermaria no quarto andar, presos com algemas em seus leitos. Primeira abordagem, o convencimento amigável para que voltassem a comer. Sem resultado. Segunda abordagem, seriam colocados no soro. Aceitaram. Terceira abordagem, alimentar por gavagem, isto é, alimentação por sonda levada até o estômago. Foi uma tourada. Reclamaram que o hospital estava usando de violência e iriam denunciar na imprensa. Os presos espernearam e não permitiram a sondagem gástrica. O grande problema não era tratá-los e lhes restituir a saúde, isto os médicos sabem fazer, mesmo porque não eram portadores de doença grave. O objetivo da internação era mantê-los vivos, permitindo a precariedade nutricional voluntária. Morrer não era o objetivo dos presos, mas também não almejavam ficar saudáveis. Ficar na corda bamba era o que desejavam. Essa é uma situação muito difícil para a medicina. Sedar os pacientes para tratá-los seria apelar para a violência. Tirar a consciência de alguém que voluntária e conscientemente está fazendo o que considera legítimo é reprovável sob qualquer ótica. Ao HC não restava outra alternativa senão monitorar os parâmetros vitais, corrigir os desequilíbrios através de soluções injetadas na veia e aguardar a determinação da justiça quanto à reivindicação dos apenados. Quanto tempo eles ficariam internados? Uma semana, duas? Ou a internação vai virar o ano? A greve de fome foi suspensa no dia 31 de dezembro, depois de 46 dias, 33 dos quais internados no HC. Uma semana depois tiveram alta. O que o HC ganhou com este episódio? Esta longa internação de doentes que não eram doentes rendeu um trabalho acadêmico aos médicos do pronto-socorro do HC.

59. Consultoria

Terminada a primeira gestão do governador Covas, com sua reeleição, Alberto foi convocado para uma conversa em palácio. O governador convidou-o para permanecer no cargo. Agradeceu a confiança, mas disse que seu plano era deixar a superintendência. Aguardou a indicação pelo CD do novo superintendente, que pela primeira vez escolheu um engenheiro, e não um médico. Por que um engenheiro e não um médico, como era da tradição? Um médico com formação em gestão hospitalar não seria a melhor alternativa, já que o HC tinha um programa de formação deste profissional? A recondução não era desejada pelo CD renovado? Preferiam alguém mais condutível? Até correu um boato nos corredores da faculdade de que Alberto tinha recebido propina, um apartamento em Moema. O boato teria saído da boca de um professor. Seria este boato parte do plano de desmoralização? Não aceitar o convite do governador pareceu ter sido uma decisão acertada.

Trabalhar como consultor é o que tinha planejado fazer. Com o currículo agora mais recheado pelos quatro anos como superintendente do maior hospital público do país, foi buscar quem quisesse pagar para ouvir os seus palpites. Convidado por um amigo para apoiar um grande projeto em saúde que um empresário aparentado tinha em mente, o primeiro passo foi conhecer um empreendimento da Mayo, em Jacksonville, na Flórida, que era uma inspiração para implantar algo parecido em São Paulo. Era setembro quando a visita foi agendada. Na manhã do dia seguinte à chegada em Jacksonville, uma primeira reunião às dez horas, com a diretora de marketing da Mayo, que tinha vindo de Rochester naquela manhã. A diretora se apresentou e era perceptível que fazia um grande esforço para esconder seu nervosismo. Mal tinha começado a sua apresentação, seu nervosismo agora aparente, começou a tropeçar nas palavras e de repente ficou muda. Desculpou-se e pediu para interromper a palestra porque estava por demais preocupada com o marido, que embarcara naquela manhã para Nova Iorque, enquanto ela vinha para Jacksonville. Quando desembarcou, ficou sabendo no aeroporto que um avião tinha sido derrubado e que podia ser um atentado. Na sala onde estavam, uma televisão foi ligada e a imagem que a tela apresentava era estarrecedora. A torre gêmea, um dos símbolos do horizonte nova-iorquino, estava vindo abaixo. Pouco depois a imagem da primeira torre em chamas e a repetição da torre desabando. Atônitos, observaram por alguns minutos aquelas imagens, quando o diretor da clínica anunciou que a visita estava suspensa. Não havia mais clima. A cidade estava em choque, e o presidente Bush, que estava em visita, foi recolhido e tinha sumido, dado como alguém em destino incerto. A televisão anunciava que todos os aviões deveriam pousar e novos voos estavam cancelados. E como os visitantes voltariam para o Brasil? No dia seguinte pela manhã foram ao aeroporto de Jacksonville e se confirmou que não haveria nenhum voo. O plano foi alugar um carro e chegar a Miami, onde um dos viajantes tinha um apartamento. Era sabido que todos os voos estavam cancelados, mas pelo menos parecia mais seguro estar mais perto do aeroporto de onde deveria sair o voo para o Brasil. De hora em hora alguém ligava para a TAM no aeroporto para saber se sairia algum voo. Passou um dia e nada. No segundo dia à noite, quando o grupo se preparava para ir a um restaurante para jantar, o colega que ligou para a TAM ouviu que havia um voo que deveria sair às 23 horas. A atendente perguntou quantos compunham o grupo e orientou para que se apresentassem para o *check-in* o quanto antes. O jantar foi suspenso. Buscar a bagagem e ir para o aeroporto era agora mais importante. Havia um outro grupo de colegas em outra localidade de Miami, que foram avisados da novidade. Nova ligação e desta vez o balcão da TAM não confirmou o voo para o Brasil. Como era possível? Quinze minutos antes houve a informação e agora era mentira? O outro grupo foi informado da nova posição da TAM e responderam que, então, iriam jantar. Frustrados, ficaram sem saber o que fazer. Acreditar ou não! Como as malas prontas já tinham sido colocadas no carro, por voto da maioria resolveu-se acreditar na primeira informação, tão gentilmente colocada pela atendente, e ir para o aeroporto. Já a caminho, nova ligação é feita e novamente perguntam quantos eram os passageiros e veio a confirmação: "Podem correr que o *check-in* já está aberto". É trote, disse alguém. Chegando ao aeroporto, um colega desceu para verificar se era verdade. O balcão da TAM funcionava. Enquanto o carro era devolvido, os outros fizeram o *check-in*. Todos com o cartão de embarque na mão, foi feita a comunicação ao outro grupo. Eles estavam jantando, tranquilamente, porque também tinham ligado para a TAM, que negou haver algum voo programado. Para que acreditassem, foi dito que o grupo já estava na área de embarque. Curioso, alguém foi comentar com a balconista da TAM as informações desencontradas que tinham recebido e ela candidamente informou que, com medo de que o afluxo de passageiros ultrapassasse a capacidade do avião, a ordem foi confirmar aos poucos, ora confirmando e ora negando. Já passava meia hora do horário marcado para embarque, quando um boato correu de que o voo havia sido cancelado. Perguntas foram encaminhadas ao balcão e veio a confirmação de que o voo só sairia quando todos os assentos estivessem ocupados, razão do atraso. Preocupados com o outro grupo que não chegava no saguão, uma ligação foi feita. Eles tinham chegado há pouco e estavam na área VIP porque, por falta de assentos na classe econômica, tinham sido colocados na classe executiva. Tinham sido beneficiados pelo atraso. Já passava de uma hora quando o voo para o Brasil decolou. Voo tranquilo, quando o avião tocou a pista de Cumbica todos bateram palmas. Os primeiros brasileiros vindos dos Estados Unidos depois do atentado.

O trabalho de consultor depende de oportunidades. Surgiu então um convite inusitado, através de um diretor de uma construtora baiana que tinha obras em Angola – nem é preciso nomeá-la. O presidente da estatal petrolífera de Angola queria uma reunião para discutir um plano de ativação de um hospital, cuja construção tinha sido interrompida. Mandou as passagens pela SAA para Johanesburgo e de lá num voo da TAAG, que era o único voo disponível para Luanda. Embora existisse voo da TAAG que saía do Rio de Janeiro, a sua frequência era apenas às quintas e domingos, o que não convinha para o presidente da estatal, que só tinha tempo para a reunião na quarta-feira pela manhã. E, assim, Alberto e um parceiro foram para o aeroporto de Guarulhos na terça.

Feito o *check-in*, aguardavam o embarque. O painel indicou um primeiro atraso de uma hora. Passado mais algum tempo, o painel indicou um atraso de duas horas. Foram então ao balcão da companhia reclamar que, com esse atraso, perderiam o voo de conexão em Johanesburgo. A atendente, muito solícita, procurou alternativas para que chegassem a Luanda ainda na quarta-feira. Depois de meia hora concluiu que era impossível. Telefonando para o contato em Luanda, a orientação foi de remarcar a reunião para outra data. Cancelado o embarque e a passagem devolvida. Uma semana depois recebem mensagem da petrolífera marcando a reunião em Lisboa, em um hotel, uma vez que o presidente da petrolífera estaria lá a caminho de Paris. As passagens foram emitidas e o hotel confirmado. Embarcaram no começo da noite e pela manhã do dia seguinte chegaram ao hotel, onde tudo estava preparado para a reunião com um pequeno almoço, o desjejum português. A reunião foi até as 13 horas, quando foi combinado estar em Luanda em data futura, que seria posteriormente comunicada. O presidente convidou para um almoço. Perguntou então ao *concierge* do hotel onde poderiam comer um bom bacalhau. A resposta:

– O melhor bacalhau? Na Casa dos Presuntos, ora pois.

E então para o restaurante almoçar. Realmente o bacalhau feito por especialistas em presunto estava divino. Terminado o almoço, passava das quatro horas, e eles a imaginar o que fazer à noite em Lisboa.

– Agora para o aeroporto, ordenou o presidente da estatal.

Chegando ao aeroporto, entregou os bilhetes de volta ao Brasil e ele embarcou no seu jatinho para Paris. O voo para o Brasil saía às 20 horas. Frustrados por não desfrutar uma noite em Lisboa, mas felizes porque tinham conseguido um possível contrato de consultoria.

A petrolífera nunca mais voltou a fazer contato.

Pisar o velho continente da África era um desejo acalentado desde que aprendera que Cabral descobrira o Brasil, por acaso, quando por falta de ventos se afastou da costa africana que deveria contornar. Perdera a primeira oportunidade que tinha aparecido para conhecer a África, mas logo surgiu outra. Certo dia, um desconhecido ligou para Alberto. Apresentou-se como empresário de setor de confecções e propôs que o acompanhasse a uma viagem de prospecção de negócios na África do

Sul. Perguntou quem tinha feito a indicação. Respondeu que pesquisara na internet e encontrou o seu currículo e que o perfil se ajustava para o que queria. Uma das possibilidades que vislumbrava era oportunidade na área de saúde naquele país. Alberto achou interessante conhecer um país que recentemente tinha eleito um presidente negro, ex-preso político, depois de abolido o regime do *apartheid*. Em Johanesburgo ficaram hospedados num belo hotel junto à Nelson Mandela Square, em Sandton, área nova, afastada do centro da cidade. Lugar maravilhoso, que nem parecia que era a África do Sul, parafraseando o ex-presidente Lula quando passou por Windhuk, na Namíbia. No hotel tiveram vários encontros com empresários locais, todos negros. Interessados em firmar parcerias com empresas brasileiras. Achou curioso o interesse de um deles em criar uma empresa de distribuição de cesta básica de alimentos com *know-how* brasileiro. Na área de saúde, que era do seu interesse, não encontrou qualquer oportunidade. A medicina lá praticada era de alto nível e para os que podiam pagar havia planos de saúde na modalidade de reembolso. A saúde pública tinha problemas semelhantes aos do Brasil, com uma peculiaridade em relação à aids, que não era reconhecida pelo governo como problema. A saúde não era uma oportunidade de negócios, como se pensou.

De noite foram jantar em um restaurante recomendado. Ficava a uns cinco quilômetros do hotel em um bairro residencial chique. No caminho, perceberam a aproximação de três carros em alta velocidade, sendo que o da frente tinha um pequeno "giroflex" azul piscando. O motorista encostou para dar espaço e os três carros pretos passaram. O do meio um luxuoso BMW. Quando estavam a menos de cem metros do restaurante, os carros pretos pararam e foi possível ver que se tratava de uma autoridade que ia jantar no mesmo restaurante que tinha sido indicado. Um homem, de óculos escuros, que ocupava o assento do carona do primeiro carro, desce com arma em punho. O mesmo acontece com outro homem do terceiro carro, também de óculos escuros. Eram seguranças. Ambos se colocam ao lado da porta traseira do BMW. Descem dois passageiros, que, escoltados pelos seguranças, entram no restaurante. Os três carros à frente desocupam o meio fio para estacionar e, então, Alberto e seus parceiros puderam encostar e descer para entrar no restaurante. Tiveram que esperar um pouco, enquanto o *maître* acomodava as autoridades que os antecederam. Em seguida foram atendidos e colocados na mesa que estava reservada. Curioso, o empresário que estava com Alberto pergunta quem era a autoridade que havia chegado um pouco antes.

– É o prefeito da cidade – respondeu o *maître*.

Quando os dois seguranças deixavam o recinto, aquilo que lá fora, sem luz, não foi possível perceber era agora observável. Achou curioso que o prefeito e seu acompanhante eram negros e os seguranças brancos. No Brasil o comum era observar exatamente o inverso.

Depois de ir a Pretória de carro, observando as belas paisagens do trajeto, e as placas indicativas das indústrias existentes nos arredores das duas cidades, os poucos dias em que permaneceu na África do Sul deixaram Alberto positivamente impressionado com o país. Diferentemente do que ouvira dos países da África subsaariana, definitivamente, o bonde da história passara e aquele país tinha conseguido embarcar.

60. Angola

Pelo teor da conversa tida em Lisboa, Angola parecia ser um campo de trabalho promissor, apesar de frustrada aquela primeira oportunidade de trabalho. Não demorou muito e um colega de uma empresa de consultoria convidou Alberto para compor uma equipe para fazer um trabalho para o Ministério da Saúde de Angola. O trabalho consistia em passar duas semanas em Luanda para montar um plano de assistência médico-hospitalar.

Viajar para o aeroporto do Galeão, de onde decolaria num Jumbo Jet para Luanda, foi o primeiro passo. No horário marcado os passageiros são chamados para embarcar. Acomodado na classe executiva, remexendo o porta-bagagem, encontrou um catálogo que descrevia a aeronave como um Boeing 747-100, que correspondia ao primeiro modelo, fabricado nos anos 1970. O avião tinha mais de trinta anos de serviço, mas isso não o preocupou, mesmo porque estava confortável, depois de receber uma taça de champanhe. Em pouco mais de oito horas de voo desembarcou em Luanda.

Vivam a cena.

São seis horas da manhã. O avião estaciona junto a uma pequena área coberta.

Desço pela escada e ando cerca de cem metros até o terminal de passageiros, cuja área de recepção do desembarque não deveria ter mais que duzentos metros quadrados. Num guichê acanhado apresento o passaporte. O agente levanta um carimbo e me dirige a palavra.

– O senhor não tem um mata-bicho para me dar? – Em sotaque lusitano.

– Desculpe, não entendi. O que o senhor quer? – respondo, perguntando.

– Ainda não tomei o pequeno almoço hoje, o senhor tem alguns dólares para me dar?

Alertado em São Paulo de que tudo em Angola funcionava na base de gorjetas, eu tinha no bolso algumas notas miúdas.

– Mas o que é mata-bicho? – pergunto, enfiando a mão no bolso e tirando dois dólares.

– É o desjejum, que aqui chamamos de pequeno almoço.

Pus os dólares no balcão e o carimbo desceu ato contínuo com grande precisão.

– Seja bem-vindo a Angola – diz sorrindo.

Apanho minha bagagem e saio para o saguão. Um rapaz mulato se aproxima pronunciando meu nome.

– Eu sou o motorista da empresa e estou encarregado de levá-lo ao escritório.

A porta de saída do aeroporto dá para uma praça e no meio dela uma montanha de lixo. O motorista explica que os serviços públicos não funcionam, incluindo distribuição de água, e a energia elétrica é ainda muito precária. A guerra só terminou fazia dois anos, pondera. À medida que nos aproximamos do centro da cidade o trânsito começa a ficar caótico. Os semáforos não funcionam e há carros estacionados nos dois lados da rua, deixando quase intransitáveis as ruas. Mal estacionamos em frente ao escritório, vêm me oferecer todo tipo de bugiganga. O motorista vai me avisando que nas ruas de Luanda se compra de tudo, de cigarro por unidade até geladeira. No escritório, conheço Fernando, que me dá as orientações para o trabalho que irei executar e já saímos para a primeira visita, um hospital que fica a cerca de três quilômetros do escritório. O hospital está em obras e os doentes são atendidos em meio a cal, cimento e areia. Nada diferente do que acontece entre nós. O atendimento é precário em termos de materiais e equipamentos. A assistência é feita por médicos cubanos, vietnamitas, húngaros que mal falam português. Como se entendem? Não sei. Acho que por mímica. No almoço vamos a um restaurante português e pela primeira vez como uma feijoada lusitana. Feita de feijão-vermelho e, além de pertences como linguiça, orelha, rabo e toucinho, havia couve, tomate e abobrinha. Não é ruim, mas diferente. Depois do almoço vou para o apartamento onde ficarei hospedado. Localizado a uns vinte quilômetros do centro, num bairro residencial planejado. Só que o elevador não funciona e eu tive que subir três andares pela escada com a mala. O fornecimento de energia se interrompe com frequência, e tomar banho quente no chuveiro elétrico é uma loteria que pode ser interrompida a qualquer hora. Na portaria tem um porteiro armado com uma AK-47. Pergunto ao gajo se aquela arma não era exclusiva do exército e ele respondeu que, quando a guerra acabou, a desmobilização aconteceu de forma imediata e cada soldado foi para casa com a arma que tinha em mãos, e aquela era a dele. Confesso que fico um pouco assustado. Isso significa que existem milhares de pessoas armadas pela cidade. Fim da cena.

Alberto visitou outros cinco hospitais e um em especial chamou sua atenção: o hospital universitário. Uma precariedade. Na área de imagem só existia radiologia convencional, e havia um equipamento de angiografia digital que estava encaixotado devia fazer anos, talvez os trinta anos da guerra civil, pela quantidade de poeira que havia sobre as caixas. Perguntou por que não estava instalado e a resposta foi que não havia técnico para operá-lo. Desde que os portugueses se foram não havia técnicos. Ficou estarrecido com a precariedade das instalações e preocupado com a qualidade do ensino, pela sua vivência com um hospital universitário. O diretor do hospital que o recebeu era professor de urologia e lhe mostrou com orgulho a sua enfermaria. Ele gostava de operar cálculos renais e mostrou com orgulho alguns dos casos que estavam em pós-operatório. Todos os doentes que viu tinham fístulas, isto é, a urina vazava pela cicatriz da incisão. Perguntou se havia no hospital um litotritor (triturador de cálculo por ondas de choque) ou se havia nefroscópio (aparelho endoscópico para visualizar o rim e eventualmente retirar cálculos). A resposta foi negativa e que ele dominava a técnica mais moderna para tratar cálculo renal. Disse que tinha planos para comprar esses novos equipamentos, mas que ele não tinha tempo para ser treinado, então não fazia sentido tê-los agora. A medicina tinha parado há trinta anos, o tempo que durou a guerra. Perguntou se havia interesse em treinar alguém da sua equipe. A resposta foi um silêncio e uma cara de quem não gostou da pergunta. Nisso chegou um médico, que lá chamam de interno, para pedir uma orientação. Deixou que a atenção se voltasse para o recém-chegado.

Ouvindo a conversa, percebeu que o professor não era muito dado a ensinar, mas apenas dar condutas sem discutir o porquê. O médico se retirou e então perguntou ao professor se o interno era um aluno ou um médico formado. Ele respondeu que era formado, mas enquanto não concluísse o período de treinamento não poderia atuar profissionalmente. O rapaz era interno fazia cinco anos e, pela conversa que se seguiu, percebeu que ensinar não era importante, até porque iria criar concorrência. O aprendizado dependia da observação e da absorção.

Mas havia um hospital que funcionava bem e estava muito bem equipado. O hospital das forças armadas, exclusivo para atendimento dos militares. Visitou o Instituto Nacional de Oncologia, que ainda era um projeto. Foi conhecer uma unidade na província mais setentrional do país, Cabinda, um enclave em território do Zaire. Era um hospital apinhado de doentes, acomodados no chão, crianças internadas em berços coletivos, partos realizados no chão do centro obstétrico. No pouco tempo da visita, cerca de três horas, assistiu a três mortes na pediatria por malária, todos com menos de dois anos, um deles com diagnóstico de neuromalária. Perguntou qual era o coeficiente de mortalidade infantil, que não souberam precisar por falta de um órgão governamental de estatística, mas que deveria superar cem mortes por mil nascidos vivos. Tudo neste hospital tinha fila e, para acelerar o atendimento, o guarda recebia uma gorjeta para organizar a fila segundo seu critério de prioridade.

Foi levado a um centro de saúde e lá assistiu ao atendimento dos que chegavam com queixa de febre. Eles eram deixados em um canto, enquanto outros com outras queixas passavam para a sala de consulta. Um atendente com um recipiente cheio de comprimidos, então, organizava uma fila com aqueles que diziam estar com febre. Cada um recebia um comprimido e eram dispensados. Recebiam medicamento para malária e eram orientados para retornar ao posto se a febre persistisse. Febre era sinônimo de malária.

Com um retrato da realidade sanitária do país, concluiu ser muito difícil fazer uma proposta de trabalho mais ampla. Pragmaticamente, o que era possível fazer era ajudar no planejamento de um novo hospital que estava sendo construído e que deveria servir aos familiares dos militares. Para os angolanos mais abastados, havia um hospital privado mantida pela empresa diamantífera e outra ainda para ser inaugurada, construída pela empresa petrolífera. Para os privilegiados, quando a doença requeria cuidados especializados, o melhor hospital era pegar o avião para Johanesburgo, Lisboa e, mais recentemente, Rio de Janeiro e São Paulo.

Um dia, quando, de carro, ia para o apartamento onde estava hospedado, deparou com um bloqueio policial na avenida principal que o levaria ao bairro onde estava hospedado. Havia um soldado armado a cada cem metros ao longo da avenida vazia. Perguntou ao motorista o que aquilo significava.

– Isso acontece quase todo dia – respondeu. – É a segurança do presidente preparando o deslocamento do carro presidencial.

A espera demoraria algum tempo e então aproveitou para conversar com o motorista. Perguntou se ele tinha servido na guerra. Respondeu que sim, que tinha sido recrutado já no fim da guerra. Tinha dezesseis anos então, e teve que subir em um caminhão e foi para a frente, sem saber bem por que e para quê. Querendo conferir se ele também tinha uma arma em casa, perguntou se tinha uma arma. Respondeu que sim. Disse ainda que a guerra, no seu final, era uma esculhambação, tal que já não sabiam contra quem estavam lutando. Que, entre uma escaramuça e outra, garotos vendiam cigarro por unidade para os soldados dos dois lados, levantando uma bandeira branca. Aquele dia, apesar de o motorista ter procurado um caminho alternativo, a viagem para casa demorou quarenta minutos mais do que o habitual. Todos os caminhos, com exceção daquela avenida, não eram asfaltados. Assim os desvios se faziam por ruas esburacadas, cheias de lixo, o que o fez entender por que a maioria dos carros são veículos com tração nas quatro rodas. O carro entrou por vielas paupérrimas, onde os barracos tinham no máximo dez metros quadrados e eram cobertos com tábuas, que só serviam para aparar os raios do sol. A sorte é que chovia muito pouco na região.

Depois de duas semanas era hora de voltar ao Brasil. Fernando, o chefe do escritório, orientou-o como deveria se comportar no embarque. Havia toda uma ciência. Primeiro, instruiu que, logo que chegasse, procurasse o Rui, uma espécie de despachante. Era só perguntar por ele. Como saber como encontrá-lo?

– Não se preocupe, ele vai encontrá-lo – disse Fernando. – Entregue sua mala a ele e a sua passagem que ele fará o *check-in*.

E continuou a explicar.

– Com o cartão de embarque na mão, quando for entrar na área de embarque, na porta um primeiro policial vai te abordar e perguntar se tem quanzas (dinheiro local), que é proibido levar para o exterior. Prepare alguns trocados, deixe no bolso e diga que tem alguma coisa. Ele vai pedir para esvaziar o bolso. Coloque o dinheiro no balcão e, sorrindo, ele vai confiscar o seu dinheiro, vai lhe desejar boa viagem e liberar a sua entrada. Quando você estiver subindo a escada para a área de espera, um segundo policial vai te abordar. Vai levá-lo para um reservado e vai lhe perguntar se está levando dólares e quanto. Responda que sim e que está levando 5 mil. Ele vai pedir para mostrar. Você abre a bolsa de mão como se fosse mostrar e deixa cair uma nota de 50 no balcão. Ele vai pegar essa nota e vai dizer que não precisa nem mostrar porque acredita em você, e que está liberado para subir.

No dia da viagem, depois de ter passado por essa triagem, que aconteceu exatamente como explicado por Fernando, Alberto subiu as escadas, mas preocupado com sua mala, porque não havia registro de que havia sido despachada no *check-in*. Quando chegou a hora de embarcar, os passageiros foram levados todos para a pista e, próximo ao avião, estavam as malas enfileiradas. O funcionário da companhia aérea ordenou que cada um pegasse sua mala e entregasse a outro funcionário, que a identificou e embarcou na aeronave.

Tomou assento, bebericou uma taça de champanhe e relaxou. Voaram cerca de três horas, quando o comandante anunciou, com sotaque lusitano, que o avião tinha perdido um motor e assim deveria retornar a Luanda, uma vez que não havia sido feita mais da metade do percurso. Na cabine começaram a especular se o defeito ia demorar muito para ser consertado ou ia ser necessário trocar o motor. Quando o motor tinha que ser substituído demorava mais. Alguém gritou que nas ruas de Luanda se comprava de tudo, mas achava que não havia motor de avião à venda. Risos. Todos despreocupados, como se esse tipo de incidente fosse corriqueiro. O avião desceu até ser possível ver as cristas das ondas do mar. Percebeu que o avião estava despejando combustível. O comandante explicou que é para o avião ficar mais leve e poder pousar em segurança. Depois de mais três horas aterrissaram em Luanda. Em terra comunicaram que os passageiros deveriam retornar ao aeroporto no dia seguinte, no mesmo horário, para novo embarque. O motor seria consertado e o avião voltaria a voar, mesmo porque não havia outra aeronave para substituí-lo. Perguntou pela sua mala e a resposta veio rápida: "Já está no avião e lá ficará". Agora era torcer para o motor ser consertado. Ligou para o escritório e vieram buscá-lo. Até pensou em pegar um táxi, mas não havia este serviço em Luanda. O único meio de transporte são as "candongas", peruas de dez lugares que lotam com vinte passageiros. A recomendação era de que estrangeiros não deveriam utilizar tal meio de transporte. No dia seguinte voltou ao aeroporto e nada de burocracia, todos os passageiros acessaram a área de espera, sem qualquer obstáculo. O Jumbo Jet estava lá para levá-lo ao Rio de Janeiro, com o motor consertado, assim pareceu.

O trabalho em Angola rendeu mais algumas viagens, e a última foi para apresentar uma palestra como convidado no Congresso Médico. Outros cinco colegas seus do HC também foram convidados. Seis anos tinham se passado desde a primeira viagem. Muita coisa tinha mudado para melhor, mas a TAAG continuava com os dois velhos Jumbos na rota entre Brasil e Angola, um deles conhecido por nariz preto e outro por nariz branco. Depois do Congresso Médico o grupo deixou o hotel (sem estrelas por sinal) rumo ao aeroporto. Como de costume, Rui estava lá esperando para facilitar o embarque. Fez o *check-in* e despachou as bagagens. Passaram pela inspeção rotineira, com a gorjeta costumeira, e foram aguardar o embarque. Passada uma hora, o horário de embarque anunciado, e nada de embarque. E o Jumbo de nariz preto na pista. Passou mais meia hora e nada. Então, com quase duas horas de atraso, foram comunicados de que o voo havia sido cancelado.

– Como assim? O único voo cancelado – protestou o colega do HC, marinheiro de primeira viagem.

Será que o avião quebrou? Como não justificaram a razão do cancelamento, como saber? O voo foi reprogramado para o dia seguinte no mesmo horário. Alberto, gato escaldado, tomou a iniciativa de pedir ajuda ao escritório para providenciar transporte de retorno ao hotel.

– E as nossas malas? – perguntou o novato passageiro.

– Provavelmente vão ficar – respondeu.

– Isso não é possível, vou querer levar a minha mala – reclamou.

Depois de peregrinar por quem pudesse buscar as malas, a resposta veio como já se ouvira uma vez: "Já estão no avião e lá ficarão". Sem malas, retornaram para o hotel, o mesmo que tinham deixado fazia algumas horas. Na recepção o aviso veio rápido: não há vagas, todos os quartos já estão ocupados. Agora sem malas e sem quarto para dormir. Pediram para verificar outras alternativas de hotel, e a resposta foi que nem adiantava consultar, pois sabiam que estavam todos lotados. Depois de meia hora, o gerente do hotel fez uma proposta. Um quarto grande com seis camas está disponível. Aceitaram sob protesto das duas senhoras que faziam parte do grupo. No início da noite a recepção comunicou que um quarto havia sido desocupado. Resolvida a acomodação para as senhoras, foram jantar no restaurante mais chique da ilha onde ficava o hotel, na companhia de um amigo que estava trabalhando em Luanda. O restaurante estava lotado por que naquela noite havia um jogo da seleção de Angola pelas eliminatórias da Copa do Mundo. Depois de muito esperar, conseguiram ser acomodados, embora de forma improvisada. Pela TV foi possível observar que havia entre a torcida de Angola muitas autoridades presentes na tribuna. O jantar farto com frutos do mar foi sobretudo divertido, porque alguém resolveu vender cuecas novas para os homens que tinham ficado sem bagagem. No dia seguinte, de volta ao aeroporto, o mesmo avião estava lá para levar o grupo de volta ao Brasil. O boato que corria era de que o avião não tinha quebrado, mas havia sido requisitado pelo governo para atender uma urgência. De volta para o Brasil, alguns dias depois, o amigo que ficara em Angola contou que ficou sabendo que o Jumbo havia sido, sim, requisitado pelo governo para que autoridades fossem assistir àquele jogo da seleção angolana.

61. Itinga

Um outro trabalho de consultoria apareceu. Inusitada foi a forma como este trabalho chegou. Um colega de Alberto, que trabalhava em um hospital no Morumbi, mandou um recado dizendo que o presidente do hospital queria conversar sobre um trabalho. Agendado o encontro com um almoço, foi ao hospital. Não conhecia o presidente, apenas por foto, mas sabia que era irmão de um colega da faculdade. Enquanto esperava na antessala da presidência, um sujeito alto entrou falando alto e, fazendo de conta que não tinha notado sua presença, vai passando.

– Desculpe, nem tinha percebido. Você está esperando o Cláudio? – perguntou.

– Sim – respondeu.

– Você conhece o Cláudio?

– Não tive o prazer.

– Então é bom você tomar cuidado, porque ele não é confiável. Ele vai te embrulhar – alertou, e foi entrando na sala do presidente.

Ficou atônito com o que acabara de ouvir, vindo de um desconhecido. Minutos depois a secretária convidou-o para entrar na sala. O sujeito que acabara de ver na antessala e o presidente conversavam animadamente. Sem querer interromper, deu um bom-dia acanhado. O presidente se levanta e disse que tinha boas referências suas pelo irmão. Antes que Alberto falasse qualquer coisa, apresentou em seguida o sujeito alto, como presidente de uma entidade associativa israelita, e disse que era ele quem queria contratá-lo para um trabalho. O sujeito se apresentou e logo foi dizendo que o que tinha dito na antessala era brincadeira e que o Cláudio era um cara legal, muito correto. O sujeito era um grande gozador.

Contratado pela entidade, o pedido era que desejavam um projeto objetivando um trabalho de auxílio solidário à população do município de Itinga, no Vale do Jequitinhonha. O que estará por trás da ideia? A explicação dada foi que a comunidade judaica queria ajudar a população da primeira cidade visitada por Lula, recém-eleito presidente. Queriam se apresentar e se aproximar da presidência da República, enquanto sociedade civil. O primeiro passo era ir conhecer a cidade e a região. Alberto e o parceiro Wilson pegaram um avião, de manhã cedinho, até Governador Valadares e de lá em carro alugado até Itinga, 320 quilômetros ao norte pela BR 116. Em Itaobim tomaram a BR 367 à esquerda. A única instrução que tinham era de procurar o prefeito, que já tinha sido avisado. Uma placa na estrada indicava a entrada da cidade. Imaginaram que a prefeitura estaria localizada no centro da cidade. A cidade pareceu pequena para os 14 mil habitantes que tinha; rodaram pelas ruas procurando por uma praça com igreja matriz que parecesse o centro, mas nada parecido encontraram. As ruas terminavam no rio, o Jequitinhonha. Pararam para perguntar para o primeiro caboclo que cruzou o carro.

– Por favor, pode me informar onde fica a prefeitura?

Como qualquer mineiro faria, franziu a testa, apontando com o queixo para o lado do rio.

– Do outro lado do rio, uai.

– E como se chega para o outro lado?

– Desça o barranco e pegue uma dessas canoas, que custa baratinho.

– E de carro, como se atravessa?

– É só pegar a balsa. Siga pela estrada que beira o rio e em alguns quilômetros há uma balsa.

A tal balsa era uma chata precária que atravessava um veículo de cada vez. Depois da travessia, mais alguns quilômetros e chegaram na prefeitura. Entraram no prédio e perguntaram pelo prefeito.

– Vocês são de São Paulo, certo? O prefeito foi para a pensão, onde está esperando por vocês para almoçar.

Perguntando para passantes por duas vezes onde ficava a pensão, lá chegaram. Na mesa posta havia seis ou sete pessoas, incluindo o prefeito. Apresentaram-se como emissários da comunidade judaica de São Paulo, quando um dos presentes perguntou:

– Os judeus de São Paulo são todos parecidos com vocês? Pergunto porque eu nunca vi um judeu antes.

Alberto nem conseguiu rir, porque ninguém riu. A pergunta era séria. Ele de origem japonesa e Wilson descendente de alemão. Explicaram que trabalhavam para a comunidade judaica, contratados, mas não eram judeus. Depois de explanar qual era o trabalho que tinham vindo realizar, pediram que contassem sobre Itinga.

Uma semana era o tempo disponível para percorrer todos os cantos do município e conhecer um pouco de como era a vida do povo que vive no semiárido mineiro e fazer uma proposta. Curioso foi saber que os moradores se dividiam em dois grupos distintos, os de lá e os de cá. Tudo virava disputa, futebol, baile, festas, os de lá contra os de cá. A cidade dividida pelo rio seria unida quando a ponte prometida pelo presidente da República ficasse pronta. Os canoeiros e o balseiro iam perder seu ganha-pão, mas ainda ia demorar. Do lado esquerdo do rio o município penetrava cerca de cinquenta quilômetros para se chegar ao bairro mais distante da sede do município. Do lado direito do rio percorreram outros cinquenta quilômetros, acessando vilarejos. Em cada parada conversaram com as pessoas. Em alguns locais havia riachos perenes permitindo a agricultura, mas a queixa dos produtores era que não tinham para onde escoar a safra. Mas a queixa dominante na zona rural era a falta de água para consumo durante o período de estiagem. A cidade, felizmente, era servida por água encanada captada do riacho que cruzava o município. Outra grande queixa era a falta de oportunidades de trabalho. Assim, a população era predominantemente de mulheres, crianças e idosos, pois os homens migravam para o sul em busca de trabalho. Em conversa com o gerente da agência do Banco do Brasil, descobriram que o comércio da cidade dependia da aposentadoria dos idosos e do Bolsa-Escola. Os poucos empregos eram da empresa de mineração que explorava pedras, granito e quartzo.

Em uma das estradas que davam acesso à mineradora encontraram, na beira da estrada, montes de cascalho e, em torno deles, mulheres e crianças acocoradas procuravam algo. Pararam para ver o que faziam, quando todas as crianças, como num passe de mágica, sumiram entre os arbustos da mata. Perguntaram para as mulheres por que as crianças tinham fugido. A explicação era porque elas não poderiam estar ali "trabalhando". Se descobrissem podiam perder o Bolsa-Escola. Mas qual era o trabalho que aquelas crianças e suas mães faziam? Garimpavam! Em meio aos restos que a mineradora desprezava, eles catavam pequenos cristais de quartzo que eram juntados em latinhas e potes plásticos de margarina. Cada potinho cheio lhes rendia alguns trocados, algo como cinco reais. Possivelmente cristais para uso industrial. Perguntaram quantos potes conseguiam por dia. Dois a três por dia.

O padre da cidade tinha como projeto abrir um hospital. Dizia que o prédio ele já tinha. Foram visitá-lo e logo perceberam que a construção não era minimamente adequada. Pé-direito baixo, ventilação precária e um calor infernal. Ter um hospital na cidade era uma demanda da população, porque o hospital mais próximo ficava na cidade vizinha, distante quarenta quilômetros, que também foi visitado. Um hospital local, pelo tamanho da população, seria inviável. Ademais, o hospital da cidade vizinha se inviabilizaria porque perderia a demanda do município de Itinga. A saúde estava bem resolvida com as Unidades Básicas de Saúde que o município tinha. Escolas de primeiro e segundo grau em quantidade suficiente.

Estarrecido ficaram com as condições de como eram abatidos os bois, cuja carne era transportada em carrinhos de mão para venda no mercado municipal, sem qualquer cuidado de higiene. O que eles chamavam de abatedouro era um descampado, a céu aberto, onde havia dois troncos em paralelo fixados no solo, nos quais o boi era amarrado, morto e retalhado. As vísceras eram deixadas sob o sol e serviam para alimentar os cães vadios, carcarás e urubus, que lá esperavam a próxima matança.

Com um retrato da realidade local e informações para subsidiar uma proposta, um projeto para ajuda solidária para aquela comunidade foi desenhado. Durante um ano o projeto foi executado. A prefeitura ganhou uma ambulância nova e uma máquina para perfurar poços artesianos. As casas rurais não tendo onde armazenar água, cinco centenas de caixas de água foram doadas. A construção de um matadouro municipal foi providenciado, bem como treinamento e instrumentação dos professores da rede escolar e cestas de alimentos para a população mais necessitada. O presidente da República agora sabia que existia uma comunidade judaica em São Paulo.

62. Argentina

Pobreza não é privilégio do semiárido mineiro. Contratado por um banco, Alberto foi para a Argentina fazer um trabalho de consultoria junto com uma economista, avaliando um projeto de investimento na área de saúde. A crise econômica atingira com força a região periférica de Buenos Aires.

O trabalho começou com uma reunião com autoridades de saúde na capital. Foi interessante observar a contrariedade do representante federal para com o empréstimo que estava sendo negociado por uma província. Certamente o governador da província e o presidente da República não rezavam o mesmo catecismo. Havia uma diferença no foco do problema, ou eram de partidos opositores. Uma reunião com o departamento de saúde da província foi feita, e visitas a hospitais e unidades de saúde mostraram uma realidade que desconhecia. Nos anos 1990 tinha conhecido o sistema de saúde na cidade de Buenos Aires, que era de fazer inveja. Vinte anos depois de sucessivas crises econômicas, os hospitais que visitou estavam completamente sucateados. Viu enfermeiros e médicos fazendo adaptações nos equipamentos para continuar funcionando, mas sem garantia de que os parâmetros apontados pelos equipamentos estavam corretos. Na visita aos bairros operários, conheceu grandes fábricas desativadas e os grandes conjuntos habitacionais deteriorados e superlotados, não mais com trabalhadores, mas com desempregados. O sistema de saúde argentino, tido como exemplar quando fazia residência de administração hospitalar, agora pedia socorro. Essa consultoria foi muito chocante fazer, por constatar o que pode acontecer ao sistema de saúde quando a economia de um país vai mal durante muito tempo.

O país vizinho era para Alberto uma referência em saúde, primeiro porque teve durante a residência médica em administração de saúde uma professora argentina, Alícia, sua mentora na formação em gestão de saúde. Foi também através de outra argentina, Maria, que pôde realizar duas viagens, daquelas do tipo "1000 lugares que se deve conhecer antes de morrer". A Harvard University, mais especificamente a sua escola de saúde pública, e a vetusta University of Oxford.

Em Harvard, depois do curso, daqueles de atualização com uma semana de duração, houve um jantar de formatura no The Club of Alumni (clube dos ex-alunos). Durante a entrega dos certificados de conclusão, um colega, Nelson, achou de fazer graça com o diretor do curso, e ao receber o diploma perguntou se agora podia se considerar um *alumni* de Harvard e usar a gravata que o diretor vestia naquela noite, com o brasão da universidade. O diretor respondeu que sim, e o colega lhe disse então que queria aquela ostentada pelo diretor, que então propôs uma troca. Sem jeito, o colega entregou a sua gravata, uma belíssima e caríssima Hermes, para colocar a gravata que o professor lhe entregou, e que podia ser comprada na lojinha de *souvenir* da praça por dez dólares.

63. Empresa familiar

Alberto deixou a vida de consultor quando surgiu a oportunidade de trabalhar em um hospital privado que tinha por proprietários vários irmãos, cujo sobrenome remetia a uma origem árabe. Foi levado pelas mãos de um deles, médico, mas no processo de admissão ainda passaria pelo crivo dos outros. A aprovação dependia do irmão mais velho, o patriarca, que, ao que tudo indicava, era quem mandava e comandava. No processo de admissão, a conversa com o patriarca foi tranquila; ele não disse que aprovava ou desaprovava, mas pelo seu ar simpático achou que estava aprovado. Quando achou que já estava seguro no emprego, foi informado de que uma senhora queria conhecê-lo. Pela rádio peão soube que essa seria a prova definitiva da sua admissão. Era próximo do fim de ano e muitas festas aconteciam, patrocinadas por parceiros do hospital. Em uma delas obrigaram-no a levar sua mulher. Foi orientado a chegar cedo, às 19 horas. Pontualmente foram recebidos pelo patriarca, sua esposa, filha e genro, em uma mesa com seis lugares, previamente reservada. Embora a festa fosse de um terceiro, o patriarca se comportava como se fosse sua. Mandou servir bebidas, num salão ainda vazio. Conversava animadamente e a esposa do patriarca fazendo perguntas a Alberto e também para sua mulher. As perguntas pareciam inocentes, mas sempre passando por aspectos de opção pessoal e aspectos do passado familiar. Quando se concordava ou discordava das colocações, o cônjuge era chamado a opinar. Passada cerca de uma hora, o patriarca, já com cara de tédio, chamou o garçom e pediu para servir a comida. Sem jeito, o garçom respondeu que ainda não era hora, que o momento era para bebidas e salgadinhos. O patriarca mandou chamar o *maître* e repetiu o pedido, quase uma ordem, ameaçando ir embora. Vinte minutos depois o jantar foi servido, só para aquela mesa onde Alberto estava. Comeram, enquanto todos os outros continuaram nos *drinks* e acepipes. Depois de servido, sem esperar pela sobremesa, o patriarca se levantou, tomou a esposa pelos braços, despediu-se dele e de sua mulher e foi embora, como se a missão daquela noite estivesse cumprida. No dia seguinte recebeu a notícia de que tinha sido aprovado para o emprego, com a ressalva de que sua esposa era uma mulher encantadora. Aprendeu que na família árabe os homens mandam, mas a última palavra é da mulher.

Já fazia dois anos que trabalhava nessa empresa familiar, quando começaram algumas negociações para a venda do hospital. Seu emprego estava em risco. Numa delas as conversas avançaram e uma reunião decisiva foi organizada em um restaurante de bom nome em carnes grelhadas. O negócio quase fechado, o patriarca se virou para os compradores e revelou que o hospital não estava à venda. Era apenas especulação. Depois dessa experiência, um pouco cansado do estilo do patriarca, embora satisfeito com o emprego e querido pela direção da empresa, resolveu aceitar o convite para assumir a chefia de gabinete da Secretaria de Saúde do Estado.

64. Na secretaria da saúde

Costumava chegar cedo ao trabalho. Horário de cirurgião. Certa manhã, estava na sua sala organizando a rotina do dia quando a secretária perguntou se ele poderia fazer sala para um professor que queria se encontrar com o secretário, que ainda não havia chegado. Era um professor de cirurgia, aposentado há pouco, mas que não mudara o hábito. Já tinha sido secretário. Conhecia-o bem e foi buscá-lo na área de espera. Cumprimentou-o e convidou-o a entrar. Tomou assento e logo foi dizendo:

– Manda servir um café, que agora que sou aposentado nem café me servem mais no instituto.

– Pelo jeito o senhor tem vindo todos os dias ao instituto, não?

– Até ontem, porque hoje meu crachá não abriu a cancela e não pude estacionar, por isso estou aqui, porque aqui na secretaria ainda me deixam estacionar.

Logo o secretário chegou e o professor foi encontrar com ele. Alberto ficou a refletir a situação do professor e se lembrou da amarga despedida do outro professor, que naquela ocasião lhe dissera que pretendia nunca mais pôr os seus pés no instituto. Rei morto, rei posto. O novo rei, que agora tinha assumido o posto com a aposentadoria do professor que pedira o café, e que certamente não devia gostar de sombra, tinha começado, à sua maneira, a reformar o seu reino.

Para os menos avisados, deve parecer que essa é a regra no tal instituto ou institutos, mas nem sempre havia essa condenação ao ostracismo. Havia, sim, professores que depois da aposentadoria continuaram a frequentar a instituição, contribuindo com a formação dos alunos, internos e residentes. Professor Antônio, já mencionado, foi um deles, e outro foi o professor Alípio, que Alberto conheceu quando ainda era aluno recém-admitido. Era membro do Conselho Didático do Curso Experimental de Medicina, onde Alberto tinha assento como representante do alunado. Enquanto esperava a reunião começar, o professor contou que servira na Segunda Guerra como capitão-médico. Quando Alberto fez o internato, comparecia com regularidade às reuniões da primeira clínica cirúrgica, que sempre abrilhantava com comentários perspicazes e bem-humorados. Lembrou-se que foi com ele que aprendeu que, durante algum tempo, para tratamento da tuberculose, se fez uma cirurgia chamada colapsoterapia, que consistia em fazer desabar o tórax sobre o pulmão, fazendo colapsar o pulmão doente, "sufocando" a bactéria. Foi numa época em que não havia antibióticos para tratamento específico da tuberculose, e essa cirurgia era uma opção de tratamento.

Foi numa segunda-feira que o secretário, logo que chegou, contou que sua mãe tinha sido internada com fratura no fêmur. Antes que os presentes pudessem se solidarizar com a situação, o secretário, sorrindo, contou que a remoção tinha sido uma epopeia. Chegando à casa de sua mãe, constatada a fratura, solicitou resgate pelo 193, do corpo de bombeiros. A ambulância chegou, a doente foi embarcada. O secretário pediu então para que a levassem para a Santa Casa, onde era professor. O sargento, comandante da viatura, disse que não podia porque a ordem era de que a remoção deveria ser para o hospital público mais próximo. Apresentou-se, argumentou e reiterou o pedido, mas não houve acordo. O sargento não se dobrou. O secretário se afastou um pouco da viatura para ligar ao secretário de Segurança Pública, para que interviesse em seu favor. O secretário de Segurança prontamente disse que iria ligar para o comando do corpo de bombeiros. Quando voltou à cabine da viatura para informar o sargento das tratativas, ouviu o sargento no rádio da viatura conversando com seu comandante: "Tem um cara aqui, se dizendo secretário, querendo dar uma carteirada para que eu transgrida a norma e leve a doente para a Santa Casa". O secretário desistiu de falar com o sargento. Esperou até que o sargento recebesse ordens do seu comando para que a remoção fora das regras fosse feita.

Foi durante essa passagem pela Secretaria de Saúde que o governador Mário Covas morreu. Depois de longa enfermidade, um câncer de bexiga, diagnosticado ainda no final do primeiro mandato, foi se agravando, e as complicações decorrentes levaram-no à morte. O governador deixara que sua doença se tornasse pública. Este homem, a quem já tinha grande apreço como político e como o chefe que foi, ganhou a sua mais profunda admiração quando, no leito de hospital, exerceu o direito, como doente, de recusar tratamento, que só lhe traria mais sofrimento. Direito que tinha sido promulgado em lei, dois anos antes, por ele próprio. Um avanço da bioética na relação médico-paciente.

65. Novo serviço de transplante

Na chefia de gabinete, uma das tarefas que ocupava o início de cada mês era o ajuste dos recursos repassados pela União, para pagamento dos serviços produzidos pela rede de prestadores ao SUS, no âmbito do estado. A contratação de serviços era atribuição da secretaria, que passava pelo gabinete. O HC tinha o maior serviço de transplante de fígado credenciado e a chefia do serviço cabia a um professor, que estava se aposentando pela compulsória. A sua vontade era continuar comandando o serviço que tinha criado e, para isso, o sucessor deveria ser um determinado docente, que o acompanhava desde o primeiro transplante. A vaga de professor é preenchida por concurso, que algumas vezes acaba por indicar não aquele candidato desejado pela ordem do poder reinante, mas outro. Aconteceu de o indicado ser alguém que não nutria qualquer simpatia pelo professor aposentado. Seu plano de continuar no serviço de transplante do HC tinha naufragado. Como era de se esperar, pela sua personalidade, ele atravessou a rua para conversar, consultando o gabinete sob a possibilidade de a secretaria credenciar um novo serviço de transplante de fígado. A resposta foi de que era possível, mas que dependia de o Ministério da Saúde destinar uma nova cota de recursos para esse fim. Passados alguns dias, Alberto recebeu o telefonema de um colega, gerente de um hospital no Morumbi. Sob sigilo, consultava-o sobre quais providências tomar para que o hospital fosse credenciado pelo SUS para realizar transplantes de fígado. Imediatamente ligou os fatos e disparou:

– Vocês são mesmo corajosos. É aquele nosso professor que vai chefiar o serviço?

Sem jeito, o colega respondeu que era uma hipótese que estava sendo trabalhada em segredo. Algumas semanas depois o Ministério da Saúde orientou o credenciamento do novo serviço. O ambulatório de transplante seria instalado numa mansão da Avenida Brasil. E os doentes?

Um novo serviço precisa de uma fila de doentes para realizar os transplantes, segundo uma ordem controlada pela Central de Transplantes. Cópias dos prontuários dos pacientes da fila do HC tinham sido feitas e levadas para o novo serviço. Um escândalo que mereceu manchetes nos jornais. O caso foi parar na justiça. O juiz, então, determinou a devolução dos prontuários ao HC, uma vez que o tratamento do doente não é de exclusiva responsabilidade da equipe médica que o vinha tratando, como alegava o professor. Os prontuários pertencem aos doentes, e estão sob a guarda do HC, a quem cabe dar continuidade ao tratamento com a nova equipe. Ademais, os pacientes podem a qualquer tempo optar por mudar a equipe que os assiste. Apesar desse contratempo, o novo serviço de transplante começou a operar e se transformou depois de alguns anos no maior serviço de transplante de fígado do país.

Alberto permaneceu na Secretaria de Saúde até a posse do governador reeleito, quando pediu a sua exoneração. O novo secretário até o sondou para ficar, mas queria um período sabático. Foi então matriculado pela sua mulher no mestrado do Departamento de Medicina Preventiva. Não estava em seus planos realizar qualquer titulação acadêmica, mesmo porque a universidade não o atraía como carreira profissional. Mas submeteu-se aos caprichos da companheira, por achar que voltar aos bancos escolares podia até ser divertido. Como consultor, tinha tempo livre e flexível para acelerar a realização de créditos-aula. Sem que tivesse pleiteado, acabou por receber uma bolsa, porque a bolsa só é concedida para quem não tem emprego e todos os alunos nessas condições já haviam sido atendidos. Sem emprego formal, ele se enquadrava nos critérios de concessão, e foi por um ano pago para estudar. Foi divertido e até teve por colega de classe uma médica veterinária que fazia pesquisa em câncer utilizando modelo animal. Uma discussão acalorada aconteceu quando se debateu o direito dos animais e a necessidade de um comitê de ética em pesquisa animal. A coisa pegou quando alguém sugeriu que se criasse um consentimento informado para utilizar animais em experimento clínico. No passado, qualquer teste clínico experimental em humanos era feito com dispensa do consentimento do paciente; foi só nos anos 1990 que se introduziu a obrigatoriedade do documento de consentimento.

Completados os créditos, estava preparando a dissertação quando Alberto recebeu um telefonema de madrugada; o relógio marcava duas horas. Por acaso, naquela noite, ajudava um amigo a liberar um corpo no IML e pôde atender o celular sem ter o sono interrompido. Achou que era trote, mas era o prefeito eleito querendo falar com ele em particular. Ele pediu que comparecesse no seu escritório à tarde. Foi recebido na hora marcada, o que o surpreendeu, porque em encontros anteriores o atraso nunca fora menor que uma hora. Ele queria sugestões de nomes para a Secretaria de Saúde. Apresentou dois nomes de pessoas que ele conhecia bem, mas imediatamente recusados, argumentando que eram gordos demais. Disse-lhe que o secretário de Saúde precisava ter uma imagem saudável e obesidade não era um bom exemplo de saúde. Naquele primeiro dia do ano tomou posse como secretário de Saúde um sujeito magrinho. Alguns meses se passaram e o secretário pediu demissão. A pessoa que iria substituí-lo estava recebendo o plantão (é assim que médicos se referem a passagem do cargo), quando o celular do demissionário recebeu uma chamada. Era o prefeito, que queria saber sobre uma notícia do jornal daquela manhã, um doente que tinha falecido na porta de um pronto-socorro municipal. Ato contínuo, passou o celular para a pessoa que ainda ia ser empossada, dizendo: “É para você”.

66. Hospital moderno

Com o grau de mestre em Ciências no currículo, Alberto voltou ao mercado em busca de uma colocação. Convidado, aceitou ocupar um cargo de diretor em um hospital no Morumbi. Começou a trabalhar sem contrato nesse nosocômio, que doravante será denominado Hospital. Estranhou um pouco que um grande hospital se utilizasse de tal informalidade, quando o departamento de RH comunicou que a contratação só seria feita depois de passar por um processo seletivo, porque esta era norma da casa. Sem entender bem o processo, foi convocado para passar por cinco entrevistas e só então efetivado, apesar dos comentários nem sempre favoráveis feitos pelos entrevistadores. Curiosamente, o comentário recorrente, que pesava negativamente, foi a passagem pela administração pública. Imaginou tratar-se de preconceito, de empresários avessos à gestão pública. Depois de algum tempo, compreendeu que o atropelado processo de seleção nada mais era que um estilo de gestão do dirigente da instituição. Alberto era só mais uma peça do intricado quebra-cabeça que ele tinha em mente para o futuro do Hospital.

Na posição de diretor dos serviços de diagnóstico, a primeira tarefa que se impôs foi conhecer o parque tecnológico da área de imagem, hemodinâmica, análises clínicas, métodos gráficos, endoscopia e outros procedimentos diagnósticos. Possivelmente o que havia de mais moderno no país estava lá. Grande parte dos resultados de exames laboratoriais estavam disponíveis duas horas depois de colhidas as amostras. As imagens dos exames radiológicos, ultrassonográficos e de ressonância podiam ser acessadas logo que realizados e os laudos demoravam um dia ou dois. O aparato tecnológico era o mais moderno que estava disponível no mercado. Logo em dezembro viajou para Chicago para uma visita ao RNSA, a maior feira de equipamentos médicos de diagnóstico por imagem, onde são apresentados os novos lançamentos da especialidade. Naquele ano a sensação era o tomógrafo de 64 canais. Este aparelho era capaz de produzir cada corte tomográfico em alguns segundos e de espessura milimétrica, enquanto os primeiros equipamentos demoravam cerca de cinco minutos para produzir um corte de centímetros de espessura. Com isso os exames se tornaram mais detalhados e nítidos. Era possível inclusive examinar o coração e seus vasos, pois os cortes poderiam ser feitos entre um batimento e outro, evitando-se a imagem tremida. Os ultrassons tinham evoluído para imagens mais claras, e com novos transdutores (captadores de sinal) era possível fazer imagens através do esôfago e por outros orifícios naturais e visualizar alguns órgãos internos menos acessíveis pela superfície externa. A endoscopia agora era feita através de minúsculas câmaras de televisão e as imagens projetadas em telas, podendo ser ampliadas. Os métodos diagnósticos por imagem estavam em franco processo de digitalização; filmes eram coisas do passado.

Na cardiologia intervencionista, o *stent* tinha se tornado o tratamento de escolha para as estenoses das coronárias, evitando-se assim cirurgias de revascularização, as populares pontes das coronárias, que são operações de grande risco. As cirurgias laparoscópicas se tornaram rotineiras na gastrenterologia, na ginecologia e na urologia. Na ortopedia avançaram as técnicas endoscópicas para tratamento de lesões das grandes articulações. A abordagem cirúrgica das doenças passava por uma grande revolução.

A medicina moderna tinha se tornado uma das dez maravilhas do mundo contemporâneo.

67. Parada cardíaca

Era um sábado. Alberto e sua mulher foram a um casamento. Deixaram a festa cedo porque tinham que ir a um aniversário de um amigo muito querido em sua casa, que ficava em Rudge Ramos. Devia ser próximo das 21 horas quando chegaram na casa do aniversariante. Cumprimentaram os presentes e se sentaram em torno da mesa em lados opostos. Ele foi para perto de onde estavam os destilados e sua mulher perto da geladeira onde estavam as cervejas. Conversavam animadamente e não tinha passado nem meia hora da chegada quando alguém perguntou se sua mulher sofria de algum problema neurológico. Respondeu que não, e olhou em sua direção. Ela estava com a cabeça pendendo para trás no encosto da cadeira com os olhos cerrados, como quem tinha caído no sono ou tinha sofrido um desmaio.

Vivam a cena.

Agora, o inusitado acontece. Ainda despreocupado, observo a colega médica que estava mais próxima da minha mulher palpar o pescoço para buscar a pulsação da carótida. Um grito se ouve.

– Ela está parada!

Esta colega, uma socorrista de pronto-socorro, não pode estar errada. Imediatamente minha mulher é deitada no chão e iniciamos manobras de reanimação. Começo como aprendi há muito tempo, e a colega diz que estou fazendo errado e orienta a correção. O protocolo mudou e eu estou me atualizando num caso real. Enquanto eu faço massagem cardíaca, ouço o dono da casa telefonando para o 192, descrevendo para o atendente a emergência e reiterando a necessidade de um desfibrilador. Revezamos a cada cinco minutos as manobras de ressuscitação. Naquele momento a mulher deitada é uma pessoa em parada cardiorrespiratória que eu tento reanimar. Um médico cumprindo sua obrigação.

– Será que o socorro vai demorar? – falo olhando para o relógio.

Cada minuto parece uma eternidade. Estimo que já faz vinte minutos de parada, quando a equipe do Samu entra em cena. São três socorristas, para quem abrimos espaço para que possam trabalhar. O primeiro se coloca junto à cabeça com material de intubação na mão, o segundo aplica massagem no tórax e o terceiro coloca os eletrodos do eletrocardiograma. Observando o corpo inerte, passa pela minha cabeça o pior desfecho. Em menos de trinta segundos o tubo é colocado na traqueia e ligado a um ventilador, demonstração de grande perícia do socorrista. Quando os eletrodos são conectados, o monitor indica fibrilação ventricular, isto é, o musculo cardíaco contrai de forma desordenada e muito rápido, não sendo efetivo. O terceiro socorrista grita que está pronto para o choque, os outros dois se afastam e dispara a descarga elétrica. O corpo se desgarra do chão em um tranco e segue um silêncio. O monitor mostra que o coração continua parado.

– Pronto para um novo choque – grita o terceiro socorrista.

Nova descarga, o tranco no corpo e de novo o silêncio da expectativa. O monitor parece acordar com um sinal sonoro e o gráfico mostra que o coração voltou a bater. O ambiente se enche de uma sensação de alívio e a impressão de que todos suspiram em uníssono. Enquanto a maca é preparada, percebo que o corpo começa a reagir. A cor da pele ganha a cor rosa e os braços se mexem em direção ao tubo. Só agora volto a pensar que aquela pessoa que está voltando à vida é minha mulher. A companheira de tantos anos, agora paciente, é colocada na maca e imobilizada com ataduras. Já na ambulância, o motorista me pergunta para onde eu quero que a paciente seja levada. Respondi que ao Hospital no Morumbi. O motorista responde que não pode sair do município e que a remoção só pode ser para um hospital em São Bernardo do Campo. Penso por um segundo e indico o Hospital Assunção, que eu conheço. Sigo com meu carro a ambulância e em quinze minutos chegamos ao hospital e a paciente é levada à UTI. Passados dez minutos o médico da UTI aparece para me informar que a paciente está estável e reagindo e pergunta se ela pode ser sedada. Aceno afirmativamente, já que tinha informado que, logo que possível, quero removê-la para o Morumbi, para onde eu já tinha telefonado. Autorizada a remoção, em meia hora a ambulância chega.

Mais uma hora e, já internada na UTI do Hospital, com a enfermeira cuidando, minha mulher acorda e me reconhece. Como quem diz "o que estou fazendo aqui com este tubo na garganta", encara-me, agitada, pedindo ajuda. Peço para ela se acalmar que depois irei explicar, mas antes vou chamar o médico plantonista. O plantonista chega e peço para que retire o tubo. Ele me responde que só o fará com autorização do médico titular. Eu quase vou dizendo que eu sou o médico dela, quando o plantonista pega o prontuário para verificar quem é o médico titular, percebendo que não há um médico responsável pela internação. A regra é que o paciente tenha um médico do corpo clínico, indicado no ato da internação, mas fora deixado em branco pelas circunstâncias.

– Você tem que indicar um – diz-me. – Tem que ser entre os cadastrados, porque pela norma da casa eu não posso ser o médico titular – continua o plantonista.

Conhecendo as normas, apesar de o relógio indicar que são duas horas da madrugada, ligo para um colega da diretoria médica, explico a situação, peço para que assuma o caso e fale com o plantonista para que ele retire o tubo. Passo o telefone para o plantonista, que então é autorizado a extubar (retirar o tubo) a doente. Sem o tubo, explico para a minha mulher o que tinha acontecido. Bem-humorada, reclama em bom som:

– E você tinha que ter quebrado todas as minhas costelas!

A radiografia feita no leito mostra cinco costelas quebradas. A última coisa de que se lembra é de que me viu com um copo e dentro uma bebida azul e pensou que eu tinha trocado meu uísque por um licor de Curaçao, quando ela sabia que eu não bebia nada doce. Fico feliz porque o seu cérebro não tinha ficado um segundo sem oxigenação enquanto esteve parada. A manobra de ressuscitação tinha sido efetiva. No dia seguinte, começo a investigação para saber a razão da parada. No sangue não se confirmou infarto, na tomografia as artérias coronárias normais, na ressonância nada que chame atenção. Todos os exames indicam normalidade, com exceção de uma frequência cardíaca baixa persistente. Indica-se então um cateterismo cardíaco. O colega que fez o exame, lembrando-se do que havia acontecido há alguns meses com ele próprio, passou um cateter com um ultrassom na ponta (ultrassom intracoronária) e descobriu um descolamento da parede arterial, que funcionou como válvula e teria obstruído temporariamente a irrigação do septo ventricular. Não houve um infarto do músculo cardíaco, mas prejudicou o nervo que faz o coração pulsar. Colocado um *stent* na área do descolamento da coronária, o problema está tratado. O atendimento feito no Hospital foi impecável e a disponibilidade das tecnologias mais modernas fundamental. A doente, muito satisfeita, escreve uma carta de elogios e agradecimento ao presidente ainda internada. Uma semana depois minha mulher tem alta, e frustrada, porque, quando lhe perguntam o que tinha visto do outro lado da vida, nada tem a declarar. Fim da cena.

Depois da experiência da sua mulher como doente, foi a vez de Alberto experimentar o atendimento no Hospital onde trabalhava. No primeiro fim de semana de janeiro, descansava na chácara, quando resolveu retirar folhas secas da piscina com a redinha, própria para isso. A borda molhada o fez perder o equilíbrio e, para não cair na água, rodou o corpo com o pé direito fixo, enquanto o pé esquerdo girava para fora da água. Foi ao chão e escutou um "crec". Tinha quebrado a fíbula direita, que no ginásio aprendera como perônio. Arrastou-se até a casa, onde sua mulher preparava o almoço. Levado para o pronto-socorro foi colocado numa cadeira de rodas. Depois de passar pela triagem da enfermagem, que lhe perguntou se estava com dor, responde que não e foi deixado na sala de espera, enquanto o seu registro de entrada era feito. A sala de espera estava lotada, e, tranquilo, esperou a sua vez de ser atendido. Depois de uma hora, nada de o seu nome ser pronunciado. Sua mulher começou a reclamar da demora e lhe disse que estava na hora de dar uma carteirada, afinal ele era um diretor, o que se recusou a fazer. Com sede, deixou o marido só, para ir até a lanchonete no outro prédio. Mais meia hora tinha se passado quando ela voltou acompanhada do superintendente do hospital. Ele comia um lanche e a mulher de Alberto foi cumprimentá-lo e emendou que seu marido estava no pronto-socorro há mais de uma hora com a perna quebrada, aguardando atendimento. Imediatamente foi colocado em um consultório e foram chamar um médico, que pediu um raio X, imobilizaram a perna e comunicaram-lhe que iriam convocar o ortopedista do dia para atender. Depois de uma hora, nada do ortopedista aparecer. Estava viajando. Demoraram mais um tempo para localizar o seu substituto, que, por telefone, pediu para fazer a internação, pois logo que possível viria vê-lo. Não sabia quem era e nem se preocupou com isso. O importante era ser operado o quanto antes, porque sabia que a solução era cirúrgica. À noite foi operado, voltou para o quarto e a enfermeira lhe perguntou se estava sentindo dor. Respondeu que não. Ainda assim a enfermeira trouxe um comprimido para ele tomar. Perguntou que remédio era. Um opiáceo. Disse, então, que não queria tomar, porque aquilo provocava prisão de ventre e iria sofrer depois. A enfermeira disse que iria cumprir o que estava prescrito e o fez engolir o comprimido. No dia seguinte foi para casa, e, como era de esperar, sofreu dois dias, até conseguir expelir fezes que mais pareciam bolinhas de gude.

68. Responsabilidade social

Dois anos se passaram e Alberto foi então indicado para assumir a Diretoria de Responsabilidade Social. Esta diretoria tinha como missão a manutenção do certificado de entidade filantrópica, que habilitava a entidade a beneficiar-se da imunidade fiscal. Uma nova legislação estava sendo discutida que direcionava as entidades a prestarem serviços gratuitos ao SUS. Era preciso buscar alternativas e se aproximar do poder público. Surgiu então uma oportunidade. A prefeitura estava para inaugurar um grande hospital no Jardim Ângela, bairro conhecido pela violência, e o prefeito queria que o Hospital assumisse a gestão como organização social (OS). Acontece que o Hospital não era uma OS e não atendia os critérios para se qualificar. Assumir a gestão de um hospital municipal? Seria interessante ou era adquirir um problema? Comprar sarna para se coçar? A diretoria se dividiu. Parte apoiava a ideia e parte achava que a instituição não estava preparada e que assumir a gestão de um hospital público poderia ser desastroso. Aflorava entre alguns conselheiros o preconceito de que a experiência de sucesso na gestão de um hospital privado não poderia ser transposta para um hospital público. Alberto foi, então, convidado a participar de uma reunião que iria decidir o impasse. No calor do debate, um conselheiro, o mesmo que considerou negativa, na entrevista de admissão, a sua experiência na administração pública, argumentava que não havia quem pudesse assumir a tarefa de gerir um hospital e que tivesse o perfil necessário para dialogar e negociar com o poder público as dificuldades gerenciais que certamente apareceriam. Trabalhar para o poder público era um risco, dizia, e não recomendava entrar em algo que ele considerava uma aventura. Um outro conselheiro tomou a palavra e afirmou que tinha, sim, alguém preparado para a tarefa. Quem? Houve alguns segundos de suspense e o conselheiro, apontando para Alberto, declarou em alto e bom som: “Ele”. Antes que a discussão continuasse, uma secretária abriu a porta e anunciou a chegada do prefeito. Todos foram tomados pela surpresa da visita, menos o presidente, que imediatamente o saldou e lhe deu a palavra. O prefeito então agradeceu a oportunidade de trazer a proposta de parceria para que o Hospital assumisse a gestão do hospital do Jardim Ângela e que tinha certeza de que seria um sucesso. A sua fala era de alguém que contava como certa a aceitação da proposta. O presidente, então, deu a reunião por encerrada, convidando todos os presentes para um almoço. Na confusão, Alberto ficou sem saber o que tinha sido decidido.

No dia seguinte foi orientado a se reunir com o secretário municipal de Saúde para tratar do contrato de gestão do hospital do Jardim Ângela. Como viabilizar um Contrato de Gestão de Organização Social sem que a instituição seja qualificada como tal? A alternativa era o Hospital se associar, consorciar-se a uma OS já qualificada pela prefeitura. Entre as OS, qual delas concordaria em se consorciar com uma instituição do porte daquele hospital do Morumbi? Quem seria o protagonista nesta relação? Começou ligando para Dr. Fernando, que conhecia. Iniciou a conversa com cuidado, e ia dourando a pílula antes de fazer a proposta, quando o interlocutor lhe disse que estava para ligar para, exatamente, oferecer uma associação para viabilizar o contrato. Argumentou que estava interessado em participar do chamamento público para a gestão do hospital do Jardim Ângela, mas que faltava no seu portfólio a experiência em gestão hospitalar e ouvira do prefeito que queria o hospital do Morumbi como OS, mas que sabia que não estava qualificado como tal. Sem mais delongas, concordaram em somar esforços para disputar o contrato. O Hospital tinha um parceiro, mas a lei das OS permitiria o consórcio? Assunto levado ao prefeito, e em alguns dias uma lei foi aprovada com uma emenda feita pelo seu líder na câmara, permitindo o consórcio. Publicado o chamamento, uma outra OS apresentou proposta. A proposta do consórcio foi considerada vencedora.

Agora era trabalhar para pôr o ovo de pé. Era final de dezembro, a obra do hospital ainda não havia terminado, mas a data de inauguração já havia sido anunciada pelo prefeito, e, como um desafio a mais, ela deveria nascer completamente informatizada. Para não descumprir a lei eleitoral, a inauguração deveria acontecer na primeira semana de abril. Com uma equipe de cinco gerentes recrutados internamente e um recrutado externamente, o planejamento para colocar o hospital em funcionamento foi iniciado. Em comum acordo com a empresa construtora, a equipe se instalou no hospital. Primeiramente, após exame da planta arquitetônica e uma vistoria da obra, foram sugeridas algumas modificações, que foram feitas porque o andamento da obra ainda permitia mudanças, a exemplo da área administrativa, que estava inacabada e pôde ser totalmente redesenhada. O que aconteceu é muito comum quando um hospital é construído de forma genérica, porque não foi desenhado de forma a atender o programa assistencial planejado para a região onde ia ser instalado e não se sabia como eram os processos operacionais de quem ia gerir. A planta deste hospital era a mesma de um outro que tinha sido construído na Zona Leste. Enquanto o acabamento do hospital prosseguia, a equipe gerencial, com base no programa assistencial, aprovado pela Secretaria de Saúde, desenhou os fluxos e processos, dimensionou pessoal para abertura em três fases, contratou empresa de TI para instalar um *software* hospitalar, comprou equipamentos e mobiliário, selecionou e contratou pessoal e fez treinamento. No dia 8 de abril o hospital foi inaugurado com a abertura da primeira fase. Duas fases seguintes foram implantadas, segundo estava planejado, e, em mais quatro meses o hospital estava funcionando a plena carga. Apesar da oposição da liderança popular local, a comunidade ficou muito satisfeita com o funcionamento do hospital. Um sucesso.

A Diretoria de Responsabilidade Social tinha ainda sob sua responsabilidade a gestão da rede básica de saúde do distrito de Vila Andrade (onde fica a favela de Paraisópolis) e Campo Limpo, conduzida sob o manto do programa de saúde da família. Era também através de um contrato com a Secretaria Municipal de Saúde. Trabalhar dentro de uma favela não é tarefa fácil. Embora, pelo fato de serem agentes que zelavam pela saúde da comunidade, tivessem uma situação privilegiada em relação à segurança, uma ou duas vezes por ano havia incidentes que envolviam os funcionários. Canais de comunicação com a liderança da comunidade foram criadas, inclusive com o "xerife", denominação do chefe que comandava a bandidagem. Quando um elemento ligado ao xerife necessitava de atendimento médico, um garoto entregava um celular para o porteiro da unidade de saúde, e era levado à chefia da unidade. Era a senha do xerife para uma assistência VIP. O atendimento era agendado para um momento oportuno, garantindo-lhe discrição, e a entrada acontecia pela porta dos fundos da unidade, sem que o paciente tivesse que passar pela recepção geral, que normalmente vivia lotada. Certa ocasião, quando realizavam uma reunião objetivando a melhoria da segurança dos colaboradores, uma chefe de unidade chegou atrasada para a reunião, justificando-se que tinha sido assaltada no caminho e tinham levado sua bolsa com documentos e celular. Não estava nervosa, como era de se esperar. Pelo ocorrido, a reunião foi interrompida, a assaltada pediu um celular emprestado para uma colega e ligou para o seu celular. O larápio atendeu. A assaltada, que comandava a unidade, em tom de autoridade, disse quem era e o que fazia e que o assalto ia ser comunicado ao "xerife". Meia hora depois todos os pertences da chefe foram entregues na sua unidade. Em outra ocasião um funcionário foi assaltado, em arrastão, na avenida Giovanni Gronchi, que na hora do *rush* costumava engarrafar. O funcionário mostrou o seu crachá funcional, identificou-se como coordenador do programa social daquela comunidade. O bandido se desculpou e liberou o funcionário.

69. Terremoto no Haiti

Quando o catastrófico terremoto no Haiti foi noticiado, as primeiras imagens da TV mostravam o palácio presidencial desabado e as casas em torno do centro da cidade uma montanha de entulho. Muitos mortos e feridos. A direção do Hospital faz contato com o Ministério das Relações Exteriores e se colocou à disposição para ajudar. As coisas estavam complicadas e não houve resposta de imediato. Dr. Milton, um colega e cirurgião, procurou Alberto na diretoria. Queria ajudar e organizar uma ajuda humanitária. Sem bem saber como, apoiou que, em missão precursora, Dr. Milton e Dra. Tania fossem para lá averiguar o que era possível fazer. Pela internet o contato era diário. Fizeram contato com as diversas equipes de resgate, entre elas a de Israel, que lhe deu acolhida. Mandou mensagens e, em meio ao caos, disse que era necessário um hospital de campanha, que pudesse ofertar cuidados pós-operatórios e de retaguarda aos sobreviventes com traumas de membros. A diretoria do Hospital, então, resolveu reunir um grupo de voluntários para enviar ao Haiti. Recrutaram a equipe entre médicos, enfermeiros, fisioterapeutas e um engenheiro. Uma montanha de material de apoio foi embalada, além de um equipamento portátil de raio X e um laboratório de análises clínicas, capaz de realizar exames mais comuns. Mais de dez toneladas de material e medicamentos. Mandar as pessoas foi relativamente fácil, pela vizinha República Dominicana. Já enviar o material foi uma equação difícil. A FAB, num primeiro momento, foi a opção. Mas não havia espaço. As suas aeronaves estavam sobrecarregadas. As empresas aéreas até se dispuseram a transportar, mas aí veio o exército americano, que ocupou o aeroporto de Porto Príncipe, proibindo os voos comerciais. O pessoal chegou a Santo Domingo e, sem material, não podia seguir viagem. A embaixada brasileira em Santo Domingo foi acionada e, não achando seguro que o grupo seguisse para Porto Príncipe, designou que o grupo fosse trabalhar perto de Jimaní (território dominicano na fronteira), em um acampamento montado em uma localidade denominada Fonds Parisien, em território haitiano, onde já estava instalada uma missão humanitária da Universidade de Harvard. Compraram barracas e material de reabilitação, que conseguiram pagar no limite dos seus cartões de crédito, e alugaram transporte para chegar até o lugar. Na primeira semana foi um sufoco; sem material para trabalhar, quem mais fez sucesso foi o engenheiro, que providenciou instalações elétricas para prover luz no acampamento. Os americanos ficaram muito gratos porque trabalhavam no escuro à noite. Sob o sol inclemente de dia e a penumbra da noite, cuidaram de amputados e doentes com fixação externa, fazendo curativo, fisioterapia, hidratação, suporte psicológico, em condições atípicas de suporte. Com alguns dias de atraso o embarque do material preparado foi conseguido. Primeiro até Miami, de lá a Santo Domingo e por terra até o território haitiano. Com a chegada do material, a equipe dispunha de um aparelho de raio X e um laboratório, que impressionou até os americanos da Harvard. A missão de socorro durou cinco semanas, com uma nova equipe que foi render a primeira, entre a segunda e a terceira semana. Voltaram cansados, mas felizes. Uma experiência que transformou cada um dos participantes.

Dez meses depois o Itamaraty convidou o Hospital a participar de uma missão, junto com o Ministério da Saúde, para apoiar o governo haitiano na construção de centros de reabilitação. Alberto viajou para o Haiti para preparar uma proposta de trabalho junto com uma colega fisiatra e dois técnicos do Ministério da Saúde.

Vivam a cena.

Agora o grupo da qual Alberto faz parte está desembarcando no aeroporto de Porto Príncipe, em voo da American. O cenário é no mínimo inusitado. Os prédios do aeroporto estão parcialmente destruídos, e os enormes aviões estacionados são todos da USAF. Carros militares transitam pela pista; os Hummer são os que mais se veem. O exército americano tinha transformado o aeroporto em base militar. Descemos pela escada, até a pista, e subimos por outra para chegar ao salão de desembarque. O *finger* tinha desabado. Chegando ao saguão, somos recebidos por acordes de uma banda de música que dá as boas-vindas. A cidade parece em guerra. Toda a cidade controlada por soldados do exército americano e por soldados da ONU. A cidade tinha sido literalmente posta abaixo pelo terremoto. O povo acampado nas praças públicas em condições precárias. Casas e mansões com pesada lajes inteiras no chão. E os telhados? A lajes são na realidade telhados. Por causa dos furacões, as construções não são cobertas com telhas, mas com lajes de concreto. Compreendo por que tantos mortos e feridos. Os moradores foram esmagados pelas pesadas lajes que desabaram durante o terremoto. Lembra-se de um grande terremoto havido no Peru em que pouca gente morreu, porque lá cobrem as casas com telhas leves ou sapé, pois não chove nunca. A cobertura é apenas para abrigar do sol. As senhoras da comitiva são acomodadas na casa do embaixador brasileiro e os homens em um hotel semidestruído. Os quartos estão interditados e o único lugar em condições de uso é o salão de eventos, uma construção em madeira que resistiu ao tremor. Lá dormimos com outros vinte hóspedes. Fim da cena.

Três dias de visitas técnicas para preparação do projeto. Mas a visita mais impressionante foi a visita "turística" proporcionada pela embaixatriz. Acompanhada por dois seguranças fortemente armados, foram conhecer o bairro Cité Soleil, uma favela haitiana que se estima ter 300 mil moradores, que, como no Brasil, tem "xerifes". Depois de passar pela área nobre do bairro, chegaram no mangue, cheio de casas em palafita com dez a vinte metros quadrados cada. A embaixatriz levou o grupo mais adiante, num local que estava tomado pela água do mar, com dez centímetros de altura, por ruelas mais altas, feitas com amontoados de pedras e restos de construção. A área era toda quadriculada, como um loteamento. Mostrou um cercadinho que devia ter quatro metros quadrados, coberto com laminados de madeira. Ela disse que aquilo era uma moradia, alugada durante a noite, e os moradores dormiam na areia. Com a chegada da maré, pela manhã, era desocupada, para de noite voltar a ser transformada em dormitórios. Achou aquilo o cúmulo do surrealismo. Pobreza pouca é bobagem, diante da crueldade do senhorio, que é capaz de alugar um pedaço do mar, drenado pela natureza, para alguém passar a noite.

70. Hepatite mortal

Sob a Diretoria de Responsabilidade Social ficava o programa de transplantes de órgãos, que naquele momento realizava cerca de cem transplantes de fígado por ano e outro tanto de rim, com excelentes resultados. Por ironia do destino, aquele polêmico serviço de transplante de fígado que fora criado quando Alberto estava na Secretaria de Saúde, há sete anos passados, aquele dos prontuários roubados do HC, agora estava sob sua administração. A equipe do professor já tinha sido substituída e era o serviço que mais transplante de fígado fazia no país. Para aquela equipe competente, buscar novos desafios era natural. O serviço dispunha de um equipamento MARS, um fígado artificial capaz de filtrar as impurezas que o fígado doente não consegue fazer. Com isso era possível realizar transplante de fígado em hepatite fulminante, doença sempre mortal quando um transplante não é feito a tempo. Esse aparelho permite que o doente acometido possa sobreviver algum tempo, enquanto se aguarda o aparecimento de um doador compatível. Por essa fama, foi admitida uma criança de mais ou menos dez anos, com um quadro de insuficiência hepática aguda, já inconsciente pela encefalopatia, para tratamento. Tinha vindo do Nordeste, na esperança de um transplante urgente. João Pedro teve sorte, porque um fígado compatível foi doado em alguns dias. Como, pelo quadro grave, tinha prioridade na fila, o transplante aconteceu célere e sem complicações.

Vivam a cena.

Agora o doente está em pós-operatório, que está correndo bem. Depois de alguns dias, ainda inconsciente, o doente está estável e respirando espontaneamente, e é transferido para um quarto. Dois dias depois o menino acorda. A mãe, ao seu lado, fica feliz, mas preocupada porque o menino está confuso e agitado, tentando entender o que acontece. A enfermeira entra para acalmá-lo e examiná-lo. Começa explicando que ele está internado em um hospital e que tinha feito uma operação para colocar um fígado novo, porque o seu tinha ficado muito doente e tiveram que tirá-lo. O menino parece entender e fica mais calmo. Para verificar seu nível de consciência, a enfermeira pergunta:

– Joãozinho, você sabe onde está?

A resposta vem clara.

– Eu não sei não, mas a senhora disse que estou em um hospital.

Nova pergunta:

– Quantos anos você tem, João?

– Tenho dez, mas eu não sou João.

A enfermeira estranha, acha que pode estar ainda confuso, mas arrisca:

– Qual é então o seu nome?

– José Pedro – responde firme.

A mãe, ao lado fica impaciente e repreende o menino:

– Deixa de asneira, menino. Você é o João, sim. Não confunda a enfermeira.

– Não, mãe, o João é o meu irmão. Você é que está confundindo – retruca.

A mãe fica mais impaciente e pede para o menino calar a boca. A enfermeira, assustada com a atitude da mãe, pede calma e pergunta:

– Então você tem um irmão que se chama João. Quantos anos ele tem?

– Dez, igual eu.

A enfermeira aperta a mãe e ela acaba confessando que aquele é José e que o irmão gêmeo, João, tinha ficado em casa. Os documentos tinham sido trocados.

– Mas por que a senhora fez isso? Foi por engano?

– É que o plano de saúde é de João. O irmão José não tem plano de saúde. Vou explicar. Quando os dois nasceram o João era mais fraquinho e adoecia com frequência. Fizemos então um plano de saúde só pra ele, porque para os dois ficava caro. E José era forte. Mas aconteceu de o José ficar com hepatite. Como percebemos logo que se tratava de uma doença grave, internamos o José com os documentos do João e tudo estava correndo bem até agora.

A criança estava sendo atendida pelo SUS, mas o primeiro atendimento no estado de origem foi iniciado pelo plano de saúde e de lá transferido para São Paulo.

Feita a correção dos registros, em mais uma semana o menino teve alta.

Uma das causas importantes que levam a uma pessoa necessitar de transplante de fígado é a cirrose hepática. A evolução da cirrose na sua fase mais avançada pode levar à trombose dos vasos do fígado, o que inviabiliza um transplante do órgão. A solução é o transplante de múltiplos órgãos, substituindo-se o tubo digestivo do estômago até o intestino delgado, incluindo fígado, pâncreas, em monobloco, de tal forma a preservar a irrigação arterial e a drenagem venosa dessas vísceras, reduzindo a poucos vasos a serem recanalizados. Essa cirurgia é realizada experimentalmente desde os anos 1980 e só em anos recentes foi reconhecida como alternativa viável, em função da descoberta de novos fármacos imunossupressores para evitar a rejeição. Considerado tecnicamente a mais complexa das cirurgias, o primeiro transplante multivisceral aconteceu no Morumbi, no mesmo dia em que Roger Waters dava show no estádio que fica no bairro. A medicina brasileira tinha avançado mais um passo. Casos de transplante multivisceral, embora raros, quando necessários, são enviados a Miami, um centro de referência para esse tipo de tratamento. Ocorre que esses casos são pagos pelo SUS por ação na justiça, e custam aos cofres públicos alguns milhões de dólares. A alternativa agora é que essa cirurgia poderia ser feita no país.

Mais um avanço da medicina brasileira tinha sido conquistado.

71. Medicina no interior do país

Em férias, Alberto pegou o carro e foi ao norte de Minas, passando por Diamantina, revendo Itinga, daí para o sul da Bahia. Agora sem os filhos, já adultos e independentes. Nessa ocasião teve a oportunidade de praticar medicina depois de muitos anos. Foi sua última atividade médica como cirurgião. Com a mulher, foram conhecer Abrolhos. No dia anterior ao passeio programado, estavam hospedados numa pousada próximo à cidade de Caravelas, um município de 20 mil habitantes, à beira-mar. Depois do jantar, ficaram jogando conversa fora e tomando vinho num caramanchão perto da piscina com um outro casal, que também ia para Abrolhos. Passava da meia-noite quando resolveram se recolher, cada qual em seu chalé. Alberto foi para um banho e sua mulher ficou na borda da piscina fumando.

Vivam a cena.

Agora eu termino o banho quando ouço minha mulher chamando-me e pedindo ajuda junto à porta do chalé. Vou ao seu encontro ainda com a toalha na mão e, na penumbra, percebo que ela está com as mãos sobre o rosto, na região da testa, e por entre os dedos escorre um líquido escuro.

– O que houve? – pergunto.

– Caí e bati com a testa na borda do jardim que tem aquela separação de pedras pontiagudas – responde.

É um jardim delineado por placas de pedra ardósia, ladeando o caminho cimentado. Com a toalha de banho, faço uma compressão e caminhamos para dentro do chalé. Sob a luz do quarto vejo então que o ferimento começa na testa logo abaixo da borda capilar e termina na base do nariz. Um ferimento corto-contuso de quinze centímetros de comprimento, com exposição do osso na região do impacto, que tem uma área de maceração de pele e subcutâneo de dois por um centímetro. É preciso suturar e ainda sangra bastante. Pego uma toalha de rosto e peço para que minha mulher comprima o ferimento enquanto me visto. De carro, vamos então a uma unidade mista na cidade, que sabemos que tem um médico plantonista, porque lá há meia dúzia de leitos para cuidar. Tínhamos passado por lá para conhecer, ainda durante o dia. Lá chegando, fazemos o registro na recepção e logo a plantonista nos chama. Apresentamo-nos como médicos em férias e que a mulher havia se machucado e precisava suturar o ferimento. Ela se apresenta como Dra. Bianca e, quando retiro a toalha, percebo no seu olhar que ela fica um pouco assustada. Mas não está mais sangrando e o ferimento está limpo. Helô, a paciente, puxa conversa perguntando qual é a sua especialidade.

– Sou pediatra – responde.

– Que bom, eu sou pediatra também. Você me parece tão novinha, onde se formou? – quer saber.

– Em Santa Cruz de la Sierra, Bolívia – responde.

– Mas tu é baiana, não?

– Com esse sotaque não podia ser de uma boliviana – comento ao lado.

Confesso que o preconceito se acende e sinto um certo desconforto com o que pode acontecer com a sutura que é necessária. Helô deitada na maca de sutura, a doutora ordena para o auxiliar de enfermagem:

– Pedro, traga material de sutura e fio Mononylon agulhado 3.0.

Meu coração dá um tranco quando ouço 3.0. É um fio grosso demais para suturar um rosto, mas me seguro. Quando ela veste a luva, toda desajeitada, as luvas parecem de um número maior do que a sua mão pede. Percebo um pequeno tremor e, quando pede para Pedro, o auxiliar, abrir o fio que já está aberto, mas ainda no envelope transparente sobre o campo estéril, não aguento:

– Doutora, posso ajudar? Eu sou cirurgião, tenho prática. Sutura de rosto é sempre uma responsabilidade.

– Se preferir, tome meu lugar, eu não sou muito boa nisso. – E vai tirando a luva.

Parece aliviada. Pede um par de luvas número 8, que Pedro gentilmente abre e me entrega.

– Você tem Monoylon 5-0 ou 6-0? – pergunto.

– O mais fino é 5-0, pode ser? – responde.

– Pode ser. E um bisturi de lâmina pequena, por favor.

Encho a seringa com lidocaína, com ajuda de Pedro, e tudo o que preciso está no campo. Feita a infiltração através da abertura que o ferimento proporciona como acesso ao subcutâneo, começo recortando a borda macerada da pele; no ponto onde a pancada foi mais forte o corte é irregular. Descolo com o cabo do bisturi um pouco do subcutâneo, deixando a pele com bordas retas e suficientes para uma sutura sem tensão. Pedro parece curioso e, assistindo com interesse, comenta:

– O senhor é bom nisso. O ferimento ficou retinho. O senhor quer fio de categute para o subcutâneo? – pergunta.

–Não. Vou usar o Mononylon mesmo.

– E pode, doutor?

– Pode, sim. É melhor porque o categute forma um granuloma até ser reabsorvido. O *nylon* é inerte – respondo.

Dou três pontos no subcutâneo e as bordas ficam justapostas.

– Quer que eu abra outro fio? Pergunta o auxiliar.

– Não. Isso é suficiente.

Faço uma sutura intradérmica (por dentro da ferida, unindo a pele pelo subcutâneo) com o fio que ainda é longo o suficiente, o que deixa Pedro radiante.

– Nem parece que foi suturado – exclama. E o fio nem aparece! Como o senhor tira esse fio depois, doutor?

– A gente corta esse nó que foi feito no final e que é puxado pela outra ponta – ensino.

Terminada a sutura, feito o curativo com fita adesiva, peço uma atadura de crepe para fazer um compressivo, cobrindo meia face. Fica um horror, mas é o que temos. A esta altura, depois de duas horas do acidente, o olho esquerdo e o rosto já estão inchados e arroxeados. Minha mulher se levanta e vamos ao encontro da doutora. Ela atende um telefonema de um colega de Alcobaça, um município vizinho, que pede vaga para transferir um ferido de acidente automobilístico; são quatro acidentados, e quer que ela receba um deles. Ela responde que não pode porque já está atendendo outra acidentada, e pede que mande o caso para Teixeira de Freitas. Entendo que essa é a rotina da saúde nos meses da temporada na região. Não deve ser fácil ser o único médico de uma cidade turística pequena. Atender a população local no seu dia a dia é uma coisa, outra é ter que atender turistas do sul do país, cheios das frescuras, neste rincão. Elogiável o trabalho desses colegas. A unidade é mista, pequena, mas bem aparelhada para atendimento de urgência de baixa complexidade. O material que me foi colocado à disposição é de boa qualidade e pessoal adequado para as necessidades. Não ter um cirurgião de plantão com habilidades para sutura de face não pode ser considerado uma falha. Fico satisfeito com o atendimento prestado e muito agradecido. Despedimo-nos da colega Bianca e retornamos à pousada para dormir.

No dia seguinte o despertador toca às sete horas. Desperto minha mulher e retiro a atadura de crepe do seu rosto, que cobre seu olho direito. Se ontem achara que a atadura ficara um horror, sem a atadura minha mulher parece ter sido surrada pelo Mike Tyson. Olho completamente fechado, roxo e inchado feito uma berinjela. Deixo-a sem atadura, porque é mais confortável. Ainda assim, às nove horas embarcamos na escuna rumo a Abrolhos. Para mim é um passeio maravilhoso; para minha mulher, ter que explicar para cada pessoa que pergunta o que aconteceu deve ser uma canseira.

– Foi um acidente, mas já dei queixa pela Lei Maria da Penha, na delegacia – responde a todos que perguntam o que tinha acontecido.

72. Contraste

Voltando ao trabalho, Alberto retornou à rotina de gestor no hospital mais moderno da cidade. Como observador privilegiado, achava fascinante acompanhar o progresso da medicina em cada caso, em cada doente. Cada dia mais eficaz para chegar a um diagnóstico e para aplicar um tratamento. Transplante de rim era também muito frequente e houve um caso em que, por erro na tipagem sanguínea do doador, o receptor convocado não era o ideal. Quando o erro foi detectado, a cirurgia já estava em curso e, pela rapidez do cirurgião transplantador, as anastomoses dos vasos já tinham sido concluídas. Rapidamente medidas extremas antirrejeição foram tomadas e o órgão foi preservado são e salvo. O que no passado era impossível, com as novas drogas imunossupressoras, o órgão não compatível não foi agudamente rejeitado. O transplante se viabilizou.

Outro caso interessante aconteceu com um casal, ambos com mais de setenta anos de idade. Ele cinco anos mais velho que ela e em diálise há dois anos. O idoso sofria com a hemodiálise e sabia que eram pequenas as chances de ser transplantado, e percebia que não ia durar muito mais na fila de espera. Um dia sua esposa perguntou ao médico se ela poderia ser doadora. Não havia boa compatibilidade e o órgão estava desgastado pela idade. O médico disse que era possível, mas que teriam que assumir alguns riscos e que ela, com apenas um rim, perderia alguns anos de vida e ele, apesar de o órgão não ser muito compatível, poderia com sorte se livrar da diálise por um tempo. Ela então perguntou quantos anos o marido ganharia de vida se o transplante fosse feito e tudo desse certo. Numa estimativa otimista, o médico respondeu que talvez mais cinco anos. A senhora então exclamou:

– Quero ser doadora! – E continuou: – Eu acho que vou durar mais uns dez anos, meu marido não dura mais um ano. Melhor viver cinco anos juntos a viver nove anos sozinha.

O transplante foi feito e tudo correu maravilhosamente bem. Se durou cinco anos ele não sabe, mas certamente a decisão daquela senhora foi pelo grande amor que tinha pelo marido, mas também por acreditar na medicina dos nossos dias.

Na cirurgia, além de transplante de órgãos, transplantam-se ossos e articulações. Substituições de parte do corpo por prótese plásticas avançaram muito. Na área clínica, o transplante de medula é aplicado hoje para tratar, além da leucemia, outras doenças como imunodeficiência primária grave, uma doença congênita geralmente fatal. Até se faz transplante de fezes para tratar insuficiência da flora bacteriana intestinal. Enquanto trabalhava no Hospital, viu muitos doentes com câncer serem tratados com novas drogas e se curarem, doenças genéticas raras serem controladas pela reposição das enzimas sintéticas, como na doença de Gaucher e na atrofia muscular espinhal. Novos medicamentos biológicos surgiam. Caros, é verdade, inacessíveis em muitos casos e de preços duvidosos, do ponto de vista da economia da saúde.

Em contraste com essa maravilhosa medicina, foi conhecer Guiné-Bissau, conhecer a medicina do Quarto Mundo. Tinha curiosidade pelo país, que, na esteira da Revolução dos Cravos em Portugal, tinha se tornado independente. Em 1980 foi preceptor de um estagiário, um enfermeiro do alto escalão do governo, para treinamento em administração hospitalar no HC.

O convite foi para o Hospital, que designou dois observadores para a viagem. Jaime e Alberto. Foram recebidos pelo embaixador da ONU, Ramos Horta, e ficaram hospedados em sua casa, porque, como ele dizia, os hotéis aqui só têm uma estrela, muito ruins, enquanto nesta casa são quatro estrelas: “Eu, minha mulher, você e ele”.

Como chegaram em um domingo, a primeira visita foi a uma fazenda de um português que cultivava cajus. Interessante foi observar que as mulheres estavam na colheita, enquanto os homens bebiam nos botecos. Costume local, disse o anfitrião. O país é um dos dez maiores produtores de caju do mundo, mas exportam em casca, porque não possui indústria beneficiadora. Passaram o dia na fazenda conversando sobre as condições do país e da saúde. Sem médicos, tinham ajuda do governo cubano. Uma médica cubana apareceu e reclamou que não recebia salário há três meses. O português dava a ela o que comer. Na segunda-feira uma volta pela cidade, que é muito parecida com os bairros periféricos de São Paulo, tal como Jardim Ângela. Depois uma visita ao maior hospital da cidade, uma antiga Santa Casa deixada pelos portugueses. Construção pavilhonar dos anos 1950, completamente deteriorada. O grande problema era a falta de água, que precariamente era armazenada em bolsas plásticas. Em visita à unidade pediátrica, viu num quarto uma única criança deitada com olhos fundos, imóveis, e que logo percebeu que estava morta. Alertou o pediatra que estava ao seu lado. Calmamente aproximou-se da criança e cobriu-a com o lençol. Disse que desde ontem à noite tinha mandado para a UTI para morrer. Aquele quarto era a UTI, tinha até uma placa na porta. Deveria significar Unidade de Tanatologia Infantil, pensou. Não tinha nem oxigênio, nem monitor e muito menos ventilador mecânico. Na enfermaria vizinha algumas crianças em soro para hidratação. O frasco de soro estava pendurado em um galho seco com dois metros de comprimento, amarrado no pé da cama. Perguntou sobre medicamentos e a resposta foi de que quando tem se dá, quando não tem não se dá. Na maternidade a mortalidade materna era altíssima. Todos os locais visitados do hospital foram um choque, dadas as condições de atendimento. De todos os serviços de saúde que visitou na vida, nos locais mais pobres do Brasil, nada era comparável com a precariedade daquele lugar.

Uma segunda visita foi no hospital das forças armadas. Um prédio novo, todo pré-fabricado, e não fazia um ano que tinha sido inaugurado. Subiram pelas escadas até a sala do diretor. Ar-condicionado perfeito. Em todas as portas, a indicação coberta com papel sulfite colado. Por quê? As placas de identificação das salas estavam escritas em chinês e não tinham tido tempo de trocá-las. No serviço de ultrassonografia, aparelhos novos operados por chineses. No serviço de radiologia a mesma coisa. As instruções de operação de todos os aparelhos, todas escritas em chinês. Explicaram que os chineses construíram, equiparam e entregaram o prédio pronto em alguns meses. Eram pré-montados, inteiramente fabricados na China, incluindo equipamentos e mobiliários. Em contrato, a operação seria feita por técnicos chineses por um ano, período em que seriam treinados os técnicos locais. Os chineses trouxeram até cozinheiros. Quando perguntou se poderiam visitar a outra ala, responderam que não, porque servia de alojamento aos chineses e não tinham energia suficiente para operar as duas alas simultaneamente. A energia elétrica na cidade era precária, e o hospital funcionava com geradores autônomos. O problema era o custo do diesel, e a verba não era suficiente para ligar todos os geradores todo o tempo. Quando se despediram e desciam as escadas, ouviram um barulho de queda da chave de energia. Tinham desligado um dos geradores que fora ligado só para recebê-los.

Guiné-Bissau foi a experiência mais gritante de como se faz saúde em um país pobre, muito pobre.

73. Tumor na medula óssea

Depois de doze anos trabalhando no Hospital, achou que era hora de passar o bastão para os mais jovens, pediu a conta e foi curtir o ócio produtivo, ler os livros que tinha deixado para depois. Mas o desemprego durou pouco. Um amigo foi indicado para ser secretário estadual de Saúde e o chamou para ajudá-lo. Relutante, aceitou.

Não tinham se passado dois meses quando acordou sentindo um ardor no rosto. Não ligou. No dia seguinte, pela manhã, perguntou à sua mulher se ela via alguma alteração na pele no local do ardor, que atingia a testa e o couro cabeludo do lado direito. Disse-lhe que via umas lesões pequenas, mas não deu grande valor. Passados algumas horas, voltou a examiná-lo, quando, no carro, se dirigiam para um passeio.

– Você está com herpes-zoster – sentenciou.

Pararam em uma farmácia e compraram antivirais. A dor foi aumentando e as lesões tomaram um quarto do rosto. O zoster é um recrudescimento da varicela. Apesar de ter sido vacinado dois anos antes, a infecção tinha reativado. Era um aviso de que o sistema imunológico estava deprimido. O ardor incomodava e o anestésico tópico que lhe tinham recomendado não funcionava. Lembrou-se que num documentário de TV, em Luisiana, as vovós usavam pasta caseira à base de pimenta, para dor em queimação na pele, decorrente de problemas vasculares. Procurou no Google se existia alguma pasta feita de capsaicina, a substância que produz o ardor da pimenta. Existia, sim, e era vendida na farmácia da esquina. Foi a salvação: passava o gel e ficava sem dor por três a quatro horas. O herpes atingiu o olho direito, o que o obrigou a consultar um oftalmologista. Mais duas semanas e estava curado do herpes. Perguntou a alguns colegas se conheciam o medicamento à base de capsaicina. Ninguém. O gel foi incluído no seu arsenal terapêutico, um remédio produzido a partir de receita caseira da vovó.

Foi nessa época que o colega que era contemporâneo de faculdade fez uma viagem de inspeção à regional de Campinas. Nos vários encontros que teve com médicos da região, um deles foi muito especial. Foi apresentado a um jovem médico em uma unidade de saúde.

– Quero lhe apresentar o Zabeu, que é aqui o médico responsável – disse o diretor.

Quando ouviu o nome do médico, imediatamente o colega lembrou-se de uma velha história dos tempos de HC e sapecou.

– Zabeu do quê?

– Você conheceu meu pai! – exclamou o jovem apresentado.

Riram muito, rememorando o passado.

Um ano tinha se passado e as coisas não andavam bem na secretaria, pelo menos para ele, que não podia concordar com algumas diretrizes do governo, e sua insatisfação foi crescendo. Em fevereiro, tinha decidido que, ao completar setenta anos, deixaria o emprego. Foi quando a secretaria começava a se preparar para enfrentar a epidemia de Covid-19. Um comitê de gestão da crise sanitária foi criado para enfrentar a epidemia. Na primeira semana de março, depois de comemorar seu aniversário, Alberto pede exoneração e, no dia 11 de março, a OMS declarou a pandemia.

Desempregado, voltou para as suas leituras e se dedicou a escrever. No final de maio, num sábado, acordou com dor no pescoço. Um torcicolo, pensou. Analgésico, anti-inflamatório, e a dor não passou em duas semanas. Procurou um colega neurologista, que lhe receitou outros analgésicos e deixou um pedido de ressonância magnética da cervical, mas que poderia ser feita sem muita pressa, em local seguro, para cumprir o distanciamento social e evitar contaminação pelo novo coronavírus. Uma semana depois a dor mudou de característica, passou também para o ouvido esquerdo. Procurou um colega otorrino, que examinou todos os orifícios da cabeça e achou tudo normal. A dor só poderia ser neurológica. Recomendou que fizesse a ressonância imediatamente. No dia seguinte fez o exame às dez horas da manhã. Meio-dia, quando chegava em casa, o colega otorrino ligou, dizendo que o laboratório tinha feito contato, e que o exame mostrava lesões tumorais na primeira vértebra cervical, na coluna lombar e no osso sacro. Tumores na medula dos ossos. Disse-lhe que o próximo passo seria fazer uma biópsia e já tinha feito contato com um neurocirurgião amigo seu, e logo que chegasse ao consultório olharia o exame na tela do computador e ligaria em seguida. Às quatro da tarde o celular tocou. Era o neurocirurgião, para lhe dizer que tinha visto o exame e, pela localização, não recomendava a biopsia na coluna cervical, e talvez o melhor lugar seria abordar o osso sacro ou a coluna lombar. Mas, para melhor acurácia, perguntou se conseguiria um exame de PET-CT pela urgência. A sigla do exame em inglês se traduz por tomografia por emissão de pósitrons associada a tomografia computadorizada. É considerado o mais moderno meio de investigação que associa a imagem produzida por medicina nuclear, por injeção de material radioativo na circulação sanguínea que irá se concentrar onde existe inflamação, e a tomografia computadorizada. Recorreu a um amigo, que prontamente agendou como exame extra no dia seguinte. O colega que fez o exame chamou-o para ver as imagens e antecipou que tudo indicava ser um linfoma ou plasmocitoma, e que uma biópsia iria definir o tipo celular do tumor. Para consolo, disse-lhe que ambos eram tumores de bom prognóstico de cura, com boas respostas às novas terapias disponíveis. O laudo foi encaminhado ao neurocirurgião, que lhe ligou confirmando que o laudo apontava para linfoma e que deveria se internar no domingo à noite para realizar alguns exames preparatórios na segunda. Uma biopsia percutânea (por agulha através da pele) orientada por tomografia seria feita na terça-feira. A agulha foi buscar um fragmento do tumor localizado na coluna lombar. No dia seguinte, a confirmação anatomopatológica de um linfoma de células grandes. Faltava complementar o exame com imuno-histoquímica, que é um complemento importante para melhor avaliar o prognóstico e definir a abordagem terapêutica a ser empregada. Esse exame ia demorar mais 24 horas. O próprio patologista do hospital, que era um amigo, veio informá-lo do laudo e lhe contou que soubera do caso ainda na sexta-feira. Durante o almoço no hospital vira o neurocirurgião ao lado do ortopedista com o PET CT discutindo a melhor forma de abordar o tumor. Identificou o doente pelo nome gravado no filme. É assim que em um hospital os colegas ficam sabendo que você está doente. Não há como se esconder internado em um hospital, tendo um câncer. Enquanto aguardava o resultado do exame complementar, era hora de definir o nome do oncologista que iria atendê-lo. O neurocirurgião já tinha definido que na quinta-feira iria operá-lo para fixar a coluna cervical ao crânio, uma artrodese com duas hastes de metal que seriam parafusadas à base do crânio e na segunda e terceira vértebras do pescoço. O tumor havia destruído a primeira vértebra e, com a quimioterapia, o tumor se dissolveria, e havia um risco de desabamento. O osso perderia a capacidade de sustentação. A cirurgia deveria ser feita antes da quimioterapia. O resultado complementar imuno-histoquímico revelou positivo para os antígenos do linfoma não Hodgkin de células grandes, como se esperava. Era sensível a imunoterapia com anticorpos monoclonais.

A esta altura a notícia da internação já tinha percorrido a Avenida Paulista e chegado aos ouvidos de alguns colegas do Sírio, do ICESP e do HC. Um colega lhe telefonou, sugerindo o nome de um professor da faculdade de medicina para atender; agradeceu a sugestão e respondeu que queria um tempo para pensar. Conversou com sua mulher e decidiram confiar em alguém do próprio hospital onde estava internado, de forma discreta, anônima, sem publicidade. Ser doente e médico nesta hora é ruim, porque ser tratado como doente especial pode levar a um excesso de zelo, caminho para procedimentos fora do comum e atalho para complicações desastrosas. O melhor é ser tratado pela rotina, como um doente comum. Como qualquer tigrão, como é tratado no HC o paciente ordinário. Pediu sugestão ao patologista, e a uma colega de turma que trabalhava no hospital desde que se formou. Ambos indicaram o mesmo nome; solicitou então os seus préstimos. Naquele mesmo dia conversaram sobre a doença e o tratamento que costumava adotar. O protocolo terapêutico tinha como principal arma o rituximabe, anticorpo monoclonal específico contra os linfócitos. Um biofármaco, da nova linha de medicamentos produzidos em organismos vivos, que são modificados para produzirem anticorpos, os quais destroem células específicas que proliferam no tecido canceroso. São diferentes das drogas convencionais, conhecidas por farmoquímicos, exatamente porque são produtos biológicos, e não químicos. Além do anticorpo específico, o doente receberia um coquetel de outros cinco antineoplásicos químicos. Essa é a combinação mais moderna para tratamento do tumor que crescera na sua medula óssea. A partir da definição do tratamento, pela primeira vez preocupou-se com que estava acontecendo. Fazia uma semana que o diagnóstico de tumor tinha sido feito, mas deixou que as coisas andassem, até a definição do tratamento. A cirurgia não o preocupava. Sabia dos riscos e do pós-operatório que teria que enfrentar. Já a quimioterapia, sim, era uma incógnita em relação às agruras que enfrentaria. O tratamento destrói não só células doentes, mas todas as células que estão em processo de multiplicação. As células mortas acabam por se transformar em lixo tóxico que circula pela corrente sanguínea até serem eliminadas. Fraqueza, febre, náusea e mal-estar são comuns durante o tratamento. Na quinta-feira, logo pela manhã, foi levado ao centro cirúrgico. Cumprimentou o cirurgião e logo o anestesista veio examinar a sua boca. Ele tinha sido avisado pelo anestesista que o atendeu na biópsia que a abertura da boca estava limitada e que poderia dificultar a intubação. Mais uma preocupação. Injetou algo na veia e daí sentiu sonolência e apagou. Acordou na recuperação pós-anestésica, perguntaram se estava bem e levaram-no para o quarto. Deitado de barriga para cima, imóvel do tórax para cima, passou o dia e a noite sem dor. No dia seguinte, um pouco de incômodo na região operada, dor com uma sensação anestesiada em toda a área posterior do pescoço. No sábado o oncologista veio vê-lo; estava apenas com aquela anestesia na pele da região operada e sem dor. Disse-lhe que faria o primeiro ciclo da quimioterapia na segunda-feira. No domingo a preocupação foi com o intestino, que se recusava a funcionar. O opiáceo dado pelo anestesista fazia efeito tardio indesejado. Pediu supositório de glicerina, dieta laxante e com mais fibras. Não resolveu.

Na segunda-feira lhe deram alguns remédios preparatórios para a quimioterapia. Corticoide, antiemético e antialérgico. Inicialmente recebeu o rituximabe e depois o coquetel de antineoplásicos. Isso durou cerca de seis horas. Durante a aplicação não teve qualquer sintoma. Apenas durante a madrugada, um pouco de náusea. Na manhã da terça-feira o intestino grosso resolveu exonerar o seu conteúdo fecal acumulado. Um alívio. Sentindo-se bem, o curativo limpo da incisão retirado, foi para casa. Se a quimioterapia for isso, será fácil enfrentar os outros cinco ciclos que tinha pela frente, pensou. Com intervalos de três semanas entre cada ciclo, o tratamento continuaria ambulatorialmente. Em casa, cumpria a quarentena, não só por conta da epidemia, mas pela imunudepressão produzida pelo tratamento. Contava os dias para comparecer ao hospital. Segundo ciclo tranquilo, mas internado por um dia porque fez quimioterapia intratecal, isto é, injetado dentro da medula espinhal. Terceiro ciclo sem problemas. Próximo ciclo marcado para o dia 24 de agosto.

74. Covid

Esperando em casa pelo quarto ciclo de quimioterapia, depois de onze dias do terceiro ciclo, começou a ter febre. Mais antibiótico além do que ele já tomava. Dois dias depois, quando foi tomar o café da manhã, percebeu o que diziam ser a disgeusia (alteração no paladar) e não sentiu o cheiro do café (anosmia). O novo coronavírus (SARS--COV-2) o tinha pegado. Pediu para um colega, dono de laboratório, a colheita domiciliar de exame de RT-PCR. Três dias depois ele mandou o resultado pelo celular: positivo para ele e negativo para a sua mulher. Comunicou o médico oncologista e mandou comprar um oxímetro para monitorar sua saturação de O2. Prostrado, inapetente, cansado, mas respirando bem. Sem tosse e sem outros sintomas respiratórios. Na véspera do dia marcado para a quarta quimioterapia, o oncologista houve por bem suspendê-la. Ficou preocupado com a interrupção do tratamento. O médico tranquilizou-o, que adiar por uma semana não iria trazer prejuízo. Por alguns dias aguentou em casa o isolamento, mas no dia 27 de agosto a saturação de O2 caiu, desidratou e foi para o hospital se internar. Fez uma tomografia que apontou 25 a 30 por cento do pulmão tomado por imagem em "vidro fosco", típico da Covid-19. Colocaram-no num quarto na UTI recebendo soro e cateter nasal com dois litros de O2 por minuto. Uma diarreia persistente que começara ainda em casa e com todos os monitores a que um doente tem por obrigação estar ligado, sem direito a acompanhante e com a visita limitada a meio hora por dia, das 14 horas às 14h30. Com banho no leito e refeições servidas na cama, não há como não se sentir doente. A febre cedeu, as condições de oxigenação se estabilizaram. Com três dias foi transferido para um quarto. Estava se sentindo melhor, mas ficou preso ao leito, agora de fralda, mas na companhia da sua mulher.

Depois de mais uma noite de sono recebeu o café da manhã. Queria tomar café sentado na mesa com a mulher. Levantou-se e foi até a mesa, chegou até rápido e se sentou. Só que estava exausto, como nunca sentira antes. Uma sensação de perder o chão e intensa falta de ar, apesar do cateter de oxigênio. Alguns minutos e continuou ofegante. A enfermagem foi acionada, a médica plantonista foi chamada, a saturação foi medida e a sentença condenatória foi pronunciada: vamos levá-lo de volta para a UTI.

Profunda frustração tomou conta da sua mente. Olhando para o teto branco, com cinco fios elétricos saindo do peito, um dedo coberto pelo oxímetro, braço com o manguito de medir pressão, que o apertava de meia em meia hora, pensou que maldita doença é essa que um dia parece estar melhor e no outro tudo muda para pior. Agora estava se sentindo muito doente, sem forças para ir ao banheiro, para as necessidades mais triviais. Só a fralda por testemunha. Perguntam se podiam dar banho. Respondeu que, se a opção era permitida, preferia ficar sem banho. O banho não era algo agradável e era cansativo, mesmo dado no leito. Comida sem sabor e sem cheiro e ainda de hospital, duvida quem seja capaz de deglutir com prazer. Deitado e com o cateter nasal com oxigênio ficava bem. A fisioterapeuta entrou e recomendou que ele ficasse de bruços, que isso melhoraria a capacidade pulmonar. Esclareceu que, desde que operara o pescoço, não conseguia ficar de bruços. O rosto contra o travesseiro o impedia de respirar livremente. O pescoço não tinha mobilidade para os lados. Prescreveu, então, respirar com pressão positiva, ajudado por um aparelho conhecido por CPAP, pressão positiva contínua das vias aéreas. Uma máscara foi colocada sobre o nariz e a boca e o aparelho insuflava ar para dentro dos pulmões. Não aguentou um minuto. Nova tentativa e aguentou cinco minutos, mas pediu para retirar porque estava se sufocando. O difícil era expirar o ar, que exigia esforço, porque tinham modificado a saída com um filtro para evitar que o ar expirado contaminasse o meio ambiente, produzisse aerossol de coronavírus. Mais uma tentativa e se sentiu capaz de ficar assoprando aquele aparelho por meia hora. À tarde a fisioterapeuta outra vez colocou a máscara em seu rosto e decretou que o aparelho ficaria por uma hora. Um tormento que era contado minuto a minuto, olhando para o relógio, no corredor, que enxergava através da divisória de vidro. Quando dava o tempo, ele apertava a campainha para chamar a enfermeira, que chamava a fisioterapeuta. Com a retirada da máscara sentia um alívio, como alguém que consegue a muito custo tirar o rosto da água para respirar. O sufoco aconteceu três vezes ao dia durante três dias. Fora desses momentos de tortura, ficava bem deitado, respirando confortavelmente.

Passados três dias, retornou para o quarto, agora com direito a acompanhante. Foi um alento, mas preocupado com a quimioterapia, que tinha sido esquecida por um tempo. Logo pela manhã recebeu a visita do infectologista, que o examinou. Palpou um enfisema subcutâneo (presença de ar no subcutâneo provocado por escape do ar por um orifício no pulmão) na região do pescoço. O doente nem havia percebido. Fez um autoexame e constatou que o enfisema se estendeu também na parte superior do tórax. É uma pequena complicação, sem repercussões de monta, mas o médico suspendeu a prescrição dos exercícios com pressão positiva, possivelmente a causa do enfisema. Se não foi o exercício, não convinha, de qualquer forma, mantê-lo, uma vez que podia agravar o problema. A enfermeira veio para examiná-lo. Pediu licença para que outros da equipe de enfermagem também examinassem. Para quem nunca tinha sido apresentado para um enfisema subcutâneo, era uma oportunidade palpá-lo, para nunca mais esquecer. A fisioterapeuta, agora proibida de usar o CPAP, passou a utilizar outros meios para melhorar a capacidade pulmonar. Fez compressão torácica para forçar a expiração e recomendou inspiração mais longa, muito difícil naquele momento. A respiração estava curta e rápida. Durante o sono a respiração era bucal, o que fazia a garganta ficar seca. O oncologista, em visita, marcou a quarta sessão de quimioterapia para a segunda-feira seguinte. O quarto ciclo tinha sido adiado por duas semanas. Melhor da diarreia, mas ainda assim preferiu continuar de fralda. Era mais prático e seguro. Vai que a diarreia voltava sem aviso prévio. O apetite voltou, mas estava enjoado da comida do hospital. O sabor da comida não o agradava, até porque estava ainda com alteração nas papilas gustativas. Pão, bolacha e gelatina ele comia com prazer. A carne, passada demais, era como sola de sapato. Pediu um bife malpassado, mas disseram que isso não era possível porque no hospital a regra era de que precisava ser bem passada. A mesma justificativa de não servirem ovos fritos com a gema mole em restaurante. Arroz, feijão e legumes cozidos eram como se estivesse mastigando massa de pastel crua ou papel molhado. Um dia trouxeram de casa alguns morangos muitos bonitos. Colocou um na boca e mastigou. Parecia que comia um pedaço de banana, a mesma que tinham lhe servido pela manhã.

Depois de vários dias preso ao leito, o técnico de enfermagem ousou oferecer dar o banho no chuveiro. Achou que seria bom, já que ficara sem banho na véspera. Colocou-o na cadeira de banho, levou-o ao chuveiro, ensaboado e enxaguado com jatos de água. Até então não tinha feito qualquer movimento, mas estava um pouco ofegante. Quando foi esfregar o corpo com as duas mãos enquanto a água caía, sentiu-se exausto e faltou ar. Parou, pediu para aumentar o fluxo de oxigênio e descansou um pouco. O movimento de esfregar o corpo com as mãos consumia todo o oxigênio que estava disponível no sangue. Foi levado para a poltrona e, sentado, foi enxugado. Levantou o traseiro para vestir a fralda e ficou novamente ofegante. Pensou no que estaria acontecendo consigo para ficar tão cansado. Deitado, ficava bem com o cateter e a qualquer esforço a saturação despencava. Ser médico e conhecer um pouco de fisiologia o fez pensar no mecanismo da falta de ar. O movimento muscular consome oxigênio e o esforço feito supera a quantidade disponível na circulação. Não tinha ideia de que esse consumo era tão grande. Ainda na UTI, cuja cama permitia pesar o paciente, já tinha perdido oito quilogramas e o músculo da panturrilha tinha sumido, o braço tinha afinado. Ficou a pensar quanto mais tinha perdido, agora que fazia três dias que voltara para o quarto. Se o esforço de se enxaguar o deixava exausto, imaginou o que seria dele se não estivesse com diarreia e tivesse que fazer força para evacuar. Montou uma estratégia alimentar para que as fezes continuassem pastosas, ingerindo muita salada e frutas. Já fazia três semanas dos primeiros sintomas da Covid-19. Achou que já deveria estar curado, deveria estar livre do vírus, mas ainda se sentia muito doente. Ainda teria que enfrentar um ciclo de quimioterapia no dia seguinte. Como será desta vez? Tranquilo como foram as outras, ou desta vez será sofrível por causa do seu estado? Será que, em função da falta dos linfócitos, destruídos pelo anticorpo monoclonal específico, não teria desenvolvido imunidade ao coronavírus? Ou ainda estaria replicando vírus e, por isso, a cura estava demorando? Ou a doença seria mesmo arrastada, independentemente do tratamento quimioterápico? As altas doses de corticoide que tomava estariam ajudando a limitar a doença, que do contrário seria muito pior?

Na segunda-feira, Dia da Independência, fez o quarto ciclo de quimioterapia. A dose foi reduzida, e, não sabe se por isso, não teve qualquer problema ou sintoma diferente. No dia seguinte recebeu o Neulastim, como estava no protocolo, para estimular a produção de neutrófilos, células brancas do sangue, que são afetadas pela quimioterapia. No dia seguinte pela manhã sentiu que estava com febre. O controle matinal confirmou a hipertermia. Acendeu um alerta. Se a temperatura for maior que 38 graus, a ordem é colher sangue para hemocultura, para detectar infecção. No outro dia pela manhã, novamente febre, mas 37,8 graus. Sua mulher sugeriu à enfermagem que fosse colhida a hemocultura, ainda que a temperatura não tenha chegado a 38 graus. O sangue foi colhido. No quarto dia de febre nova amostra de sangue foi colhida, a quarta amostra para hemocultura. Ao exame clínico não se achou foco de infecção. A febre persistia e as hemoculturas eram negativas. Os infectologistas ficaram intrigados e discutiam com o oncologista. A febre poderia ser da reativação do tumor? Sua mulher colocou a hipótese de que o Neulastim poderia estar provocando febre, porque, com a estimulação dos macrófagos e monócitos, o processo inflamatório provocado pela Covid estava sendo ampliado. Teve dor de garganta e, ao exame da orofaringe, constatou-se monilíase, popular sapinho. Comum quando o organismo está imunodeprimido. Tomou remédio e a dor de garganta desapareceu em 24 horas. O infectologista pediu um raio X de tórax e, não satisfeito, pediu uma tomografia. A extensão do dano pulmonar tinha aumentado para cinquenta por cento, mas as condições clínicas não tinham piorado. O oncologista pediu um exame de PET-CT. Constatou-se que o contraste se concentrou todo no pulmão e não havia sinais de reativação tumoral. O pulmão estava muito inflamado. A explicação foi de que o processo inflamatório pulmonar estava intensificado. Mais corticoide é receitado. A febre diminuiu de intensidade e em mais dois dias ela não apareceu mais.

Três semanas de internação e continuava se sentindo muito doente. Sair da cama era um sacrifício, e, sem forças para fazer as refeições sentado na mesa, recebe-as na cama. Dependia da mulher para comer, beber e escovar os dentes. Sua companhia era fundamental. Até para fazer queixas da comida, da qual estava cansado, ela era quem fazia a gestão da dieta com a nutricionista. Dieta sem potássio, dieta para diabetes, dieta hipossódica foi o que teve que aguentar. A dieta variava de acordo com o que os exames de laboratório apontavam, na concentração dos eletrólitos no sangue. O paladar começou a voltar e ele tinha vontade de comer feijoada, sanduíche de mortadela, rabada com polenta. A sua mulher também fazia a gestão do atendimento médico e de enfermagem, garantindo a sua segurança. Picada no dedo antes de cada refeição para medir a glicemia, picada na barriga de doze em doze horas para aplicar anticoagulante. Corticoide e antibióticos na veia. O tratamento parecia correto, mas os resultados não apareciam. Nenhum dos médicos que cuidavam dele havia tido a doença. Algumas vezes chegou a pensar se não seria interessante ser tratado por médico que já houvesse tido a doença. Dois dos técnicos de enfermagem que cuidavam dele haviam tido Covid, e isso de alguma forma lhe dava certo conforto. Eles deviam saber melhor da sua angústia. Cada noite dormia pensando que amanhã acordaria melhor. Mas não acordava melhor, porque não dormia. Quando pensava que respirava melhor, ia ao banho e voltava exausto. Era frustrante perceber que tudo continuava como antes, quando não se sentia pior. Esta doença é terrível porque a evolução é muito lenta, com altos e baixos, de deixar qualquer otimista deprimido. Se teve medo de morrer? Não, isto estava bem resolvido. Teve, sim, preocupações com possíveis sequelas. Conhecer um pouco da fisiologia não ajuda, pelo contrário, atrapalha, porque se busca ao nível celular e à luz dos mecanismos fisiológicos a explicação para os sintomas, sejam eles bons ou ruins. E a resposta era sempre inconclusiva, o que o deixava mais ansioso.

Mais duas semanas com fisioterapia motora e fez grandes progressos. Conseguia andar da cama até a porta do quarto, cerca de dez passos. Fazia meia-volta, dava mais dez passos. Parecia que tinha corrido uma maratona. Precisava dobrar o fluxo de oxigênio depois que parava. Pensou no astronauta dando o primeiro passo na Lua: um pequeno passo para um doente, um grande passo para vencer a Covid. Ainda internado, fez a quinta sessão de quimioterapia. Não teve qualquer problema nem febre. Não recebeu o Neulastim. Três dias depois o infectologista ameaçou dar alta. A oncologista incentivava. Ficou entusiasmado com a perspectiva de ir para casa e pediu para sua filha providenciar o aluguel de concentrador de oxigênio, cilindro de O2 portátil com rodas e uma cadeira de banho. Na manhã do dia seguinte, animado, foi para o banho. Quando retornou para a cama, depois do esforço para se vestir, entrou o assistente do infectologista. Estava ofegante e ele então retirou um oxímetro do bolso, como quem tira uma arma, e instalou no seu dedo. Assustado com a baixa saturação verificada, disse que a alta estava suspensa. O doente argumentou que isso sempre acontecia depois do banho e que em mais um minuto a saturação ia voltar ao normal, isto é, normal para as condições anteriores ao banho. Ele nem esperou o tempo passar e proclamou que por ele a alta estava suspensa, mas que ia consultar o chefe da equipe. O tempo passou e nada do chefe aparecer. Começou a ficar desesperançoso. Almoço servido e nada. O chá da tarde com bolachas foi servido. Nenhum sinal, nem da confirmação da alta ou da suspensão. No fim da tarde a enfermeira avisou que o médico tinha confirmada a alta para o dia seguinte. Depois de 37 dias internado, foi para casa com a companhia de um torpedo de oxigênio.

No conforto do lar, com o desconfortável ruído do concentrador de oxigênio, passou a cumprir uma rotina de reabilitação, com o auxílio de uma fisioterapeuta. Fazer exercícios respiratórios e pequenos movimentos de braços e pernas. Percebeu um tremor nas mãos quando tentou escrever um recado. Era preciso melhorar. A primeira descoberta foi quando tomou o primeiro banho em casa, sozinho. Pediu para sua mulher temperar a água, tirou a roupa ainda na cama, caminhou até o chuveiro em sete passos e se sentou na cadeira de banho. Um pouco ofegante, pediu para aumentar a oferta de oxigênio. Começou a se ensaboar e a cada movimento aumentava a falta de ar. Parou para descansar e voltou a se esfregar, mas agora com movimentos mais lentos. Enxaguou-se, coisa mais fácil, fechou os registros e pegou a toalha para se enxugar. Primeiro a cabeça e depois o pescoço e os ombros. Teve que parar para descansar duas vezes. Enxugou-se em três etapas. Nunca pensou que se enxugar podia ser tão cansativo. Quando se banhava no hospital ele só tinha que ficar sentado. O ensaboar, o enxaguar e enxugar eram feitos pelo técnico de enfermagem. Descobriu que tomar banho exigia um grande esforço muscular, que consumia muito oxigênio, que o pulmão inflamado pela Covid não tinha condições de ofertar em quantidade suficiente. Urinar fazia sentado e, como sabia que evacuar era também um esforço grande, passou a comer duas ameixas secas reidratadas todas as noites e uma dieta rica em fibras. Comer passou a ser prazeroso, mas o sono ainda era ruim. Passados alguns dias, a segunda descoberta. Era noite depois do jantar servido na cama, sua mulher lavava louça, quando a luz se apagou. O concentrador apitou um alarme, mas ouviu sua mulher gritar que a chave da caixa de luz tinha caído. Defeito na torneira elétrica. Desligou o concentrador e gritou, então, que era só ligar a chave geral. E ele ficando mais ofegante. Sua mulher gritou que não sabia como fazer para ligar a chave geral. Sem muito pensar, retirou o cateter do nariz, levantou-se, andou até a cozinha o mais rápido que conseguiu, abriu a caixa de luz e girou a chave geral. A luz voltou e rapidinho voltou para a cama para se ligar ao concentrador de oxigênio e enfiar o cateter no nariz. Com o fluxo no máximo, em dois minutos estava respirando bem. Pensou quão fantástico é o corpo humano. Em situação de estresse o cérebro é capaz de dar um comando para executar movimentos que de forma consciente não conseguiria fazer. No dia seguinte sabia que podia caminhar até a sala, onde começou a tomar as refeições junto com sua mulher. Vitória.

Na terceira segunda-feira de outubro foi para o hospital tomar o sexto e último ciclo de quimioterapia. Foi em cadeira de rodas e com cilindro de oxigênio. Depois de recebidos os venenos, puseram-no para tocar o sino da etapa cumprida. De pé, sem oxigênio, posou para fotos com a equipe de enfermagem da oncologia. Tinha concluído o tratamento do linfoma. Agora era esperar para se recuperar dos danos causados pelo tratamento e esperar para daqui a alguns anos conferir se a cura será alcançada. A medicina que recebeu promete uma cura de oitenta por cento. Agora é torcer.

Depois de uma semana, o médico suspendeu todos os medicamentos, inclusive o corticoide. A qualidade do sono melhorou. Continuou a tomar apenas vitaminas e suplemento de ferro, isto é, uma morcilha espanhola por dia. Os tremores melhoraram. Longe de voltar a uma vida normal, tinha ainda que continuar brigando contra as sequelas da Covid. O paladar estava quase se normalizando quando começou a sentir um ardor na língua. Os dentes ficaram hipersensíveis ao contato com coisas geladas. O amargo mais acentuado, o salgado mais salgado. Bebida alcoólica, cerveja, provocava uma desagradável picância na língua. Por quanto tempo ainda vai depender do oxigênio suplementar? Quando vai poder voltar a andar na rua? Quando vai poder voltar a dirigir? Desde a última ida ao hospital, em repouso na cama podia ficar sem cateter. Para os exercícios de fisioterapia e para tomar refeições o cateter dava conforto. Na semana anterior às eleições municipais, com o cilindro de oxigênio, deu uma volta no quarteirão com o carro. O pescoço operado incomodou um pouco, mas voltar a dirigir foi um prazer. No dia da eleição foi votar dirigindo e puxando o cilindro pela rua até a seção eleitoral. Na volta descobriu que podia ficar sem o oxigênio e caminhar um pouco. No fim do mês devolveu o concentrador e o cilindro de oxigênio.

Em meados de dezembro, depois de andar muito dentro de casa, saiu para a rua para caminhar. Os primeiros cem metros foram de sufoco. Duzentos metros foi o máximo que conseguiu no fim da primeira semana. A cada três dias aumentava cinquenta metros. A máscara obrigatória incomodava muito. Parece que ela roubava oxigênio. No final de dezembro já conseguia ir até o supermercado que fica a quinhentos metros de casa. Ida e volta são mil metros. Achou estupendo.

A festa de fim de ano passou em família e experimentou tomar um espumante. Sentiu o aroma e o frescor da bebida, mas a língua ainda pinicava um pouco. Sentiu, entretanto, a vida voltando ao normal. A bebida alcoólica voltava a fazer parte do cardápio de prazer. A fisioterapeuta auscultou estertores no pulmão. O ruído significa que há líquido nos alvéolos. Não podia ser pneumonia. Achava que eram os alvéolos se abrindo. Ligou para uma colega, que confirmou que era sinal de que o pulmão estava se expandindo. A fisioterapeuta sugeriu que ele alugasse um CPAP e fizesse exercícios três vezes ao dia, de uma hora cada, durante um mês. Torceu o nariz, mas sua mulher não lhe deu mole, e teve que fazer os exercícios. Aumentou a distância das suas caminhadas diárias aos poucos, até chegar a 2.400 metros.

No final do mês de janeiro fez um novo PET-CT e exames de sangue. O resultado do PET-CT foi animador. Em relação ao linfoma não houve qualquer luminosidade nos locais onde previamente foram encontradas as alterações líticas nos ossos. Com relação à Covid, os pulmões ainda acusavam processo inflamatório. Os estertores pulmonares continuam. O exame de hemograma mostra-se quase igual ao que tinha em junho de 2020, antes do diagnóstico do linfoma. A sorologia para Covid detecta a presença de anticorpos IgG. A medicina está funcionando. Ele está feliz.

GRÁFICA PAYM
Tel. [11] 4392-3344
paym@graficapaym.com.br